Michael Funken

Das Jahr der Deutschen

PIPER

Zu diesem Buch

Was im Rückblick deutlich wird: Die Deutsche Einheit war nicht geplant, der Beitritt der DDR zur Bundesrepublik zunächst völlig utopisch. Die Maueröffnung war vielmehr ein glückliches Missverständnis – und die Wiedervereinigung ein Triumph der Politik über eine Realität, die ganz anders hätte verlaufen können. Ohne Michail Gorbatschow, der im März 1989 die »Breschnew-Doktrin« – die sowjetische Vorherrschaft in Osteuropa – aufhob, wäre es nicht zu diesem Wunder gekommen. Auch nicht ohne den ungarischen Ministerpräsidenten Gyula Horn, der den Eisernen Vorhang zu Österreich abreißen ließ. Und ohne die tausenden DDR-Flüchtlinge und Leipziger Montagsdemonstranten wäre der innere Zerfall des SED-Staates nicht so deutlich zutage getreten. Die Geschichte, wie es zur deutschen Einheit kam, wie hautnah die Deutschen an Bürgerkrieg, Flüchtlingselend und völligem Chaos vorbeigeschrammt sind, erzählt Michael Funken in diesem Buch basierend auf dem aktuellen Stand der Forschung und neuen Augenzeugenberichten.

Michael Funken, geboren 1963, Studium der Philosophie, Politikwissenschaft und Geschichte, Promotion über Evolutionstheorie. Publikationen zu Zeitgeschichte, Demokratie- und Medientheorie. Von 1996 bis 2002 aktueller Reporter beim ZDF, Chef vom Dienst beim »Länderspiegel« und Autor politischer TV-Dokumentationen. Seit Mai 2007 ist Funken bei der ZDF-Redaktion Zeitgeschichte von Prof. Dr. Guido Knopp und leitet unter anderem das TV- und Internetprojekt »Unsere Geschichte. Der 9. November 1989«.

Michael Funken

Das Jahr der Deutschen

Die glückliche Geschichte von Mauerfall und deutscher Einheit

Mit 8 Seiten Bildteil

edition Guido Knopp

Piper München Zürich

Mehr über unsere Autoren und Bücher:
www.piper.de

Mix
Produktgruppe aus vorbildlich bewirtschafteten
Wäldern und anderen kontrollierten Herkünften
www.fsc.org Zert.-Nr. GFA-COC-001223

Ungekürzte Taschenbuchausgabe
Oktober 2009

erschienen im Verlagsprogramm Pendo
Ein Projekt der Montasser Medienagentur
Umschlaggestaltung: semper smile, München
Umschlagfoto: Getty Images / Tom Stoddert Archive
Autorenfoto: Julia Baumann
Satz: Fotosatz Reinhard Amann, Aichstetten
Papier: Munken Print von Arctic Paper Munkedals AB, Schweden
Druck und Bindung: CPI – Clausen & Bosse, Leck
Printed in Germany ISBN 978-3-492-25499-1

Für Leander und Till Jonas

INHALT

Prolog: Die glückliche Revolution

Nur Gott kann die DDR am Ende noch retten. Oder ein Guru aus Poona? Am 9. November 1989 um 11:24 Uhr, ziemlich genau zwölf Stunden vor Öffnung der Schlagbäume an der Bornholmer Straße in Berlin, geht eine Meldung über den Ticker, die im Sog der Ereignisse später nicht einmal als Kuriosität Beachtung finden wird: »Baghwan will [die] DDR erleuchten und zum Paradies machen«, vermeldet dpa. Der greise indische Sektenführer Shree Rajneesh Baghwan habe angeboten, 10 000 Jünger nach Ostdeutschland zu schicken, die »ein Paradies aus der DDR machen« sollten. »Alle verlassen das Land (die DDR) und wenn die derzeitige Situation anhält, wird es bald völlig leer sein.« Doch seine Jünger, die Sannyasins, könnten das Vakuum füllen: »Entweder die DDR vereinige sich mit der Bundesrepublik und werde Teil der kapitalistischen Welt oder versuche ein ›mutiges, neues Experiment‹, das Kommunismus mit Meditation vereinige.«

Eine bizarre Idee, inspiriert von Baghwans Gesprächen mit dem DDR-Dissidenten Rudolf Bahro[1], die unfreiwillig offenbart, wie es am 9. November um den kleineren deutschen Staat faktisch steht. Eine seriöse Chance auf Fortbestand gibt es nicht mehr.

Frisierte Statistiken verschleiern, dass Ostdeutschland planlos abgewirtschaftet hat. Die Städte ruiniert, die Luft verpestet, die Menschen in die innere und immer häufiger äußere Emigration getrieben. Die politische Führung jedoch ist bar jeder Einsicht in die Wirklichkeit. Nur Milliardenkredite der Bundesrepublik und 400 000 Soldaten der Roten Armee verhindern seit Jahren den Staatsinfarkt. 1989 wird das Jahr, in dem die Menschen »ihrer« DDR den Todesstoß versetzen. Im Namen des Sozialismus ist das »Volk« jahrzehntelang viel beschworen worden, nun reißt es mit dem trotzigen Ruf »Wir sind das Volk!« tatsächlich die Macht an sich und beendet unverzüglich das Gesellschaftsexperiment, in dem viele sich nur noch als Versuchskaninchen empfinden.

Im Nachhinein wirkt alles folgerichtig, was dann geschieht. Als hätte es keine andere Entwicklung geben können. Doch nüchtern betrachtet ist nichts daran »normal«. Dass eine bis an die Zähne bewaffnete Diktatur kampflos aufgibt, war aufgrund historischer Erfahrung nicht zu vermuten. Dass eine zuvor nach allen Regeln der Kunst schikanierte Menge von Oppositionellen sich an ihren Peinigern nicht blutig rächt, findet ebenso wenige Beispiele in der Geschichte. Und dass eine in die Enge getriebene Weltmacht ihren Einflussbereich freiwillig verringert, könnte sogar beispiellos sein.

Nüchtern betrachtet darf man »unglaublich« nennen, was geschehen ist. Mit vielem war ab Herbst 1989 zu rechnen: mit Bürgerkrieg, Chaos, Flucht, Vertreibung und einer internationalen Krise mit ungewissem Ausgang; außer der DDR selbst wäre auch die mit Flüchtlingen überfüllte Bundesrepublik in allerhöchste Gefahr der Destabilisierung geraten.

Stattdessen fällt nicht ein einziger Schuss. Stattdessen tritt die DDR in einem simplen Rechtsakt der zuvor feindlichen Bundesrepublik bei. Stattdessen ist seither ganz Deutschland – GANZ Deutschland! – Mitglied der NATO. Kein Science-fiction-Autor hätte gewagt, sich ein derartig optimistisches Szenario auszudenken.

Kein Wunder, dass deswegen im Zusammenhang mit der deutschen Einheit oft von »Wundern« die Rede ist. Dem »Wunder von Dresden«, dem »Wunder von Leipzig«, dem »Wunder von Berlin«. Denn was sich ereignete, war für alle Zeitgenossen so unerwartet, so überraschend, dass es sie in Staunen versetzte. Fast so überraschend wie ein göttlich arrangiertes Umgehen der Naturgesetze – ein »Wunder« eben.

»Wenn nur ein einziger Schuss gefallen wäre ...« – so beginnt bei vielen Beteiligten die Rückschau auf die friedliche Revolution, und sie staunen noch nach 20 Jahren darüber, dass wider Erwarten doch kein einziger Schuss gefallen ist. Zu rechnen war damals mit einem anderen Verhalten, zumindest mit dem gewohnten Zersetzen und Niederknüppeln der Opposition wie in den Jahren zuvor. Wie leicht sich die SED-Machthaber und ihre Helfer bei NVA und MfS am Ende beiseiteschieben lassen, überrascht die Aktiven in der DDR-Opposition genauso wie westliche Politiker.

Zu verdanken ist das unter anderem jenem Oberst der DDR-Staatssicherheit, der sich in der Nacht des 9. November gegen alle Befehle entscheidet und seine bewaffneten Passkontrolleure am Grenzübergang Bornholmer Straße knapp anweist: »Schlagbäume auf!« Und zwar für alle. Eine erstaunliche Handlung. Und ein Glücksfall für Deutschland.

Glücklich auch, wie die Ungarn am 10. September einen geplanten Putsch gegen Bundeskanzler Helmut Kohl verhindern: Sie öffnen pünktlich zum CDU-Bundesparteitag ihre Grenzen nach Westen, zigtausende von DDR-Bürgern reisen aus. Das wendet die Stimmung in der CDU, und die maßgeblich von Heiner Geißler geplante Abwahl Kohls fällt aus. Ein Glück für Kohl – und für Deutschland: Kohls System der »Männerfreundschaften« hilft später, Bedenken der Nachbarländer gegen die Wiedervereinigung zu zerstreuen.

Auch die Tatsache, dass der katholische Kaplan Frank Richter ausgerechnet auf Oberleutnant Detlef Pappermann trifft, als er am 8. Oktober eine Schlacht zwischen Demonstranten und Polizisten in Dresden verhindern will, lässt sich bloß mit Glück erklären. Der Geistliche ist zum ersten Mal auf einer Demonstration, und Anti-Terror-Spezialist Pappermann dient auswärtigen Kollegen nur als ortskundiger Führer. Insofern steht gar nicht zu erwarten, dass beide überhaupt vor Ort sind. Was noch weniger zu erwarten ist: Auf den utopischen Vorschlag des Kaplans, die Demonstranten sollten mit der SED-Obrigkeit sprechen, geht Pappermann tatsächlich ein. Eine Serie der Gewalt wird an diesem Abend unterbrochen, die »friedliche Revolution« beginnt.

Ein weiterer Glücksfall für die Deutschen ist Michail Gorbatschow, der kurz vor einem Militärputsch steht, als er in Moskau den Beitritt der DDR zum NATO-Mitglied Bundesrepublik durchsetzt. 1991 findet der Putschversuch dann doch statt – glücklicherweise erst nach der Wiedervereinigung.

Unterschätzt ist die glückliche Rolle, die US-Präsident George Bush senior spielt. Seine völlig unamerikanische Art, leise aufzutreten und vor dem Handeln zu denken, macht Moskauer Zugeständnisse erst möglich. Vor allem aber fühlt Bush sich herausgefordert, Gorbatschows Feuerwerk an politischen Ideen Paroli zu bieten. Er verlangt von seinem Stab eine große Vision und bekommt sie: die deutsche Wiedervereinigung bei voller NATO-Mitgliedschaft. Bush meint es ernst und handelt danach. Ein Glücksfall für Deutschland.

Pures Glück also sorgt dafür, dass in den entscheidenden Momenten die richtigen Menschen zur Stelle sind – und sich gegen ihre Rollenerwartung verhalten. So knallen in Deutschland die Sektkorken und nicht die Geschosse von Roter Armee und NVA. Eine ganz erstaunliche, eine friedliche Revolution mündet in eine ebenso erstaunliche Wiedervereinigung. Was am ehesten zu erwarten war – militärisches Eingreifen, Bürgerkrieg, Chaos –, wurde vermieden. Was am wenigsten zu erwarten war – bedingungsloser Beitritt der DDR zur Bundesrepublik bei fortdauernder NATO-Vollmitgliedschaft –, wurde vollzogen.

Zehn zentrale Glücksfälle stellt dieses Buch vor. Einige davon sind bisher weitgehend unbekannt oder zum Teil bereits in

Vergessenheit geraten, andere werden in neuem Licht geschildert. Prominente Politiker sind dabei genauso handelnde Figuren wie »kleine Leute«, deren Namen in keinem »Who is who« auftauchen. Gemeinsam ist allen zehn Glücksfällen, dass ohne jeden einzelnen die Geschichte mit großer Sicherheit einen anderen Verlauf genommen hätte.

Diese erstaunlichen Geschehnisse ereignen sich im Wesentlichen innerhalb von nur einem Jahr. Ab Mai 1989 verliert die DDR-Opposition immer deutlicher die Angst vor den Repressionsmaßnahmen des Staates und gewinnt unerwartet an öffentlichem Zulauf: Vereinzelter Widerstand wächst sich zur Revolution aus. Schon ein Jahr später, Ende Mai 1990, gesteht Moskau ebenso unerwartet die deutsche Einheit mit Wahlfreiheit des Militärbündnisses zu. Dazwischen liegt ein Jahr der Glücksfälle: das Jahr der Deutschen.

Die innere Einheit herzustellen, das Zusammenwachsen von West- und Ostdeutschland, hat sich hingegen als schwieriger erwiesen als von den meisten erwartet. Viele Ostdeutsche fühlen sich »kolonialisiert« und als Deutsche zweiter Klasse behandelt – etwa durch ungleiche Löhne oder Renten; viele Westdeutsche führen Einbußen in Einkommen und Sozialabsicherung auf die Finanzierung der deutschen Einheit zurück, zu der sie selbst ja nie gefragt wurden. 20 Jahre nachdem Ost- und Westdeutsche tanzend die Mauer erobert haben, grassieren vielerorts Verbitterung, Unzufriedenheit und Enttäuschung.

Das schlägt sich auch auf dem Buchmarkt nieder. Aktuelle Verkaufsschlager sind Titel im Jammerton: »Supergau Deutsche Einheit«, »Der Preis der deutschen Einheit«, »Der Nasenring: Die Vergangenheitsbewältigung vor und nach dem Fall der Mauer« oder »Ihr könnt uns einfach nicht verstehen. Warum Ost- und Westdeutsche aneinander vorbeireden«.[2] Speziell für Ostdeutsche präsentiert Siegfried Wenzel, früher Vize-Vorsitzender der Staatlichen Plankommission der DDR, »offene Worte zur deutschen Einheit«, indem er genüsslich allerlei vermeintliche und tatsächliche Irrtümer westdeutscher Politiker, Journalisten und Ökonomen zusammenstellt, ganz nach dem beliebten Motto »Der Fuchs ist schlau und stellt sich dumm, beim Wessi ist es andersrum«. In zwei weiteren Büchern behauptet derselbe Autor unter Rückgriff auf »offizielle«, also geschönte DDR-Statistiken, dass Westdeutschland den Osten geplündert habe.[3] Ralph Hartmann, früherer Modrow-Mitarbeiter, liest den gierigen Wessis ebenfalls kräftig die Leviten: »Die Liquidatoren: Der Reichskommissar und das wiedergewonnene Vaterland der Westdeutschen«.[4]

Westdeutsche Negativbilanzen wie »Wir sind kein Volk« oder »Kaltstart. Volkswirtschaftliche Aspekte der deutschen Vereinigung« verklären die alte Bundesrepublik und erheben die Einheit zum alleinigen Sündenbock für nahezu alle Probleme des Landes.[5]

Ostalgie wie Westalgie verkennen dabei, dass es ein »weiter so« überhaupt nicht geben konnte, auch nicht im Westen. Die von Parteispendenskandalen erschütterte Bundesrepublik stand 1989 nicht nur kurz vor einem Regierungswechsel, sie galt auch in vielen Politikbereichen unbestritten als dringend reformbedürftig: Rentenreform, Gesundheitsreform, Steuerreform, Umbau zu einer ökologisch-sozialen Marktwirtschaft, das waren die beherrschenden Themen dieser Zeit. Hinzu kam noch, dass der immense Flüchtlingsstrom aus der DDR schon 1989 kaum mehr zu bewältigen war. Das bundesrepublikanische Paradies der 70er-Jahre, von dem die Westalgiker träumen, war schon vor der Einheit verblüht.

Und dass die DDR weiter bestehen konnte, war schon aus wirtschaftlichen Gründen ausgeschlossen: Der Staat war schlicht zahlungsunfähig. Die wirtschaftlich Leistungsfähigen wanderten in Scharen in die Bundesrepublik aus. Ein Exodus, der theoretisch nur durch zwei Maßnahmen aufzuhalten oder wenigstens einzudämmen war: eine rasche Vereinigung – oder die Schließung der Mauer. Aber die Sachkenntnis über die untergegangene DDR lässt bei vielen generell zu wünschen übrig. Selbst in Schulbüchern sind gravierende Mankos festzustellen, indem z. B. die Revolution gegen die SED mit der von SED-Chef Krenz propagierten »Wende« gleichgesetzt wird.[6] So verschwindet zwar die DDR aus den Köpfen, nicht aber die Mauer zwischen Ost und West.

Bei dieser Jammerlage gerät leicht in Vergessenheit, wie viel Glück die Deutschen gehabt haben, dass die Revolution in der DDR so friedlich verlaufen ist und dass der Beitritt zur Bundesrepublik so reibungslos funktioniert hat. Zu erwarten war nämlich beides nicht, sondern die Deutschen hatten *fortune:* Der glückliche Zufall war mehrfach auf ihrer Seite.

Man muss gar nicht von altmodischem nationalen Pathos beseelt sein, um dies als Glück anzuerkennen – durchaus auch im Sinne von *happiness:* Die rasche Vereinigung hat vermutlich Bürgerkrieg, Flüchtlingsströme und instabile politische Verhältnisse mit all ihren unabsehbaren Folgen verhindert. Es ist somit Schaden von den hier lebenden Menschen abgewendet und ihr Nutzen gemehrt worden, unabhängig von jedweder Nationalität.

Insofern hat die Geschichte der deutschen Teilung im doppelten Sinne ein glückliches Ende gefunden. Es war mehr Glück als Verdienst im Spiel, und die Menschen dürfen sich glücklich schätzen, dass es so gekommen ist. Denn: Zwar ist nicht alles gut geworden bei der deutschen Einheit, aber die erwartbare Alternative war auf jeden Fall um einiges schlechter. Die Deutschen haben wirklich Glück gehabt.

Glücksfall Nr. 1: Dissident Roland Jahn wird ausgebürgert

... und bringt die DDR-Opposition in die Massenmedien

Ein Überfall durch Stasi-Agenten, eine Verfolgungsjagd, eine Entführung – wie in einem drittklassigen Agentenkrimi spielt sich die gewaltsame Ausbürgerung des Jenaer Oppositionellen Roland Jahn ab. Als Jahn 1983 im verschlossenen Zugabteil über die Grenze zur Bundesrepublik rollt, glaubt die Stasi einen lästigen Dissidenten losgeworden zu sein. Ein Irrtum: Roland Jahn wird erst recht unbequem. Als West-Journalist berichtet er über die DDR-Opposition. 1989 ist er es, der die legendären Filmaufnahmen über die Leipziger Montagsdemonstrationen organisiert. Die Bilder im Westfernsehen erreichen auch die DDR-Bevölkerung – und machen Mut für weitere Proteste. Ein Katalysator für die Revolution. Als die Mauer fällt, fährt Jahn triumphierend in seine Heimatstadt Jena: »Ich bin wieder da, wo sie mich rausgebracht haben. Sie haben ihr Ziel nicht erreicht. Man hat mich nicht kleingekriegt.«[7]

Es scheint ein unverdächtiger Behördentermin zu sein: Am 7. Juni 1983 wird Roland Jahn zum Jenaer Wohnungsamt vorgeladen. Man eröffnet ihm, dass er nun ausreisen werde – in die Bundesrepublik. Für viele DDR-Bürger ein Wunschtraum. Nicht für Roland Jahn. Er weiß, dass das SED-Regime ihn nur mundtot machen will: »Ne, das fällt aus. Ich bleibe.« Da stürmen mehrere Stasi-Mitarbeiter herein, zerren Jahn nach draußen, schieben ihn in einen Lada. Es geht zu Jahns Wohnung, Sachen packen. Dabei gelingt dem 30-Jährigen die Flucht. Verfolgt von den Stasi-Agenten rettet er sich zu einer Freundin. Aber die Stasi-Leute dringen auch dort ein, fesseln Jahn mit Knebelketten – jener Sorte Handschellen, die ins Fleisch schneiden. Roland Jahn wird abgeführt: »Meine Beine bewegten sich ganz von alleine, weil der Schmerz in den Handgelenken so mörderisch war.«[8] Noch in derselben Nacht bringt ein Stasi-Kommando Jahn zum deutsch-deutschen Grenzübergangsbahnhof Probstzella in Thüringen. Um 3:10 Uhr wird Jahn ins letzte Abteil des Interzonenzuges gesperrt. Sieben Minuten später hält der Zug in Ludwigsstadt, Bayern. Roland Jahn ist frei – und ausgebürgert. Für ihn in diesem Moment das größte Unglück, doch ein Glücksfall auf dem Weg in die deutsche Einheit: Nur als Westberliner kann Roland Jahn die Revolution in der DDR so schlagkräftig unterstützen, wie er es tun wird.

Grob, aber wirkungsvoll, glauben die DDR-Machthaber einen Dissidenten losgeworden zu sein. Wieder einmal. Denn die Ausweisung öffentlicher Kritiker hat Tradition im SED-Staat. Der Philosoph Ernst Bloch, der Schriftsteller Jürgen Fuchs, der Publizist Rudolf Bahro und der Liedermacher Wolf Biermann sind prominente Beispiele. Was die Ostberliner Strategen aber unterschätzen: Jede Ausbürgerung steigert noch die Unzufriedenheit im Lande. Und im Falle Roland Jahns schaffen die Einheitssozialisten sich mit der Zwangsausbürgerung einen Feind, der im Revolutionsjahr 1989 alle Register der Massenmedien ziehen wird, um die Opposition im Land zu stärken – bis die DDR gefallen ist: »Der 9. November war ein Tag der Genugtuung – Es ist geschafft! – Der Mauerfall war mein Ziel!«[9]

Dabei hat Jahns Kritik an der DDR durchaus harmlos begonnen. 1977 bezieht der 24-jährige Student der Wirtschaftswissenschaften an der Jenenser Friedrich-Schiller-Universität

Stellung gegen die Ausbürgerung von Wolf Biermann: »Es war ein Schock.« Dessen kritische Lieder sprechen ihm aus der Seele, wie vielen DDR-Bürgern. Er findet, die Ausbürgerung schade der DDR und dem Sozialismus, im Seminar »Marxismus/Leninismus« will er darüber reden. Aber Diskutieren ist verboten: Seine Professoren und Kommilitonen melden Jahn an die Universitätsleitung, im anschließenden »demokratischen« Exmatrikulationsverfahren stimmen alle gegen Roland Jahn. Er muss die Universität verlassen.

Jahn wird Transportarbeiter – und lässt sich den Mund erst recht nicht verbieten. Er fotografiert sich mit einem Aufkleber quer über dem Mund, beschriftet mit »Bildungsverbot«, und versendet die Bilder als Postkarte. Zur traditionellen Maiparade erscheint er mit einem völlig leeren Plakat. Jeder versteht, was gemeint ist, »aber die Stasi kann nichts machen«, freut Jahn sich noch heute: »Ich hatte sie ausgetrickst.«[10] Schließlich stellt er sich, wieder zum 1. Mai, neben die SED-Ehrentribüne, mit geschminktem Gesicht: halb Hitler, halb Stalin.

Jahn entwickelt sich zum kreativen Kopf der »Friedensgemeinschaft Jena«. Es ist die große Zeit der Friedensbewegungen – in Ost und West. Die NATO-Nachrüstung in Westdeutschland führt zu republikweiten Massendemonstrationen und erbitterten Sitzblockaden vor US-Stützpunkten, an denen die neuen Pershing-II-Raketen und Cruise Missiles stationiert werden. In Ostdeutschland, wo die sowjetischen SS-20-Mittelstreckenraketen bereits stehen, wächst ebenfalls die Angst vor einem Dritten Weltkrieg. Vor allem die evangelischen Kirchen bieten den neu aufkommenden Friedensgruppen ein Forum. Ausgehend vom Dresdner Pfarrer Christoph Wonneberger kommt es zu den ersten Friedensgebeten, den Keimzellen der späteren DDR-Opposition. Anders als in der Bundesrepublik richtet sich hier der Unmut nicht nur gegen die Raketenstationierung, sondern gegen die durchgängige Militarisierung der Gesellschaft, die von der SED-Staatsführung betrieben wird. Schon im Kindergarten werden die jungen DDR-Bürger auf den Militärdienst in der NVA und den betrieblichen Arbeiter-Kampfgruppen eingestimmt. Spielzeugpistolen, -gewehre und -panzer sind im Kinderhort ausdrücklich erwünscht, in Schulbüchern finden sich zunehmend Aufgabenstellungen mit militärischem Hintergrund. Seit 1978 ist an den Polytechnischen Oberschulen die »Wehrerziehung« Pflichtfach, inklusive 12-tägigem »Wehrlager«. Dort lernen die 16-Jährigen Exerzieren und Schießen. Die Zielscheiben haben menschliche Silhouetten.

Anders als viele kirchliche Friedensgebet-Gemeinschaften bemüht sich Roland Jahns Friedensgemeinschaft von Anfang an, ein außerkirchliches Publikum zu erreichen. Hilfreich ist dabei eine Jenaer Spezialität: die Kontakte zu den 1977 ausgebürgerten Dissidenten Jürgen Fuchs und Thomas Auerbach, die in Westberlin leben. Über den Ostberliner Schriftsteller Lutz Rathenow – gleichfalls gebürtiger Jenaer – gelangen Texte und Fotos der Aktionen aus Jena nach Westberlin und dann in die Westpresse, die authentisches Material über DDR-Oppositionelle begierig aufnimmt. So verfällt man auf die Idee, eine pazifistische Demonstration durchzuführen. Termin soll der Jahrestag der Bombardierung Jenas im Zweiten Weltkrieg sein. Eine geschickte Wahl, denn die Stadt ist von britischen und amerikanischen Bombern zerstört worden, also vom »Klassenfeind«, wie die SED-Propaganda jedes Jahr gerne hervorhebt. Trotzdem wird der Antrag auf Demonstration abgelehnt. Begründung: Es sei bereits eine offizielle Kundgebung geplant, die Demonstration sei überflüssig. »Dann haben wir eben daran teilgenommen«, erinnert sich Jahn. Die Losungen auf den Plakaten der Pazifisten lauten »Schwerter zu Pflugscharen« und »Kein Kriegsspielzeug in Kindergärten«. Das ist aber nicht der Frieden, den die DDR-Machthaber im Sinn haben: »Dann kam der Zugriff«, berichtet Jahn: »Plakate, auf denen steht ›Verzichtet auf Gewalt‹, werden mit Gewalt runtergerissen.« Die Jenaer

Pazifisten werden verprügelt – und gehen trotzdem als gefühlte Sieger vom Platz. Die unerwünschte Demonstration hat stattgefunden, man glaubt, neue Freiräume erobert zu haben: »Sie können uns die Nase blutig schlagen, aber sie können uns nicht so einfach einsperren.«[11]

Der Tod des Matthias Domaschk

Ein Irrtum, wie sich im Frühjahr 1981 zeigen soll. Die DDR kann Dissidenten eben doch einfach einsperren. Schlimmer noch: Ein Mitglied der Friedensgemeinschaft, der 23-jährige Matthias Domaschk, kommt im Stasi-Gefängnis ums Leben. Der bis heute ungeklärte und ungesühnte Tod sorgt dafür, dass die Jenaer Pazifisten endgültig in Gegnerschaft zur DDR treten. Aus jungen Leuten, die sich gegen staatliche Bevormundung wehren, werden erbitterte Regimegegner, die nur noch eins wollen: den Untergang der DDR. Roland Jahn: »Es war nicht so, dass das von vornherein irgendwie Oppositions-Kreise waren, in denen man sich bewegt hat, sondern unser ganzer Freundeskreis wurde eigentlich in so ne Ecke richtig getrieben. Dieser Staat hat seine Staatsfeinde geschaffen.«[12]

Heute gilt Matthias Domaschk als Märtyrer der DDR-Opposition, die damals ihr Zentrum in Jena hatte. Dort ist inzwischen eine Straße nach ihm benannt. Der Schriftsteller Jürgen Fuchs hat Domaschks Tod im Roman »Magdalena« verarbeitet, mehrere Bücher arbeiten die mysteriösen Umstände seines Todes auf.

Der Fall Domaschk zeigt beispielhaft, wie die Aktivitäten der Staatssicherheit ihr von Minister Mielke vorgegebenes Ziel, »feindliche Kräfte im Innern aufzuspüren und unschädlich zu machen«,[13] verfehlen und stattdessen das glatte Gegenteil erreichen. Der Leidensweg von Matthias Domaschk beginnt mit dem Bericht eines Stasi-Spitzels im März 1981. Der Inoffizielle

Mitarbeiter (IM) »Klaus Steiner« ist auf die Jenaer Friedensgemeinschaft angesetzt. »Klaus Steiner« heißt eigentlich Tommy, arbeitet als Steinmetz, spielt Bass in einer Rockgruppe und ist Sohn eines schwarzhäutigen amerikanischen GIs. Der farbige Deutsche leidet seit seiner Kindheit unter Hänseleien – ein idealer Kandidat für die Stasi, die ihre IMs gerne unter Ausgegrenzten oder Waisenkindern rekrutiert. Am 10. März 1981 berichtet »Klaus Steiner« seinem Führungsoffizier Alarmierendes: Er habe in der Wohnung des Jenaer Dissidenten Siegfried Reiprich den 23-jährigen Matthias Domaschk kennen gelernt, der dort beim Renovieren geholfen habe. Dabei habe Domaschk versucht, Reiprich als »ideologischen Kopf« für eine militante Terroristengruppe nach dem Vorbild der italienischen Brigade Rosso anzuwerben.

Eine Schilderung, die Reiprich heute als »Dichtung und Wahrheit« einstuft: Der IM »wollte sich wohl wichtig machen. Matthias Domaschk hat nicht versucht, mich zu gewinnen, er hatte auch keine terroristischen Absichten. Und es war ein anderer Freund, der uns beim Ausbau der Wohnung half, Matthias konnte gar nicht mauern.«[14] Die »Verwechslung« wird sich für Domaschk tödlich auswirken. Denn die Stasi nimmt den Bericht ihres IMs ernst. Den DDR-Staatsschützern ist Domaschk sowieso suspekt: Er hat in Prag mit Mitgliedern der Menschenrechtsorganisation »Charta 77« gesprochen, in Danzig Kontakt mit der unabhängigen polnischen Gewerkschaft »Solidarność« aufgenommen – für das MfS (Ministerium für Staatssicherheit) alles feindlich-negative Aktivitäten gegen den Sozialismus, also Terrorismus.

Als Matthias Domaschk am 10. April 1981 mit dem Zug nach Berlin fährt, ist ihm die Stasi auf den Fersen. Domaschk will zu einer Geburtstagsfeier, doch die paranoide Staatssicherheit wähnt einen Zusammenhang mit dem bevorstehenden SED-Parteitag. Um einem Terroranschlag vorzubeugen, werden Domaschk und sein Freund Peter Rösch, ebenfalls ein

Jenaer Dissident, noch im Zug festgenommen und ins Stasi-Untersuchungsgefängnis nach Gera gebracht. Dort werden sie im Schichtdienst verhört. Am Mittag des 12. April, nach 48 Stunden ohne Schlaf, unterschreibt Domaschk eine Verpflichtungserklärung, fortan als Inoffizieller Mitarbeiter für die Stasi zu arbeiten. Danach sperrt man ihn in die Besucherzelle 121, wo er auf seine Haftentlassung warten soll. Laut Stasi-Untersuchungsbericht findet man ihn dort um 14:15 Uhr. Mit seinem Hemd soll er sich an Heizungsrohren aufgehängt haben.

Die Geschichte vom Selbstmord glauben seine Freunde nicht. An Domaschks Grab finden sich mehrere hundert Leute ein, geradezu eine Demonstration. Die Stimmung unter den Jenaer Dissidenten ändert sich, ihnen wird bewusst: »Es geht um Leben und Tod.« Jahn: »Es war ja so, dass wir eigentlich lebenslustige Menschen waren, wir wollten einfach nur leben«.[15]

Siegfried Reiprich, der vermeintlich anzuwerbende Terrorist, fährt nach Domaschks Beerdigung in die Tschechoslowakei, wo er sich mit Exil-Jenensern aus Westberlin trifft. Sie geben die Nachricht vom Tod des DDR-Dissidenten an die westliche Presse weiter, auch der RIAS berichtet über den Fall und strahlt ins DDR-Staatsgebiet hinein. Die Quittung folgt: Noch im August wird Reiprich aus der DDR ausgewiesen – wegen »Untergrundtätigkeit« gegen die DDR. Auch er wird nun Mitglied der Jenaer Exil-Gruppe in Westberlin rund um den Schriftsteller Jürgen Fuchs.

Roland Jahn gelingt es zu bleiben – vorerst. Zum ersten Todestag seines Freundes »Matze« Domaschk beschließt er, Flugblätter zu drucken. Sein Problem: »In dieser DDR ist das ja nicht so, dass du in einen Kopierladen gehst.« Die Lösung: Jahn lässt »die SED das drucken«: Er gibt eine Traueranzeige in der Zeitung auf, schneidet aus zig Exemplaren den Text aus und klebt ihn auf Litfaßsäulen und Lichtmasten. Auf Domaschks Grab setzen Freunde eine Gedenk-Plastik. Als Stasi-Mitarbeiter das Kunstwerk wieder abtransportieren, macht Roland Jahn Fotos davon und schickt sie über Mittelsmänner an den *Spiegel*. Der veröffentlicht die peinliche Aktion. Die blamierte Staatsmacht will nun auch Jahn zur Ausreise bewegen: »Ich saß immer da im Verhör, hab nichts gesagt, nur gelächelt – eine Abwehrreaktion, ein bisschen Fassade, aber auch Selbstbewusstsein«, erinnert sich Jahn. »Und der Vernehmer hat immer gesagt: Wer zuletzt lacht, lacht am besten!«[16]

Im Frühjahr 1983 will die Stasi dafür sorgen, dass Roland Jahn das Lachen endgültig vergeht: Er wird »weggefangen«, als er mit dem Fahrrad unterwegs ist. Am Fahrrad klebt eine polnische Fahne mit der Aufschrift *Solidarność – Z Polskim Narodem* (Solidarität mit dem polnischen Volk). Eine provozierende Sympathiebezeugung für die oppositionelle Gewerkschaft im Nachbarland. Und ein Anlass für die Generalabrechnung. »Der Vernehmer hat zu mir gesagt: ›Die polnische Fahne, das ist doch bloß Kompott. Sie wissen doch genau, um was es geht. Es geht darum, um Ihre Aktivitäten, die Sie vorher schon gemacht haben. Es geht darum, dass Sie den Tod von Matthias Domaschk öffentlich gemacht haben, auch im Westen. Es geht darum, dass Sie am 1. Mai unsere Staatsführung in Misskredit gebracht haben. Dass Sie den 1. Mai sozusagen denunzieren. Darum geht es, um alles, was Sie machen.‹«[17] Jahn wird wegen »öffentlicher Herabwürdigung der staatlichen Ordnung« und »Missachtung staatlicher Symbole« der Prozess gemacht. Im Gerichtssaal triumphiert der Stasi-Vernehmer. »Als sie mich dann verknackt haben, zu einem Jahr, zehn Monaten, hat er wieder gesagt: Ich hab's Ihnen doch gesagt, wer zuletzt lacht, lacht am besten!«[18]

Die Jenaer Exil-Gruppe in Westberlin bringt auch den Fall Roland Jahn in die Presse. Mit Erfolg: Honecker ist um ein gutes internationales Image als Rechtsstaat bemüht und entlässt Jahn aus der Haft. »Das war so ein Triumph: Jede Macht hat ihre Grenzen. Mit dieser Entlassung war für mich klar, ich bleibe in dieser DDR. Wir haben viele, viele Chancen. Wir müssen nur uns zur Wehr setzen und wir müssen Mitstreiter suchen. Und das hat mir die Kraft gegeben, weiterzumachen – in der DDR.«[19] Seinen Triumph krönt Jahn mit einem Schreiben an seinen Stasi-Vernehmer: »Wer zuletzt lacht, lacht am besten!«[20]

Im Juni ist es dann doch die Stasi, die für die nächsten Jahre triumphiert. Nach seiner gewaltsamen Ausweisung schließt auch Roland Jahn sich der Jenaer Exil-Gruppe in Westberlin an.

Das Netzwerk Roland Jahn

Das Kalkül der Stasi ist klar: Die meisten ausgewiesenen DDR-Bürger bauen sich im Westen ein neues, bequemes Leben auf und lassen die DDR gedanklich hinter sich. Das erwartet man auch von Roland Jahn. Ein Irrtum: »Die Rechnung ging bei mir nicht auf, es ist das Gegenteil eingetreten: Der Fall der Mauer ist für mich Lebensinhalt geworden.«[21] Die gewaltsame Ausbürgerung hat ihn tief getroffen, sein Hass auf die DDR ist größer als die Lust auf ein schönes Leben. Er nutzt seine Kontakte, um kontinuierlich Nachrichten über die verstreuten DDR-Oppositionellen in die westlichen Zeitungen zu bringen. Zunächst macht er das kostenlos, aber im Laufe der Jahre baut Jahn ein professionelles Netzwerk auf: Informanten im Osten übergeben Nachrichten, Fotos, Tonbänder und später Videokassetten an Botschaftsmitarbeiter, West-Politiker oder Korrespondenten, die das Material über die Grenze nach Westberlin schmuggeln: »Das waren vorwiegend Diplomaten, Bundestagsabgeordnete, speziell der Grünen«, berichtet Jahn.

Im Westen vermittelt er die Informationen an verschiedene Redaktionen. Bald gilt er als Experte für die DDR-Opposition. In der linksalternativen *tageszeitung* zeichnet er für eine eigene

»Ostberlin-Seite« verantwortlich. Und nicht nur das. Nachhaltig stärkt er diese Opposition. Die West-Zeitungen werden auch im Osten gelesen, mündlich weiter verbreitet, und so erfahren die oft isoliert arbeitenden Oppositionellen, wo es weitere Dissidenten gibt. Die DDR-Opposition beginnt sich zu vernetzen.

Die Stasi erkennt bald die Gefahr, die von Jahns Netzwerk ausgeht. Dass es sich um das Werk eines Einzelnen handeln könnte, liegt jenseits der Vorstellungskraft der MfS-Staatsdiener. Sie gehen davon aus, dass Jahn Agent eines westlichen Geheimdienstes sein muss. Sie bespitzeln seine Wohnung, setzen den Künstler Sascha Anderson als IM auf ihn an. »Der politische Verrat, den kann man verschmerzen, aber wenn dich einer anruft, er will ein Bier trinken gehen und quatschen – das ist das Schlimme, wenn du hinterher merkst, du bist persönlich hintergangen worden, das schmerzt.«[22] Obwohl inzwischen Bürger Westberlins, wird Jahn 1987 wegen »Agententätigkeit« in Abwesenheit zu langjähriger Haft verurteilt.

Im Frühjahr 1987 landet Jahn den nächsten Coup: Er weitet seine Aktivitäten auf eine eigene Radiosendung aus, die gezielt in den Osten strahlt. Beim Kaffeetrinken mit dem Radioredakteur Dieter Rulff entsteht die Idee, den neuen Privatsender »Radio 100« für eine solche Ostsendung zu nutzen. Am 1. März 1987 startet auf dieser Frequenz das wöchentliche Magazin »Radio Glasnost – außer Kontrolle«. Die Beiträge stammen von ostdeutschen Oppositionellen wie Bärbel Bohley, Freya Klier, Fred Kowasch und Siegbert Schefke. Musik kritischer Liedermacher wie Stefan Krawczyk erreicht über »Radio Glasnost« ihr Publikum in der DDR. Die im Osten produzierten Tonbänder werden über Jahns konspiratives Netzwerk nach Westberlin geschmuggelt. Empfangen können das Programm zwar nur die Berliner und Teile des Umlands. Dort schneiden aber viele DDR-Bürger die Sendungen mit und verschicken sie auf Audiokassette an Freunde in der übrigen DDR. An der

SED-Zensur vorbei erreicht Jahn so ein ostdeutsches Massenpublikum.

Im Westen erfreut »Radio Glasnost« sich nur eingeschränkter Beliebtheit. Der Muttersender »Radio 100« versteht sich als linksalternatives Multikulti-Projekt. Es gibt Sendungen für Homosexuelle, Ausländer und Autonome. Von allem Bürgerlichen grenzt man sich reflexartig ab. Ein steter Dorn im Auge ist, dass man sich die Frequenz teilen muss – ausgerechnet mit den konservativen Bürgerfunkern von Radio »100,6«, die der CDU nahestehen. Bezeichnend ist, wie die Frequenzübergabe vor sich geht: »100,6« sendet bis 19 Uhr und endet mit der deutschen Nationalhymne. »Radio 100« schließt unmittelbar daran an – mit dem Geräusch einer Klospülung. In dieser anti-nationalistisch eingestellten Szene pflegt man ein stark verklärtes Bild der DDR, die manchem sogar als das bessere Deutschland gilt. Die DDR-kritischen Beiträge von »Radio Glasnost« passen da eindeutig nicht ins Programm.

Denn »Radio Glasnost« berichtet über Umweltschäden in Bitterfeld oder Friedensgebete in Leipzig. Als die Stasi die grüne »Umweltbibliothek« der Berliner Zionskirche stürmt und Oppositionelle festnimmt, bewirkt die Berichterstattung in »Radio Glasnost« eine Welle internationaler Proteste und landesweiter Mahnwachen. Der SED-Staat gibt dem Druck nach und lässt die Festgenommenen wieder frei.

Das Regime schlägt zurück. Ein IM wird in die Redaktion eingeschleust. Er vertauscht z. B. Wasserproben aus einem vergifteten See und sabotiert so die investigative Umweltberichterstattung. Im Januar 1988 lässt die Stasi viele von Jahns Kontaktleuten gezielt »wegfangen« und wegen Agententätigkeit verurteilen. Die Stasi versucht, das Netzwerk trockenzulegen. In Berlin und Potsdam lässt das MfS ein Dutzend Störsender aufbauen und sendet auf der Frequenz von »Radio Glasnost« einen undurchdringlichen Pfeifton. Doch »Radio Glasnost« sendet weiter: auf anderen Frequenzen, die sich schnell herumsprechen. Da greift die Stasi zur Propaganda. In einem bissigen Kommentar in der FDJ-Zeitung *Junge Welt* wird kolportiert, Roland Jahn sei westlicher Geheimagent und wolle die DDR zersetzen. Der Schuss geht nach hinten los: Der Verriss macht »Radio Glasnost« bei den jungen Leuten noch bekannter.

Roland Jahn rüstet inzwischen medial auf: »Fernsehen ist das, was wichtig ist, was in den Osten reinstrahlen muss, was die Massen erreicht, nicht nur die Untergrundpresse, die immer nur dieselben erreicht.«[23] Jahn hat 1986 eine erste Videokamera gekauft und in den Osten geschleust. Nach anfänglichen Schwierigkeiten bekommt er nun immer bessere Filmbeiträge aus der Oppositionsszene. Der Höhepunkt steht im Herbst 1989 bevor: Jahns Untergrund-Journalisten filmen für die ARD-*Tagesthemen* die Leipziger Montagsdemonstration vom 9. Oktober und führen der ganzen Welt die Kraft der Opposition und die Ohnmacht des SED-Regimes vor.

Dreamteam: Schefke und Radomski

Siegbert Schefke hat in seiner Berliner Wohnung aus dem Westen eingeschmuggelte Zeitschaltuhren verteilt. Mal geht in der Küche das Licht an, dann im Bad, später im Wohnzimmer. Die Stasi-Agenten vor dem Haus glauben, Schefke sei zu Hause. »Ich bin über die Dachluke raus, ein paar Dächer weiter runter.« Auf der Straße wartet Aram Radomski im Auto. Die beiden wechseln mehrfach den Wagen, um eventuelle Verfolger abzuschütteln. Ihr Ziel: Leipzig. Ihr Auftrag: Filmaufnahmen von der Montagsdemonstration. Es ist der 9. Oktober 1989. Alles deutet darauf hin, dass es zu bürgerkriegsartigen Szenen kommen wird wie in den Tagen zuvor in Berlin und vor allem in Dresden. Dass sie historische Aufnahmen vom »Tag der Entscheidung« machen werden, können Schefke und Radomski auf ihrer konspirativen Fahrt über die holprigen Betonstrecken der DDR noch nicht wissen.

Schefke, der heute aktueller TV-Reporter beim MDR ist, hat zu dieser Zeit schon erste Radiobeiträge für Jahns »Radio Glasnost« gemacht. Wie Jahn und die meisten Oppositionellen hat auch er mit der DDR eine »Rechnung offen«: Als 26-Jähriger hat ihm ein Schaffner im Zug ein Buch weggenommen, Heinrich Bölls »Ansichten eines Clowns«[24]. Wegen eines kritischen Absatzes über die DDR steht der Roman auf dem Index. Schefke fühlt sich gedemütigt und bevormundet. Er schließt sich der oppositionellen Subkultur der Berliner »Umweltbibliothek« an, in der sich Friedensbewegte, Umweltschützer und Ausreisewillige tummeln. Dort kommt er mit dem Netzwerk Jahn in Kontakt. Eigentlich hat er mit Journalismus nichts zu tun: Schefke ist Bauingenieur und am Wohnungskombinat Berlin zuständig für die Verfugung der Plattenbauten. Als Oberbauleiter kann er sich die Arbeitszeit frei einteilen. So ist er für den subversiven Journalismus gut einzusetzen. Und – fast noch wichtiger! – er hat einen Trabi. Ein Telefon hat er allerdings nicht, wie die wenigsten DDR-Bürger. Die Kontaktaufnahme mit Jahn erfolgt daher morgens zwischen 9 und 11 in der Wohnung eines befreundeten Ausreisewilligen, der ein Telefon hat. Da die Stasi mithört, haben Jahn und Schefke einen Geheimcode entwickelt. »Der Italiener« ist zum Beispiel Bärbel Bohley, ein einfaches »Hallo« bedeutet: »Materialübergabe in einer Stunde«, ein zweifaches »Hallo« meint zwei Stunden. Den jedes Mal wechselnden Ort der Übergabe verabreden die beiden bei jedem Treffen schon für das nächste Mal. Als Kuriere fungieren Diplomaten, Grünen-Politiker oder West-Journalisten.

Schefke bekommt 1986 von Jahn eine VHS-Videokamera zugespielt. Schefke tut sich anfangs schwer. Jahn ist verzweifelt, weil er nur unscharfe, verwackelte Bilder bekommt und viel zu kurze Szenen – nichts, um einen sendefähigen Beitrag daraus zu schneiden. Er schickt für einen Nachmittag einen West-Kameramann zur Schulung nach Ostberlin, danach werden die Aufnahmen sichtlich besser. Außerdem bekommt Schefke Verstärkung durch den Fotografen Aram Radomski. Dessen Problem mit der DDR ist, dass der Staat seinen Vater loswerden will, den oppositionellen Schriftsteller Gert Neumann. Um ihn zur »freiwilligen« Ausreise zu bewegen, schlagen Stasi-Leute seinen Sohn Aram vor einem Jugendclub zusammen. Da er sich wehrt, wird er wegen »Widerstands gegen die Staatsgewalt« zu sechs Monaten Haft in Zeitheim verurteilt. Radomski reagiert genauso wie Jahn: Ausreisen will er nun erst recht nicht, sondern Rache. »Ich geh erst weg, wenn ich möglichst viel Schaden angerichtet habe.« Als Dritter im Bunde stößt Falk Zimmermann dazu.

Das Drei-Mann-Team dreht Filme über die verfallende Stadt Leipzig, über Umweltverschmutzung in Bitterfeld, über Rechtsradikale in der DDR, über die Situation von Ausreisewilligen, über Demonstrationen für einen reformierten Sozialismus. Im Vorfeld der DDR-Kommunalwahlen fertigt Jahn mit Schefke-Material ein regelrechtes Service-Stück, wie man in der DDR die Stimme ungültig machen kann. So einfach ist es nämlich gar nicht, da die SED möglichst viele Zettel als Zustimmung zu ihrem Block mit CDU, LDPD und den anderen Parteien wertet. Immer kommen in den Filmen auch Bürger zu Wort. Roland Jahn: »Das war eine Lücke, denn die offiziellen Korrespondenten in der DDR durften nicht normale Interviews mit Bürgern machen, die mussten immer genehmigt werden.«[25] Ausgestrahlt werden die Beiträge in den ARD-*Tagesthemen*, im ZDF-*heute journal* und vor allem im SFB-Politikmagazin *Kontraste*.

Die drei Untergrund-Autoren wissen, dass die Stasi sie observiert. Jederzeit müssen sie mit ihrer Festnahme rechnen. Zur Überlebensstrategie des Netzwerks Jahn gehört, dass bei einer Festnahme umgehend westliche Berichterstattung über die Dissidenten erfolgt. Beim *Spiegel* etwa liegen schon fertige Artikel mit Fotos bereit. Die Drohung funktioniert, wie sich zeigt: Beim Versuch, einen Film über Wasserverseuchung in Wismar zu drehen, werden Schefke, Radomski und Zimmermann vom örtlichen Küster an die Volkspolizei verraten. Der Hinweis auf die West-Presse führt zu ihrer Freilassung. Die Kamera allerdings beschlagnahmen die Polizisten. Roland Jahn reagiert umgehend: Über seine Mittelsmänner schickt er gleich eine neue Kamera und einen neuen Auftrag. Noch am selben Tag läuft im West-TV dann doch ein Film aus der Oppositions-Szene. Die Stasi muss glauben, außer Schefkes Team seien noch weitere Filmer unterwegs – denn Schefkes Kamera hatten sie ja beschlagnahmt. »Die Stasi sollte glauben, der BND stecke dahinter – sie sollten denken, es wären nicht nur zwei, drei Leute, sondern ein Riesennetzwerk.«[26] Am Ende hat Schefke drei Kameras.

Beim Blick in die Stasi-Akten im Sommer 1990 stellt Schefke, der als operativer Vorgang »Satan« geführt wird, fest, wie nah die Stasi-Agenten an ihm dran waren. Es gibt Fotos, wie er Material an den DDR-Korrespondenten Karlheinz Baumann von der *Frankfurter Rundschau* übergibt. Und es gibt IM-Berichte seines Freundes Ibrahim Böhme, der darauf angesetzt war, die Übergabewege herauszufinden. Und noch ein Schock: Der dritte Mann im Team, Falk Zimmermann, war ein IM. Er bedrängte seinen Führungsoffizier sogar, seine »Freunde« Schefke und Radomski endlich zu verhaften. Das geschieht nicht: Vermutlich sind die Agenten darauf aus, das ganze Netzwerk auszuheben, das sie für erheblich größer halten.

Fast jede Woche läuft ein von Jahn bestellter Film in einem Westsender. Zweieinhalb »total anstrengende Reporter-Jahre«, erinnert sich Aram Radomski, der heute einen internationalen Vertrieb für Fototapeten führt.[27] Was allerdings fehlte, war die Anerkennung, sagt Schefke im Rückblick: Außer der Stasi weiß praktisch keiner in der DDR, wer die brisanten Filmaufnahmen gemacht hat. So auch beim Höhepunkt ihrer Arbeit: Die inzwischen historischen Filmaufnahmen der Leipziger Montagsdemonstration vom 9. Oktober schreibt *Tagesthemen*-Moderator Hanns-Joachim Friedrichs zum Schutz der Untergrund-Journalisten öffentlich einem »italienischen Fernsehteam« zu.

Als Schefke und Radomski am Montagabend in Leipzig eintreffen, ist es schon fast dunkel. In den Seitenstraßen wimmelt es von Polizei. Für Filmaufnahmen denkbar ungünstig: Nah an die Demonstranten ranzugehen ist zu riskant, von weitem gefilmte Szenen wird man kaum erkennen können. Die beiden kommen auf die Idee, den Demonstrationszug von oben zu filmen. Sie suchen ein Haus mit guter Aussicht. Beim ersten Objekt werden sie vom Hausmeister vertrieben. Beim zweiten bekommen sie Skrupel: Der Mann, der seine Wohnung zur Verfügung stellt, hat kleine Kinder.

So landen sie schließlich auf dem Kirchturm der Reformierten Kirche, mitten im Taubendreck. Eine ideale Position: Direkt unter ihnen ziehen die Montagsdemonstranten vorbei, man hat Aussicht auf den Leipziger Ring. Zunächst sind die beiden trotzdem frustriert: Im kleinen Schwarzweiß-Sucher der Kamera sehen sie nur schwarz und fürchten, es sei nichts aufgenommen worden. Vereinbarungsgemäß treffen sie später den *Spiegel*-Korrespondenten Uli Schwarz, der offiziell mit seiner Familie Urlaub in Leipzig macht. Er nimmt die brisante Videokassette an sich und fährt nach Westberlin. Bei der Grenzkontrolle hat er die Kassette in der Unterhose.

Als Roland Jahn die Bilder endlich ins Sichtgerät beim SFB einlegt, kommen ihm spontan die Tränen: Er sieht schier endlose Massen demonstrierend über den Leipziger Innenstadtring ziehen. »Ich musste daran denken, wie wir in Jena mit 30 Mann losgezogen sind – und jetzt sind es tausende.«

Es sind rund 70 000. Und nach dem Filmbericht in den *Tagesthemen*, der auch den DDR-Bürgern vor Augen führt, dass die Staatsgewalt gegen so viele Menschen ohnmächtig ist, werden es beim nächsten Mal noch mehr. Am 16. Oktober gehen in Leipzig 160 000 Montagsdemonstranten auf die Straße, und die Volkspolizei regelt den Verkehr. Drei Wochen später ist die Mauer gefallen. Roland Jahn erlebt den 9. November im Fernsehstudio, als DDR-Experte in den ARD-Sondersendungen: »Dass ich da saß und die Maueröffnung kommentierte, war eine persönliche Genugtuung.«[28]

Glücksfall Nr. 2: George Bush tanzt nicht auf der Mauer

... und erwirkt die NATO-Mitgliedschaft von ganz Deutschland

Kein Charisma, keine Ideen – der frisch inthronisierte US-Präsident George Bush hat im Januar 1989 das Image eines trockenen Aktenfressers, der es mit seinem sprühenden Moskauer Kontrahenten Michail Gorbatschow einfach nicht aufnehmen kann. Doch heimlich, still und leise lässt Bush seine Mitarbeiter Pläne schmieden. Ihr Vorschlag: Bush soll den gefeierten »Gorbi« übertrumpfen, indem er eine revolutionäre Vision anstrebt – die Wiedervereinigung Deutschlands bei gleichzeitiger NATO-Mitgliedschaft. Dem Zauderer Bush gelingt das nahezu Unmögliche, gerade weil er so spröde ist. Sein völlig »unamerikanischer« Verzicht auf triumphale Gesten nach dem Mauerfall schafft Vertrauen bei Gorbatschow und macht es ihm möglich, die DDR in die deutsche Einheit und sogar die NATO zu entlassen.

Korrekt und sortiert wirkt der neue Präsident. Stets beherrscht und diszipliniert. Selbst sein Lächeln strahlt mehr Höflichkeit als Herzlichkeit aus. In der lässigen Cowboy-Kleidung, die der Vorgänger so gerne trug, vermag man sich den etwas steifen Mann mit der Fliegerbrille nur schwer vorzustellen. Mit dem Amtsantritt von George Herbert Walker Bush zieht im Januar 1989 eine ganz neue Optik ins Weiße Haus ein, und ein ebenso neuer Politikstil. Dem Bauch-Menschen Ronald Reagan folgt der Kopf-Mensch George Bush. Anders als sein rein intuitiver Vorgänger will der 41. Präsident aufgrund von Daten und Fakten urteilen. In seinen früheren Tätigkeiten als Botschafter und CIA-Direktor hat Bush sich den Ruf erworben, sogar Akten zu studieren. Beim Vorgänger, der mehr auf *action* stand, ganz und gar undenkbar.

Dass Bush derjenige Präsident sein wird, der eine »neue Weltordnung« entwerfen und die Vereinigung der beiden deutschen Staaten vorantreiben wird, traut ihm im Frühjahr 1989 wohl niemand zu. In der Presse hagelt es Kritik, weil er ohne Visionen sei, mehr ein Buchhalter denn ein Führer. Vor allem der mächtige konservative Flügel der republikanischen Partei zweifelt am neuen Präsidenten. Erst wirft dieser viele Leute aus der Mannschaft des »großen« Ronald Reagan aus der Regierung, und dann erweist er sich auch noch als grüblerischer Aktenfresser, der alles bis ins Detail abwägt, bevor er handelt.

Die Wahl in Amerika hat Bush zwar gewonnen, die Herzen der Menschen aber nicht. Er steht unverändert im Schatten des vom Volk geliebten Reagan. Und auch gegen seinen sowjetischen Rivalen Michail Gorbatschow, der alle Register charismatischen Führens zu ziehen vermag, sieht der spröde Bush ziemlich blass aus. Das setzt den neuen Präsidenten zusätzlich unter Druck. »Gorbatschow war in Europa sehr beliebt, fast schon lag Euphorie in der Luft«, erinnert sich Bush.[29]

Schon im Dezember 1988 hat Gorbatschow einen radikalen Abrüstungsvorschlag auf den Tisch gelegt. Vor der UN-Vollversammlung kündigt er an, die Rote Armee um 500 000 Mann zu verringern, sechs Panzerdivisionen aus der DDR, der Tschechoslowakei und Ungarn abzuziehen sowie weitere konventionelle Waffen abzubauen. Außerdem erklärt er überraschend eine »Weltgemeinschaft der Rechtsstaaten« zum Ziel der sowjetischen Reformpolitik. »Philosophisch« dringt er damit in die angestammte Domäne der USA ein, die seit dem Ersten Weltkrieg versuchen, erst mittels Völkerbund, später mittels UNO eine solche Staatengemeinschaft zu errichten.

Wie schon so oft in den vorangegangenen Jahren staunt die Welt über den charismatischen Staatsmann aus Moskau, der dabei ist, der Welt seinen Stempel aufzudrücken. George Bush registriert, dass Gorbatschows Vorschläge »den Europäern, insbesondere den Deutschen« sehr gefallen.

Tatsächlich sympathisiert Bonn offen mit den Moskauer Vorschlägen. Unmittelbar vor dem Antrittsbesuch von Bushs neuem Außenminister James Baker fordert Bundeskanzler Helmut Kohl am 10. Februar 1989, die NATO solle auf Gorbatschows Abrüstungsinitiative reagieren. Er plädiert dafür, auf die geplante Modernisierung atomarer Kurzstreckenraketen erst mal zu verzichten. Die neuen Raketen, die Washington auf westdeutschem Boden stationieren will, haben eine Reichweite von 250 Kilometern, könnten also Polen, die Tschechoslowakei und theoretisch auch die DDR treffen.

Ziele in Ostdeutschland liegen aber nicht im deutschen Interesse. Das vergessen die NATO-Partner gelegentlich, klagt der CDU/CSU-Fraktionsvorsitzende Alfred Dregger, der zu den exponierten Konservativen seiner Partei zählt: Ganz undiplomatisch kritisiert er am 27. April 1989 die »mangelnde Bereitschaft eines Teils der westlichen Verbündeten, die strategische Lage eines Volkes zur Kenntnis zu nehmen, das in Europa als einziges geteilt ist und durch dessen Mitte die Militärgrenze von Ost und West verläuft«.[30] Der im ostdeutschen Halle/Saale geborene Außenminister Hans-Dietrich Genscher erhebt es in derselben Debatte sogar zu seinen Amtspflichten, die vitalen Interessen der DDR-Bürger mit zu berücksichtigen: »Die Verpflichtung aus diesem Eid endet nicht an der Grenze mitten durch Deutschland. Diese Verantwortung schließt meine Heimat, die Stadt, in der ich geboren bin, ein.«[31] Darum stellt Genscher den Sinn dieser Raketen überhaupt in Frage.

Washington passen die kritischen Töne aus Bonn gar nicht. Die Amerikaner sind unverändert überzeugt, nur militärischer Druck zwinge die Sowjets zu Reformen. Außerdem fürchten sie, die Westdeutschen könnten ihrer »Gorbimanie« ganz erliegen und sich aufgrund der verlockenden Abrüstungsangebote zu sehr an Moskau annähern. Bush persönlich ist es zudem leid, immer nur auf Moskauer Initiativen zu reagieren: »Ich wollte nicht als kleinlicher Präsident angesehen werden, der hinter Gorbatschow zurückfiel und ihm als Antwort nur ein Bein stellen konnte. Aber ich wollte auch keinen dummen und kurzsichtigen Zug machen.«[32]

Generalstabsmäßig bereitet Bush sich darum auf einen Wettbewerb der Visionen vor, den er sich mit Gorbatschow fortan zu liefern gedenkt. Zwei Tage nach Kohls ärgerlichem Vorstoß, am 12. Februar 1989, lässt der US-Präsident sich von Wissenschaftlern über die politische und wirtschaftliche Lage in der Sowjetunion informieren. Drei Tage später, am 15. Februar, gibt er die »National Security Reviews« Nr. 3, 4 und 5 in Auftrag:[33] Bush will die nationale Sicherheitspolitik bezüglich der Sowjetunion, Ost- und Westeuropa überprüfen. Binnen eines Monats wünscht er strategische Überlegungen »mindestens bis ins nächste Jahrhundert hinein«[34] auf dem Tisch zu haben.

Der Präsident macht Druck, weil im April der 40. Jahrestag der NATO-Gründung ansteht. Zum Jubiläum will Bush sich bereits zu seiner künftigen Politik äußern und die moralische Meinungsführerschaft von Gorbatschow zurückerobern. Er möchte »etwas Mutiges und Innovatives tun, das die amerikanische Führung in ihrer traditionellen Rolle bestätigen würde, die Entwicklungen auf dem internationalen Parkett zu bestimmen«.[35]

Um die Führungsrolle der USA zurückzugewinnen, braucht Bush Visionen und Fantasie. Alleine hat er sie nicht. Darum richtet Bush tägliche »An die Zukunft denken«-Sitzungen ein. An denen nimmt auch der frühere Außenminister Henry Kissinger teil. Dieser hat sich in den 70er-Jahren als geschickter Entspannungspolitiker einen Namen gemacht. Unter den Präsidenten Nixon und Ford betrieb er erfolgreiche Abrüstungsverhandlungen zwischen den USA und der Sowjetunion; für die Beendigung des Vietnam-Krieges erhielt er den Friedensnobelpreis. Auch den Deutschen gegenüber erweist sich Kissinger, dessen Familie vor den Nazis fliehen musste, als Freund: Bei den KSZE-Verhandlungen in Helsinki unterstützt er Mitte der 70er-Jahre den Wunsch von Bundeskanzler Helmut Schmidt, die Grenzen in Europa doch nicht für »unveränderlich« zu erklären, wie vom Osten gefordert. Damit bleibt die Option einer Vereinigung der deutschen Staaten nach internationalem Recht erhalten.

Wie stark Bush nach seinem Amtsantritt 1989 auf die Kissinger-Garde setzt, macht eine zentrale Personalentscheidung deutlich: Kissingers engster Vertrauter General Brent Scowcroft wird Bushs neuer Sicherheitsberater. Für die deutsche Einheit wird sich Scowcrofts Ernennung zum Direktor des Nationalen Sicherheitsrates als unschätzbar glückliche Lösung herausstellen. Denn es wird das »Scowcroft-Memorandum« sein, das die Vision eines vereinten Deutschlands bei gleichzeitiger NATO-Mitgliedschaft entwirft.

Die eigentlich zuständigen Beamten, die Mitarbeiter im Außenministerium, entsprechen Bushs Wunsch nach langfristigen Strategien nur mit wenig Fantasie. Mitte März treffen im Weißen Haus ihre Vorlagen ein. Sie empfehlen das Übliche: die Fortsetzung der bisherigen Stabilitätspolitik, ausgerichtet am Status quo der Teilung Europas. Die Wiedervereinigung Deutschlands behandeln sie zwar ausdrücklich, aber abwiegelnd. Die deutsche Frage gäre »stets unter der Oberfläche«, doch niemand in Europa wolle das Thema anpacken, selbst die Deutschen nicht: »Es gibt kein aufrührenderes und entzweienderes Thema, und es dient keinem US-Interesse, wenn wir die Initiative ergreifen und es aufwerfen.«[36]

Der vollständige Mangel an neuen Ideen enttäuscht auch Brent Scowcroft. Er lässt seine eigenen Leute ein neues Memorandum schreiben, das später seinen Namen tragen wird: »Scowcroft-Memorandum«. Autoren sind Robert D. Blackwill, Philip Zelikow und Condoleezza Rice, die spätere Außenministerin von Bush junior.

Die Zielrichtung ist eindeutig: Die USA müssen den verlorenen Einfluss in Europa wieder zurückgewinnen, am besten sogar vergrößern. Washington müsse Gorbatschows Vision eines »europäischen Hauses« mit einer eigenen Vision übertrumpfen, die den amerikanischen Interessen entspricht. Namentlich Robert Blackwill fürchtet, Gorbatschow werde ansonsten einen Keil zwischen die USA und ihre westeuropäischen NATO-Verbündeten treiben können. Eine Schlüsselrolle messen Bushs Berater der Bundesrepublik bei, schon aufgrund ihrer wirtschaftlichen Stärke und der geografischen Lage in der Mitte Europas. Rasch ist man sich einig, welche Vision Präsident Bush entwickeln soll: die Wiedervereinigung Deutschlands.

Am 20. März liest Bush das Scowcroft-Memorandum: »Heute sollte die oberste Priorität der amerikanischen Europapolitik das Schicksal der Bundesrepublik Deutschland sein.« Die USA könnten »zwar keine sofortige politische Wiedervereinigung versprechen, sollten aber irgendein Angebot der Veränderung, der Bewegung abgeben«. Als Antwort auf Gorbatschows »europäisches Haus«, in dem für Amerika ja kein Raum ist, schlagen die Autoren einen *»Commonwealth freier Nationen«* vor. Aktuell sei wichtig, »mitzuhelfen, Kohl an der Macht zu halten«. Der liege in den Meinungsumfragen zurück, nicht zuletzt wegen der unbeliebten Nachrüstung. Die rotgrüne Regierungsalternative liege aber noch weniger im US-Interesse als die bereits unbequeme Kohl-Regierung.

Völlig unverzichtbar ist für die Strategen im Weißen Haus, dass ein wiedervereinigtes Deutschland Mitglied der NATO sein muss. Eine simple Logik: Ohne Deutschland als Mitglied gibt es keine NATO, ohne die NATO gibt es keinen amerikanischen Einfluss mehr in Europa. Also muss auch ein vereintes Deutschland im atlantischen Bündnis bleiben.

Ein zu diesem Zeitpunkt nicht nur visionärer, sondern geradezu utopisch anmutender Gedanke, setzt er doch voraus, dass Moskau die DDR aus dem Warschauer Pakt entlässt, ohne gleichzeitig auf einen Austritt der Bundesrepublik aus der NATO zu bestehen. Ein neutrales, vereinigtes Deutschland liegt aber nicht im Interesse Washingtons. »Es ist richtig, dass die USA tatsächlich nur eine Sorge hatten, diejenige nämlich, dass die Wiedervereinigung Deutschlands die NATO zerstören könnte«, erinnert sich Condoleezza Rice. Die amerikanische Politik 1989/90 konzentriert sich also darauf, »Deutschland unter westlichen Bedingungen zu vereinigen und die Sowjetunion dazu zu bringen, das zu akzeptieren«.[37]

Präsident Bush nimmt die Anregungen auf und ist damit im Frühjahr 1989 der erste Regierungschef, der planmäßig das visionäre Ziel der deutschen Wiedervereinigung innerhalb der NATO verfolgt. Am 16. Mai nutzt Bush ein Interview mit der *Washington Times*, um das Ziel öffentlich zu machen.[38] Beim anschließenden NATO-Jubiläumsgipfel in Brüssel nennt er gleichfalls die deutsche Wiedervereinigung als Ziel. Und am 31. Mai, beim Staatsbesuch in Deutschland, präsentiert Bush in Mainz erstmals die Idee eines »Commonwealth freier Nationen« als »neue Mission der NATO«: Ein gemeinsames europäisches Haus könne es nicht geben, »wenn sich nicht alle seine Bewohner von Raum zu Raum frei bewegen können«. Selbstbestimmung für Osteuropa und ganz Deutschland sei erforderlich: »Berlin muss die nächste Station sein.«[39] Am 5. September nennt Bush sogar einen Zeitraum und erklärt in einem Fernsehinterview, noch während seiner Amtszeit werde die Mauer fallen: »Yes, that Berlin wall will come down in my Presidency.«

Bushs Vorstöße in Richtung Mauerfall und sogar Wiedervereinigung werden in der deutschen Öffentlichkeit als die übliche Sonntagsrhetorik interpretiert. Bundesaußenminister Genscher und Kohls Kanzleramtschef Horst Teltschik bestreiten bis heute, dass es entsprechende amerikanische Initiativen gegeben habe, die Amerikaner behaupteten das nur »im Nachhinein«.[40]

Im Nachhinein sind aber die einzelnen Schachzüge klar erkennbar, die Bush unternimmt, um im neuen Wettlauf der Visionen zu gewinnen. Die wichtigste Etappe stellt der NATO-Gipfel dar, bei dem die Modernisierung der Kurzstreckenraketen zur Diskussion steht. Die Westdeutschen lehnen sie unverändert ab, die übrigen Partner mit Maggie Thatcher an der Spitze fordern sie vehement. Bush gelingt es, Thatcher und die anderen Regierungschefs zu einer Verschiebung der Entscheidung um ein paar Jahre zu bewegen. Kohl gewinnt damit Zeit, seine Bundestagswahl 1990 zu gewinnen.

Der revanchiert sich, wie die Deutsche Presse-Agentur am 31. Mai 1989 berichtet: »Bundeskanzler Helmut Kohl wiederholte, die Zugehörigkeit zur NATO bleibe trotz aller Veränderungen im Ost-West-Verhältnis das ›unverrückbare Fundament der deutschen Außen- und Sicherheitspolitik‹. Der Kanzler unterstrich: ›Unsere Zukunft liegt nicht irgendwo im Niemandsland zwischen West und Ost.‹« Eine zu diesem Zeitpunkt durchaus nicht alltägliche Erklärung: Zwar hat Ungarn gerade seine Grenzen geöffnet, aber die DDR und die Berliner Mauer bestehen noch. Für Treueschwüre ist es eigentlich zu früh – es sei denn, man ist in die amerikanische Strategie eingeweiht.

Auch personalpolitisch stellt Präsident Bush die Weichen auf deutsche Einheit: Neuer Botschafter in Bonn wird der 72-jährige UN-Botschafter Vernon A. Walters, der schon Bushs Stellvertreter als CIA-Direktor war. Was Walters auszeichnet, ist seine Überzeugung, »dass die Einheit Deutschlands bald kommen werde«.[41] Seine Ernennung zum Bonner Botschafter begründet der Präsident mit den Worten: »Dort wird es ums Ganze gehen.«

In der US-Botschaft am Rhein findet Walters praktisch niemanden, der seine Überzeugung teilt. »Noch größer aber war meine Verwunderung darüber, dass auch in Bonn außerhalb der unmittelbaren Umgebung des Kanzlers nur wenige Politiker die Einheit Deutschlands in naher Zukunft verwirklicht sehen wollten. Eher überwog die Sorge, was Deutschlands Nachbarn von einem wiedervereinigten Deutschland halten könnten.«[42] Eine Kritik, die vor allem Außenminister Genscher betrifft: Der sei – genau wie sein US-Kollege James Baker – zu sehr darauf bedacht gewesen, auf Gorbatschow und die europäischen Nachbarn Rücksicht zu nehmen.

Deutschlands westlichen Nachbarn bescheinigt Walters in seinen Memoiren gar, die deutsche Einheit ausdrücklich nicht gewollt zu haben. »Wir müssen etwas tun, damit dies nicht geschieht«, habe ihm ein westeuropäischer Botschafter-Kollege zugeraunt. »Dabei vergaß man offenbar die Tatsache, dass die Bundesrepublik Europa und der Welt in den vergangenen 45 Jahren demonstriert hatte, dass sie ein freies und demokratisches Gemeinwesen geworden war.«[43]

Unamerikanisch: Verzicht auf Triumph

9. November 1989, Washington D.C., nachmittags. George Bush arbeitet an seinem Schreibtisch im Oval Office, als sein Sicherheitsberater Brent Scowcroft aufgeregt hereinstürmt und behauptet, die Berliner Mauer sei auf. »Wir gingen in das kleine Arbeitszimmer neben dem Oval Office und schalteten den Fernseher an, um die Live-Berichterstattung von jubelnden Menschenmengen in Berlin zu sehen«, erinnert sich der Präsident.[44] West- und Ostdeutsche tanzen auf der Mauer, die Rote Armee hockt in den Kasernen – selbst Hollywood hätte den eindeu-

tigen Sieg der USA im Kalten Krieg nicht besser ins Bild setzen können: Nach Ungarns Grenzöffnung ist Moskaus wichtigste Bastion, die DDR, gefallen, der Eiserne Vorhang ist Geschichte! Sicherheitsberater Scowcroft ist in Hochstimmung, mit ihm das ganze Weiße Haus. Der Präsident wird bedrängt, dem Volk Amerikas Triumph auf einer spontanen Pressekonferenz zu verkünden.

Und was macht Bush?

Er zögert.

Zögern, zaudern, ohne die geringste Inspiration, was zu tun ist – auch beim Mauerfall macht der 41. Präsident der Vereinigten Staaten seinem Ruf als spröder Langweiler scheinbar alle Ehre. Von seinen Beratern bedrängt gibt Bush am 9. November schließlich nach und willigt ein, die Presse ins Oval Office zu lassen. Im Blitzlichtgewitter und Scheinwerferlicht erleben die Journalisten selbst in diesem großartigen Augenblick einen zurückhaltenden Präsidenten. Das sei doch ein gewaltiger Sieg für Amerika, wird Bush vor laufenden Kameras gefragt, ob er sich denn nicht freue? »Ich bin kein besonders emotionaler Typ«, gibt Bush in seinen Erinnerungen an diesen Tag zu. »Ich bin sehr erfreut.« Die Journalisten sind konsterniert. Man vermutet, Bush habe gar nicht verstanden, was der Mauerfall bedeutet: Ein historischer Triumph – und der US-Präsident merkt es nicht!

Bush behauptet, er habe ganz im Gegenteil weitergedacht als seine Umgebung in Sektlaune: »Natürlich war ich dankbar angesichts der Ereignisse in Berlin, aber als ich antwortete, kreisten meine Gedanken um ein mögliches Einschreiten der Sowjetunion, wodurch alle Glückseligkeit in eine Tragödie verwandelt werden könnte.« Blutvergießen und Bürgerkrieg vor Augen richtet Bush seine Prioriràt darauf, die Position Gorbatschows nicht zu gefährden. Darum war »nicht der richtige Augenblick, ein strahlendes Gesicht zu machen über das, was viele im Westen als eine Niederlage für Gorbatschow interpretieren würden«.[45]

Ein Sieger, der seinen Sieg nicht feiert – solche Bescheidenheit ist den meisten Amerikanern fremd. Mit George Bush haben sie aber einen Präsidenten, der Skrupel hat. Ein Politiker, der es wagt, beim parteiinternen Wahlkampf einer Frage nicht mit Blabla auszuweichen, sondern ehrlich sagt: »Darüber muss ich nachdenken«; der im Kongresswahlkampf auf ideologische Zuspitzungen verzichtet und verkündet, er wolle nicht wie Waschmittel verkauft werden; der als Republikaner mitten in den 1968er-Rassenunruhen öffentlich für das Anti-Diskriminierungsgesetz der Demokratien stimmt und hinnimmt, dafür aus dem Golfclub geworfen zu werden.[46] Ein Zögerer und Grübler. Und ein Mann mit Rückgrat.

Die eigentümliche Mischung aus punktuellem Zaudern und langfristigem Kurshalten beweist Bush später noch mehrmals. Etwa in den Verhandlungen über die deutsche Einheit. Und danach beim ersten Golfkrieg 1991: Nach Erfüllung des UN-Auftrags, Kuwait zu befreien, befiehlt er seinen auf Bagdad marschierenden Truppen den Rückzug. Generäle und Öffentlichkeit sind verwirrt. Wieder kostet Bush einen Sieg nicht aus, verwandelt ihn nicht in einen Triumph.

Aber dafür meint der US-Präsident es zu ernst mit der »neuen Weltordnung«, die er seit dem Ende des Kalten Krieges hartnäckig propagiert und die er als verbindliche Rechtsordnung unter Aufsicht der Vereinten Nationen etablieren will. Auch darin ist Bush senior, der als Diplomat viel in der Welt herumgekommen ist, jahrelang im Ausland gelebt hat und nicht nur die texanische Sicht der Dinge kennt, geradezu das genaue Gegenteil seines Sohns George W. Bush, der später als 43. Präsident fast alles ganz anders machen wird.

Bush senior weiß am 9. November 1989, dass mit dem glücklichen Fall der Mauer nicht schon die von ihm erstrebte »neue Weltordnung« Gültigkeit erlangt hat. Brent Scowcroft erklärt dem amerikanischen Fernsehpublikum noch am selben Tag in der Sendung *Face the Nation* die Lage: »Das Problem, das die Sache so kompliziert macht, ist, dass Ostdeutschland kein Land ist – so wie Polen Polen ist. Es gibt eine polnische Nation. Es gibt eine ungarische Nation. Es gibt keine ostdeutsche Nation. Sie unterscheiden sich von Westdeutschland nur durch ihr politisches und ökonomisches System. Wenn sie die Reformen also ausdehnen, untergraben sie ihre Existenzberechtigung.«

Die oppositionellen Demokraten fordern Bush sofort auf, er solle nach Berlin fahren und auf der Mauer »tanzen«. Der Präsident lehnt ab: »Das war reine Narretei. Kohl sagte mir später, wie ungeheuer dumm eine solche Aktion meinerseits gewesen wäre. Es hätte Benzin in die glühende Asche gegossen, wäre eine offene Provokation gegen das sowjetische Militär gewesen.« Auch Michail Gorbatschow bestätigt Bush wenige Wochen später beim Gipfeltreffen in Malta, dass seine Zurückhaltung richtig gewesen ist: »›Es ist nicht Aufgabe eines Präsidenten, auf Mauern zu springen‹, bemerkte ich, und beide brachen wir in Gelächter aus.«[47]

Am 9. November liefert Bush keine historischen Fernsehaufnahmen, hält keine zitierwürdige Rede. Erst bei seiner traditionellen Ansprache zum Thanksgiving am 22. November wird Bush sich an die Nation wenden und nüchtern dazu aufrufen, den Kalten Krieg zu beenden, um dessen Wunden zu »heilen«. Und während die amerikanische Öffentlichkeit bis dahin spekuliert, ob ihr Staatsoberhaupt den Gang der Geschichte verpasst hat, denkt Bush weiter. In sein Tagebuch schreibt der Präsident am 10. November: »Die große Frage für mich selbst ist: Wie schlagen wir Kapital aus diesen Veränderungen? Und was muß die Sowjetunion noch tun, bevor wir dramatische Veränderungen an unserer Verteidigungsstruktur vornehmen? Die Antwort der Bürokraten wird lauten: nichts Großes tun, abwarten und sehen, was passiert. Aber ich will die Gelegenheit nicht verpassen.«[48]

So ist es ausgerechnet George Bush, dem blassen Strategen der kleinen Schritte, am Ende vergönnt, genau jenen Zusammenbruch des Ostblocks zu gestalten, von dem ein Mann der großen Worte vorher immer gesprochen hat: Ronald Reagan.

Reagan: Wettrüsten bis zum Tode

Der bildstarke Auftritt an der Berliner Mauer gebührt Ronald Reagan. Direkt vor dem Brandenburger Tor, mit dem Todesstreifen im Rücken, richtet der glühende Antikommunist Reagan seinen gefühlvollen Appell an den sowjetischen Führer: »Mister Gorbachev, tear down this wall!« Vielen Deutschen, vor allem Berlinern, spricht der US-Präsident an diesem 12. Juni 1987 aus dem Herzen.

Geplant hat den großen Auftritt ein junger Redenschreiber: Peter Robinson. Bei seinen Vorbereitungen hat der 30-Jährige sich mit Westberlinern unterhalten und ihren sehnlichsten Wunsch in knappe Worte gefasst: Die Mauer solle fallen.[49] Reagans erfahrene Berater laufen Sturm. Eine unbesonnene Äußerung sei das, eine Belastung für die empfindlichen Beziehungen zur Sowjetunion. Man solle das Thema lieber ganz meiden, mahnt Sicherheitsberater Colin Powell, der spätere Außenminister. Doch Reagan gefallen starke Slogans gegen das »Reich des Bösen«. Er schiebt alle Einwände beiseite und spricht den berühmten Satz: ein emotionales Geburtstagsgeschenk zur 750-Jahr-Feier von Berlin.

Auf dem schwarz-rot-golden drapierten Podium applaudieren Bundespräsident von Weizsäcker, Bundeskanzler Kohl, Regierender Bürgermeister Diepgen und US-Botschafter Kornblum. Mit Verstand oder politischen Realitäten hat der Appell nichts zu tun – so die Meinung fast aller politischer Kommentatoren zu dieser Zeit. Forderungen nach Mauer-Abriss zählen im Westen seit 28 Jahren zum rhetorischen Standardrepertoire. Die Worte des »großen Kommunikators« Reagan stufen die Zeitgenossen nicht als politische Vision ein, sondern bestenfalls als Sonntagsrede, wenn nicht als »absurde Demonstration eines Kalten Kriegers«[50] – so SED-Politbüromitglied Günter Schabowski.

Dabei beginnt man in Washington 1987 tatsächlich nach neuen Visionen zu suchen. Die Amerikaner brauchen eine Antwort auf »Glasnost« und »Perestroika« – und auf Michail Gorbatschow. Dessen Auftreten stellt Reagans Administration vor eine ungewohnte Herausforderung. Jahrzehntelang haben greise Bürokraten die Sowjetunion geführt, geistig wie körperlich unbeweglich. Doch seit 1985 regiert dort ein Mann, der genau 20 Jahre *jünger* ist als der US-Präsident. Ein sowjetischer Kennedy, mit einer sowjetischen »Jackie« an seiner Seite: Raissa Gorbatschowa. Ein Mann, der Verkrustungen aufbricht, der Hoffnungen weckt auf mehr Frieden in der Welt.

Jugendlicher Elan, mitreißende Rhetorik, Visionen einer besseren Welt – das sind Eigenschaften, die Amerikas politische Führer für sich beanspruchen. Auf einmal haben sie einen ernstzunehmenden Wettbewerber in Moskau. Der spätere US-Außenminister James Baker schildert sehr bildhaft die Aura, die der neue Kremlchef verbreitet: »Gorbatschow betrat schwungvoll den Raum, wie immer strahlend vor Energie und Selbstvertrauen. Obwohl er weder ein großer noch ein kräftiger Mann war, hatte er die Gabe des großen Schauspielers, die ganze Bühne mit seiner Präsenz zu füllen. Wann immer wir uns begegnen sollten, strahlte er Optimismus aus, und in dieser Hinsicht erinnerte er mich an Ronald Reagan, der mit seiner Lebensfreude einen Raum füllen und jeden Anwesenden anstecken konnte.«[51]

Auch die westeuropäischen Politiker sind von dem neuen Mann in Moskau beeindruckt. Vor seiner ersten Begegnung mit Gorbatschow fragt Bundesaußenminister Hans-Dietrich Genscher den französischen Präsidenten Mitterrand nach dessen Eindruck: »Herr Genscher, Sie werden einen völlig anderen Sowjetführer treffen. Der redet so, wie wir untereinander reden.«[52] Selbst die sonst sehr kritische Margaret Thatcher äußert sich positiv.

Nur zwei Regierungschefs bleiben skeptisch: Bundeskanzler Helmut Kohl, der Gorbatschows PR-Talent mit den rhetorischen Fähigkeiten Goebbels' vergleicht[53]; und US-Präsident Reagan, der jedem Kommunisten blind misstraut. Ein Misstrauen, das sich bald auch auf den bundesdeutschen Außenminister erstreckt. Denn Genscher fordert am 1. Februar 1987 beim Weltwirtschaftstreffen in Davos: »Wir müssen Gorbatschow ernst nehmen, wir müssen ihn beim Wort nehmen, und wir dürfen eine historische Chance nicht versäumen.«[54] Für den Hardliner Reagan klingt das nach naiver Appeasement-Politik gegenüber totalitären Teufeln, zumal Genscher schon in den 70er-Jahren ein Architekt der von Reagan verachteten, sozialliberalen Entspannungspolitik war. Der US-Präsident argwöhnt, der »Genscherismus« könne die Bundesrepublik dem Westen entfremden und zu einer Neutralität zwischen den Blöcken verführen. Eine Furcht, die Moskaus Machthaber in Bezug auf die DDR übrigens teilen.

Seit seinem Amtsantritt 1981 verfolgt Ronald Reagan ein ehrgeiziges Ziel: Er will die Sowjetunion mit ihrer ineffizienten Planwirtschaft erbarmungslos »totrüsten«. Konsequent schraubt er die Militärausgaben der USA in die Höhe, finanziert durch eine überbordende Auslandsverschuldung. Zielstrebig setzt er den umstrittenen NATO-»Doppelbeschluss« von 1979 um: Da die Sowjets ihre SS-20-Raketen aus Europa nicht abziehen, macht die NATO nun ihre Drohung aus dem »Doppelbeschluss« wahr und stationiert im Gegenzug atomar bewaffnete Pershing-II-Mittelstreckenraketen und Cruise-Missile-Marschflugkörper, vornehmlich in Deutschland (»Nachrüstung«). Seinen Höhepunkt findet das Wettrüsten in der Ankündigung Reagans, für die USA einen »Schutzschild« gegen sowjetische Raketen einzurichten (»Strategic Defense Initiative«, SDI). Ein Atomkrieg würde nicht mehr automatisch in die gegenseitige

Vernichtung münden, sondern könnte sogar zu »gewinnen« sein.

In fast allen militärischen Szenarien bleibt das Schlachtfeld aber Europa, vor allem Deutschland. Reagans Politik weckt in der Bundesrepublik Ängste vor einem Dritten Weltkrieg. Es kommt zu Massendemonstrationen mit jeweils mehreren hunderttausend Teilnehmern. Intellektuelle wie Heinrich Böll nehmen demonstrativ an »Sitzblockaden« vor US-Stützpunkten teil. Die Nachrüstung entzweit die westdeutsche Bevölkerung. Die erstarkte Friedensbewegung zählt zu den wichtigsten Quellen der neuen Partei »Die Grünen«. Auch die SPD wendet sich von der Nachrüstungspolitik ihres Kanzlers Helmut Schmidt ab. Eine Folge ist 1982 der Regierungswechsel zu Helmut Kohl. Der Widerstand gegen das Wettrüsten ist die Geburt jenes politischen »Blocks«, dem der damalige SPD-Vorsitzende Willy Brandt eine westdeutsche »Mehrheit links der Union« zutraut und der später »Rotgrün« heißen wird.

Wie erbittert der Widerstand »links von der Mitte« gegen die neue Politik ist, erfährt Reagans Vizepräsident George Bush am eigenen Leib: Am 25. Juni 1983 gerät er bei einem Besuch in Krefeld gemeinsam mit Kanzler Kohl in eine Anti-Nachrüstungs-Demo. Der Wagen des Vizepräsidenten wird mit Steinen beworfen. Nachhaltiges Misstrauen in die US-Politik bei weiten Teilen der Bevölkerung, zunehmend auch wütender Anti-Amerikanismus – das ist der politische Preis für Reagans Rüstungsprogramm.

Auch in der DDR führt die Angst vor einem Atomkrieg zu Protesten gegen die eigenen Militärausgaben. Unter dem Schutz der evangelischen Kirche wächst leise eine nichtstaatlich organisierte Friedensbewegung heran (»Schwerter zu Pflugscharen«), die zum Keim der oppositionellen Bürgerrechtsbewegung wird.

Aber auch SED-Generalsekretär Erich Honecker fühlt sich bei dem Gedanken an die militärischen Planspiele auf deutschem Boden nicht wohl. Honecker lässt im Oktober 1983 Politbüromitglied Herbert Häber einen Brief an Bundeskanzler Kohl entwerfen, in dem er eine »Koalition der Vernunft« vorschlägt: Man solle im gemeinsamen deutschen Interesse auch dann über Abrüstung weiter verhandeln, wenn die NATO-Raketen aufgestellt werden. Den Brief unterschreibt der gebürtige Saarländer Honecker handschriftlich »im Namen des deutschen Volkes«, wie sich Herbert Häber erinnert: »Als ich dann anschließend in der Bundesrepublik war, wurde ich überall gefragt, ob die SED denn ihre Position zur Frage der Nation revidiert habe. Aber das alles löste in Moskau nicht nur Zorn, sogar Wut aus.«[55] Eine eigenständige, zudem national gewürzte Initiative geht dem sowjetischen Staats- und Parteichef Tschernenko zu weit: Honecker wird einbestellt, man droht ihm mit Absetzung. Honecker fügt sich. Der Autor der deutsch-deutschen »Koalition der Vernunft«, Politbüro-Mitglied Herbert Häber, wird der West-Spionage beschuldigt und vorübergehend in die Psychiatrie eingeliefert.

Die Entspannungspolitik der 70er-Jahre ist beendet. Unter Führung der USA verfolgen die NATO-Staaten jetzt eine Politik der Härte gegen die Sowjetunion und den Warschauer Pakt.

Und die Rechnung geht auf: Um im Wettrüsten mitzuhalten, müssen die Sowjetführer ihrer Bevölkerung immer mehr Einschränkungen zumuten. 15 Prozent des Bruttosozialprodukts fließen in den 80er-Jahren in den Militärsektor: für die Rüstung und für den Krieg in Afghanistan. Mitte der 80er-Jahre wird die Lage immer dramatischer: Der Weltmarktpreis für Erdöl sinkt – die einzigen nennenswerten Deviseneinnahmen Moskaus nehmen ab. Der Kernreaktor-Unfall von Tschernobyl sowie ein Erdbeben in Eriwan verschlingen zusätzliche Summen. Aber der dringend notwendige Kurswechsel bleibt aus. Denn der Kreml liegt jahrelang in Agonie, buchstäblich: Breschnew, Tschernenko, Andropow – ein todkranker Greis folgt dem anderen auf den roten Thron. Erst 1985 ringt das Politbüro sich zur Wende durch und wählt Michail Gorbatschow zum Generalsekretär der KPdSU. Gorbatschow leitet sofort den Kurswechsel ein. Er muss abrüsten, weil er sich die enormen Militärausgaben nicht mehr leisten kann. Ebenso wenig kann er sich leisten, über den »Rat für gegenseitige Wirtschaftshilfe« den Lebensstandard in den Ostblock-Staaten weiter künstlich anzuheben. Vor allem für den Frontstaat DDR hat das rasch dramatische Folgen.

Gorbatschow: Abrüsten um die Wette

Nachdem die Sowjetunion im Wettrüsten klar verloren hat, ändert der neue Generalsekretär Michail Gorbatschow die Strategie. Auch er strebt unverändert nach Vorherrschaft der Sowjetunion, zumindest in Europa. Aber er versucht dieses Ziel durch extreme Abrüstung bis hin zu »Null-Lösungen« zu erreichen: Dem Wettrüsten folgt ein Abrüsten um die Wette.

Kaum im Amt setzt Gorbatschow die USA erfolgreich rhetorisch unter Druck – mit immer neuen, extremeren Abrüstungsvorschlägen. Im Januar 1986 fordert er einen Drei-Stufen-Plan, um bis zum Jahr 2000 sämtliche Nuklearwaffen abzuschaffen. Gleichzeitig leitet er einen Teilrückzug sowjetischer Truppen aus dem seit 1980 besetzten Afghanistan ein.

Im Herbst 1986 kommt er in Reykjavík beim Gipfeltreffen mit Reagan geschickt auf den im Westen umstrittenen NATO-»Doppelbeschluss« von 1979 zurück: Die USA sollen ihre Pershings und Cruise Missiles aus Europa wieder abziehen, die Sowjets würden dann – wie damals vom Westen gefordert – ihre SS-20-Raketen abbauen. Die Supermächte sollten innerhalb von zehn Jahren die ballistischen Raketen vollständig abrüsten und das Atomwaffenarsenal halbieren, schlägt Gorbatschow vor. Betroffen wäre davon auch das Weltraum-Rüstungsprojekt

SDI. Daran will Reagan festhalten, es kommt zu keiner Einigung.

Gorbatschow gibt nach und startet schon im Februar 1987 den nächsten populären Vorstoß: Ungeachtet der SDI-Pläne sollen alle Mittelstreckenraketen verschrottet, die Kernwaffen reduziert und für weitere Waffen Obergrenzen eingeführt werden. Im Dezember 1987 unterzeichnen Gorbatschow und Reagan tatsächlich ein entsprechendes Abkommen. Ein Jahr später – inzwischen hat Gorbatschow den vollständigen Rückzug aus Afghanistan eingeleitet – kündigt er zusätzlich einseitige Abrüstungsschritte an.

Ab 1987 spricht Gorbatschow gerne vom »Bau eines neuen europäischen Hauses«, an dem Ost und West gemeinsam mitwirken sollen. Ein geschickt gewähltes Bild, bietet ein Haus seinen Bewohnern doch Schutz. Gorbatschow greift damit die Ängste der Menschen vor einem Dritten Weltkrieg und die Sehnsucht nach Frieden auf. Damit punktet er erneut im Kampf um die Vorherrschaft in Europa, den die Supermächte seit dem Ende des Zweiten Weltkriegs austragen: Denn die USA gehören eben nicht zu Europa, große Teile der Sowjetunion aber wohl.

So erobert Gorbatschow die Herzen der Menschen, ganz besonders in Deutschland, Ost wie West. Selbst für die Deutschnationalen wird Gorbatschow zum Hoffnungsträger: Im Mai 1987 behauptet die *Bild*-Zeitung, eine Wiedervereinigungs-Offerte Gorbatschows stünde unmittelbar bevor. Über Wochen hinweg äußern Politiker aller westdeutschen Parteien ihre Meinung, selbst Ostberlin sieht sich zur Stellungnahme genötigt. Von Gorbatschow kommt, natürlich, kein Angebot, und die Debatte versandet wieder. Klar wird aber: Auch wenn Gorbatschow das Wettrüsten verloren hat, so hat er doch die politische Meinungsführerschaft ebenso klar gewonnen.

Ronald Reagan tut sich schwer, auf die geänderte Wahl der Waffen einzugehen. In den USA gilt er als der »große Kommunikator«, der schwierige Probleme einfach löst. In Deutschland aber kann er das Image des tumben Kalten Kriegers nicht abstreifen und findet kein Gehör. Bei seinem Berlin-Besuch 1987 sorgen 25 000 teils militante Anti-Reagan-Demonstranten für mehr Aufmerksamkeit als seine »Tear down the wall«-Rede. Es geht fast unter, dass Reagan eine neue weltpolitische Rolle für Berlin skizziert: Blockübergreifend könne die geteilte Stadt sich zu einem internationalen Drehkreuz entwickeln für Konferenzen, für den Flugverkehr, für Olympische Spiele. Er wolle nicht so weit gehen, schon von Wiedervereinigung zu sprechen, ergänzt Reagan später in einem Fernsehinterview, aber vielleicht könne aus all dem die Wiedervereinigung erwachsen.[56] Eine Debatte löst er damit nicht aus.

Zum 20. Jahrestag der Niederschlagung des »Prager Frühlings« im August 1988 legt der US-Präsident nach. Glasnost und Perestroika seien unvereinbar mit der »Breschnew-Doktrin«, derzufolge Moskaus Vorherrschaft in Osteuropa notfalls mit militärischer Intervention aufrechterhalten wird. Reagan sagt geradezu prophetisch: »Die Völker Osteuropas sollten ihr Regierungssystem frei wählen können.«[57]

Doch Reagan, der auch schon mal über die Bombardierung Russlands witzelte, wird in Europa nicht ernst genommen. Die Vorstöße werden als weltfremde Rhetorik eines notorischen Antikommunisten abgetan. Eine neue Berlin-Politik lehnt Moskau im September 1988 nach monatelangem Schweigen knapp ab. Und Erich Honecker sind Reagans Aufrufe zum Mauer-Abriss gerade mal zwei Standardsätze im Interview mit einer dänischen Tageszeitung wert: Die Mauer werde »so lange stehen bleiben, wie die Gründe existieren, die zu ihrer Errichtung führten«, sie habe sich als »stabilisierender Faktor in Europa erwiesen«.[58]

Im September 1988 fordert Reagan vom sowjetischen Außenminister Schewardnadse zum letzten Mal in seiner Amtszeit den Abriss der Mauer als entscheidenden Beweis des Willens zur Entspannung. »Der sowjetische Außenminister wie auch sein amerikanischer Kollege George Shultz seien von dem persönlichen Engagement, mit dem Reagan über Berlin gesprochen habe, überrascht und beeindruckt gewesen«, berichtet dpa.[59] Mehr als ein politisches Testament wird aber nicht daraus. In seiner achtjährigen Amtszeit hat Reagan die Sowjetunion erfolgreich an den Rand des Bankrotts gerüstet.[60] Doch für die nächste Runde im Wettstreit der Systeme ist Hardliner Reagan der falsche Mann. Am 20. Januar 1989 übergibt der 77-Jährige das Amt an seinen Nachfolger: den bisherigen Vizepräsidenten George Bush senior.

Bush: Wettstreit der Visionen

Schon drei Wochen nach dem Mauerfall, am 2. Dezember 1989 um zehn Uhr vormittags, klettert George Bush aus einem schwankenden, kleinen Beiboot des Kreuzers *USS Belknap* an Bord des sowjetischen Kreuzfahrtschiffes *Maxim Gorki*. Es ist Sturm im Mittelmeer. Die Wellen türmen sich bis zu sechs Meter hoch. Ausgerechnet jetzt treffen sich hier vor Malta die beiden mächtigsten Männer der Welt, ausgerechnet auf einem Schiff. Bereits im Juli hat Bush mit nahezu prophetischer Gabe für Anfang Dezember ein erstes Gipfeltreffen mit Gorbatschow vorgeschlagen. Weniger prophetisch ist die Wahl des Treffpunkts, erinnert sich US-Außenminister James Baker. »Mit seinem Vorschlag, diesen Gipfel an Bord eines Schiffes abzuhalten, war der Präsident nicht nur Gorbatschows wiederholtem Wunsch nach einem neutralen Ort nachgekommen, sondern auch seiner eigenen Liebe zur See.«[61] Baker muss Präsident Bush mit weiteren Beratern an Bord der *Maxim Gorki* folgen. Er trägt ein Pflaster hinter dem Ohr: gegen Seekrankheit. Der Spott der Berichterstatter ist den Staatsmännern gewiss. »Die ganze Welt schaute zu, wie die Führer der Vereinigten Staaten und der Sowjetunion sich bei einer abgelegenen Insel trafen, nur um Gefahr zu laufen, in den meterhohen Wellen des Mittelmeers unterzugehen.«[62]

Bush und Gorbatschow verzichten offiziell auf eine Tagesordnung. Die schreibt ohnehin die Geschichte: Um Abrüstung geht es, um den Zerfall des Ostblocks, damit auch um Kuba. Und um Deutschland.

Die Amerikaner wissen, was sie wollen. Und sie wissen, mit wem sie es zu tun haben. Gorbatschows Reich ist zwar täglich dabei, weiter zu zerfallen. Aber den Kremlchef persönlich halten sie für einen starken Verhandlungspartner, der viele Techniken beherrscht, sein Gegenüber zu verunsichern. Ein charmantes Pokerface, das immer eine Nasenlänge voraus sein will. Bush fürchtet, gleich zu Anfang mit einem Überraschungscoup konfrontiert zu werden wie damals Reagan in Reykjavík – also mit irgendeinem populären Vorschlag, der die Sowjets gut aussehen lässt und ihnen sofort die Meinungsführerschaft des Treffens beschert.

Bei den Vorbereitungen empfiehlt Außenminister Baker, Gorbatschow mit den eigenen Waffen zu schlagen, erinnert sich Sicherheitsberater Scowcroft: »Seine Idee war, ein Paket von Initiativen zu jedem Thema zusammenzustellen, die Präsident Bush zur Eröffnung vorbringen würde. Dem Präsidenten gefiel der Vorschlag. Unter anderem fand er, dass wir damit die Kritiker zum Schweigen bringen würden, die uns andauernd vorwarfen, es fehle uns am rechten Schwung und der richtigen Richtung. Wir stellten also ein Paket von siebzehn verschiedenen Vorschlägen zusammen.«[63]

Nach dem ersten misstrauischen Abtasten überrumpelt Bush Gorbatschow mit seinen 17 Initiativen – unter anderem ein Verzicht auf Handelsbarrieren aus dem Kalten Krieg, weitere Abrüstungsschritte und die Übergabe geheimer Rüstungsdaten. Der Coup gelingt, und aus seiner Position psychologischer Stärke kann Bush zu seinem eigentlichen Ziel übergehen: eine Atmosphäre des gegenseitigen Vertrauens zu schaffen. »Ich hoffe, Sie haben bemerkt, daß wir während der rasanten Dynamik der letzten Monate nicht mit Angeberei oder Überheblichkeit reagiert und die Beziehungen zur Sowjetunion belastet haben«, sagt er nach eigener Erinnerung zu Gorbatschow. »Man hat mich vorsichtig und kleinmütig genannt. Nun, ich bin vorsichtig, ohne kleinmütig zu sein. Aber ich habe versucht, mich in einer Weise zu benehmen, die dazu angetan war, Ihnen Ihr Leben nicht schwerer als nötig zu machen. Deswegen bin ich auch nicht auf der Mauer hin und her gesprungen.« – »Ja, das haben wir mit Wohlwollen bemerkt«, sagte Gorbatschow.[64]

Wegen des hohen Seegangs muss Bush eine Sitzung absagen, zur nächsten erscheint er wie sein Außenminister mit einem Pflaster hinter dem Ohr. In den Gesprächen kann er Gorbatschow aber davon überzeugen, dass er ihn nicht hereinlegen will, dass er die Perestroika-Reformen unterstützen will. Gorbatschow fasst Vertrauen zum US-Präsidenten und gesteht schließlich mehr zu, als Bushs Berater erwartet haben: »Die Dinge haben sich geändert. Wir wünschen Ihre Präsenz in Europa. Es ist für die Zukunft des Kontinents wichtig, dass Sie dort eine Rolle spielen. Glauben Sie also nicht, dass wir Sie dort nicht mehr haben wollen.« US-Außenminister Baker hält diese Aussage später für das wichtigste messbare Ergebnis des Gipfels von Malta. Gorbatschow »strebe nicht mehr danach, die USA mit allen möglichen Tricks aus Europa vertreiben zu wollen«.[65]

Wichtiger noch erweisen sich die »vertrauensbildenden Maßnahmen« zwischen Bush und Gorbatschow. Auf dem schwankenden Kreuzfahrtschiff vor Malta legen die beiden Staatsführer den Grundstein für viele nachfolgende Verhandlungen. »Durch Malta bekam die Beziehung eine menschliche und persönliche Komponente; und im Frühjahr 1990, als wir alles daransetzten, ein vereintes Deutschland in die NATO aufzunehmen, sollte dieser persönliche Kontakt zwischen Präsident Bush und Gorbatschow eine entscheidende Rolle spielen«, urteilt Außenminister Baker im Rückblick.[66] Diese Einschätzung teilt Gipfel-Teilnehmer Aleksander Bessmertnych, der spätere sowjetische Außenminister: »Wenn Malta nicht gewesen wäre, hätte die Sowjetunion ihre Kontrolle über Osteuropa und das Baltikum niemals so leicht aufgegeben.«[67]

Vor allem Bushs Verzicht auf triumphale Gesten macht es seinen Verhandlungspartnern leichter, nachzugeben. Der Kompromiss wirkt dadurch nicht wie eine Niederlage, sondern wie ein fairer Interessenausgleich.

So gelingt es Bush im Frühjahr 1990, die von Moskau, London und Paris einhellig geforderte Viermächte-Konferenz über das Schicksal Deutschlands doch noch abzuwenden – und damit auch eine Demütigung der Deutschen in West und Ost, die für den Frieden in Europa eine schwere Hypothek bedeutet hätte. Stattdessen bringt Bush die drei anderen Siegermächte an den Konferenztisch von »Zwei plus Vier«-Verhandlungen: Dort beraten West- und Ostdeutsche souverän ihre Vereinigung, lediglich ergänzt von den vier Siegermächten des Zweiten Weltkriegs, die äußere Aspekte der Vereinigung mitbedenken.

Und so gelingt es Bush, alle europäischen Nachbarn der Deutschen davon zu überzeugen, dass es gerade aufgrund schlummernder Furcht vor Deutschlands Größe besser ist, wenn das vereinte Deutschland Mitglied der NATO ist, statt neutral zu sein. Am Ende kann selbst die Sowjetunion nicht anders, als zuzustimmen. Damit hat Washington die vereinten Bedenken seiner früheren Weltkriegs-Alliierten beiseitegeräumt, notiert Bushs Beraterin Condoleezza Rice stolz: »Es war ein glücklicher Umstand für Bonn, dass die Regierungen in Moskau, London und Paris zwar einen Standpunkt besaßen, aber keine Politik.«[68]

Gerade der als zaudernd, kleinmütig und ideenlos geltende Bush erreicht innerhalb von weniger als zwei Jahren alle Ziele, die sein Beraterstab ihm zu Beginn seiner Präsidentschaft für Europa und die NATO aufgeschrieben hat. Ohne Triumphgeschrei, und eben darum auch ohne Rachegelüste zu erzeugen, besiegt der US-Präsident seinen Widersacher im Kreml praktisch vollständig. Ein Glücksfall, bilanziert der amerikanische Politikwissenschaftler Michael R. Beschloss: »Wäre irgendein anderer als Bush in diesen Jahren Präsident gewesen, wäre der Kalte Krieg wahrscheinlich unter Bedingungen beendet worden, die für den Westen weniger vorteilhaft gewesen wären.«[69]

Glücksfall Nr. 3: Honecker ist krank

... und hinterlässt eine orientierungslose DDR-Führung

Gorbatschows Reformkurs schlägt dem SED-Generalsekretär auf den Magen: Bei einem Treffen des »Warschauer Paktes« am 7. Juli 1989 bricht Erich Honecker mit einer Gallenkolik zusammen. Dass er unheilbar an Krebs leidet, erfährt er erst viel später. Bis zu seiner Entmachtung am 18. Oktober ist der DDR-Führer erst krank, dann in den Ferien. Ohne ihn erweist die SED sich als kopflos und willensschwach: Maulhelden und Opportunisten haben das Sagen. Zurück im Amt ist »E.H.« nicht mehr der Alte, sondern physisch und psychisch angeschlagen – zu schwach, um der Revolution noch Einhalt zu gebieten. Die allein auf den SED-Chef zugeschnittene Führungsstruktur der DDR habe sich als problematisch erwiesen, bedauert sein Nachfolger Krenz im Rückblick. Es war »Fortune«, dass Honecker krank war, freut sich der letzte Ständige Vertreter der Bundesrepublik in Ostberlin, Franz Bertele: Ein gesunder Honecker hätte alles unternommen, »seine« DDR zu erhalten – notfalls mit Gewalt.

Schon die Sitzordnung passt dem greisen Generalsekretär nicht: »Auch das noch!«, murmelt Erich Honecker, als er am 7. Juli 1989 den Tagungssaal in Bukarest betritt: Die DDR-Delegation soll bei der Sitzung des »politisch-beratenden Ausschusses« des Warschauer Paktes ausgerechnet neben den ungarischen Delegierten sitzen. Für den DDR-Staats- und Parteichef eine Zumutung. Gerade erst hat Honecker sein SED-Parteiorgan *Neues Deutschland* schreiben lassen, die Ungarn seien dabei, den Sozialismus abzuschaffen. Für den 77-Jährigen der schlimmste aller Vorwürfe, aber mit Bedacht vorgetragen. Denn die Ungarn haben Honeckers DDR in größte Schwierigkeiten gebracht. Sie haben zwei Monate zuvor, am 2. Mai, den Stacheldraht an ihrer Grenze zu Österreich abmontiert und so den »Eisernen Vorhang« geöffnet. Honecker hat davon erst aus den Agenturen erfahren, am nächsten Tag. Da hat er die Sache noch abgetan: »Öffnen die Ungarn ihre Grenze oder wir?«, hat er seinem angeblichen »Kronprinzen« Egon Krenz gelassen entgegnet, als der sofortige Konsultationen vorschlägt. Doch inzwischen ist Urlaubszeit, und tausende von DDR-Bürgern nutzen die Ferien nicht mehr nur, um an den Balaton zu reisen. Sie belagern auffällig viele Campingplätze in unmittelbarer Nähe zu Österreich, unübersehbar in der Hoffnung, durch dieses Schlupfloch in den verbotenen Westen zu gelangen. Die ersten Ostdeutschen haben schon Zuflucht in der Budapester Botschaft der »BRD« gefunden, wo sie sich um bundesdeutsche Pässe bemühen, ebenfalls um in den Westen auszureisen. Für die DDR-Regierung eine extrem peinliche Lage.

Neben den Ungarn soll er also sitzen. »Die räumliche Nähe zum neuen ungarischen Parteichef Reszö Nyers ist Honecker unangenehm«, erinnert sich Egon Krenz an den Tagungsbeginn in Bukarest: »Honecker geht nicht auf die Ungarn zu.«[70] Und noch jemand übersieht die »Grenzöffner« geflissentlich: Nicolae Ceauşescu, Generalsekretär der Kommunistischen Partei Rumäniens, Präsident der Sozialistischen Republik Rumänien und Gastgeber des Warschauer-Pakt-Treffens, begrüßt die Teilnehmer aus der UdSSR, aus Polen, Bulgarien, Rumänien, der DDR und der Tschechoslowakei per Handschlag, beobachtet Krenz: »An den Ungarn geht er vorbei.« Auch Ceauşescu hadert mit den Reformisten aus Budapest: Sie werfen ihm vor, die ungarische Minderheit in Rumänien zu unterdrücken. Die Tagung der sozialistischen Bruderländer ist alles andere als ein harmonisches Familientreffen. Selbst in den Pausen bleiben die jeweiligen Delegationen unter sich. Es herrscht eine bedrückende Stimmung, voller gegenseitigen Misstrauens.

Für Erich Honecker soll es noch schlimmer kommen. Michail Gorbatschow ist traditionsgemäß der erste Redner. Ebenso traditionsgemäß lobpreist er die Errungenschaften des Sozialismus und prangert den militaristischen Imperialismus des Westens an. Speziell den Wiedervereinigungsfantasien der Bundesrepublik erteilt Gorbatschow eine klare Abfuhr. Honecker könnte zufrieden sein. Denn zwei Wochen zuvor musste er noch befürchten, der sowjetische Staats- und Parteichef habe bei einem Staatsbesuch in Bonn die DDR schlicht verraten. Gorbatschow habe sich »nicht klassenmäßig verhalten«, lässt Honecker am 22. Juni in einen Politbüro-Bericht schreiben – das übelste Urteil, das man über einen Ostblock-Politiker fällen kann. In Honecker keimt schon seit Jahren der Verdacht, Gorbatschows »Perestroika«-Politik laufe auf Verwestlichung und auf das Ende des Sozialismus hinaus. In der DDR unterbindet Honecker darum inzwischen sogar die ungefilterte Berichterstattung über Reformen in Moskau. »Von der Sowjetunion lernen, heißt siegen lernen« – das ist Vergangenheit in Honeckers DDR. Eine reformfreundliche sowjetische Zeitschrift, der seit Jahren in deutscher Übersetzung erscheindende *Sputnik*, wird im Herbst 1988 sogar verboten. Ein bisher beispielloser Vorgang.

Da passt es nur zu gut, dass Honecker im Juni 1989 aus Westdeutschland den Hinweis bekommt, ein Gorbatschow-Berater habe in einem Vortrag Spekulationen über die weitere Existenz der DDR angestellt. Tatsächlich hat Professor Wjatscheslaw Iwanowitsch Daschitschew von der Sowjetischen Akademie der Wissenschaften am Kölner »Bundesinstitut für ostwissenschaftliche Studien« in einem Vortrag analysiert, welche Möglichkeiten Moskau habe, seine Beziehungen zum Westen zu verbessern. Daschitschew hängt seit langem der Idee eines geeinten Europas unter Beteiligung Moskaus an; er liefert eine Vorlage für das »Europäische Haus«, von dem Gorbatschow gerne spricht. In den vorgestellten Szenarien des Wissenschaftlers kommt auch die Vereinigung der beiden deutschen Staaten vor. Denn Daschitschew ist zudem Deutschland-Kenner: »Für mich war der Zustand der Teilung Deutschlands gefährlich für die europäische Entwicklung, und ich war fest davon überzeugt, dass dieser Zustand auf die Dauer nicht aufrechterhalten werden kann, mit welchen Motiven und Ideen seine Anhänger und Hüter die gewaltsam geschaffene deutsche Zweistaatlichkeit auch immer zu begründen versuchten.«[71]

Honecker hat im Juli 1989 in Bukarest allen Grund zum Misstrauen. Gorbatschows Solidaritätsbekundungen zur DDR folgt er regungslos: »Ich weiß nicht, was Honecker in diesem Moment denkt oder fühlt. Es gelingt ihm oft, seine Emotionen nicht zu zeigen, keinen an seinen innersten Gedanken teilhaben zu lassen«, berichtet Egon Krenz. Innerlich kocht Honecker: Bei der nächsten Pause zupft er Krenz ungeduldig am Ärmel und zieht ihn mit zu Gorbatschow. Ohne auf den Dolmetscher zu warten, stellt Honecker den sowjetischen Führer erregt zur Rede: »Wann entlässt du deinen Mitarbeiter Daschitschew?« Krenz, der Russisch kann, muss den Dolmetscher spielen – eine unangenehme Aufgabe für Krenz, der sich peinlichen Situationen gerne entzieht: »Ich verschlucke mich fast beim Übersetzen.«

Gorbatschow tut so, als kenne er Daschitschew nicht. Das macht Honecker erst recht aggressiv. Die beiden haben seit 1986 ein gespanntes Verhältnis zueinander. Damals hat Gorbatschow dem DDR-Staatschef verboten, seine Entspannungspolitik mit Bonn fortzusetzen. Kurz zuvor hatte Kohl in einem Interview Gorbatschow mit Goebbels verglichen. Krenz: »Honecker erinnert sich mit Gram an diese Zeit, weil er damals seine deutschlandpolitischen Aktivitäten gestört sah.«[72] Und nun geht ebendieser Gorbatschow hin und betreibt selbst Entspannungspolitik mit Kohl – für Honecker eine zweite Demütigung. Auch Gorbatschows Bemerkung gegenüber Bundespräsident von Weizsäcker, die Geschichte habe die deutsche Teilung bewirkt, und was in 100 Jahren sein werde, entscheide ebenfalls die Geschichte, ist dem DDR-Chef zugetragen worden. Für ihn hat Gorbatschow die »deutsche Frage« damit für prinzipiell offen erklärt. »Honecker vermutet, der KPdSU-Generalsekretär spiele ein falsches Spiel hinter dem Rücken der DDR«, berichtet Krenz. Auch die Drahtzieher dieser Politik stehen für den DDR-Führer fest: »Er hat die Absichten unserer Gegner in der Bundesrepublik klar analysiert: Bonn fordert Reformen in der DDR. Tatsächlich aber will die BRD einen Systemwechsel in der DDR.«[73]

Das Ende der Pause unterbricht den Streit. Honeckers Ärger hat jedoch kein Ende. Im weiteren Verlauf der Tagung setzt Michail Gorbatschow gegen die Widerstände von Reformgegnern wie Honecker und Ceauşescu seine neuen Grundlagen für den »Warschauer Pakt« durch. Es gebe »kein universelles Modell des Sozialismus«, heißt es lapidar im Abschlusskommuniqué: Jedes Volk könne das Schicksal seines Landes selbst bestimmen und habe das Recht, das gesellschaftspolitische und ökonomische System, die staatliche Ordnung zu wählen, die es für sich als geeignet betrachte. Kein anderes Land dürfe sich darin einmischen, schon gar nicht mit Gewalt.

Das ist für den Ostblock revolutionär. Es ist die Absage an die »Breschnew-Doktrin«, die spätestens seit 1968 galt, seit der Niederschlagung des reformsozialistischen »Prager Frühlings« durch Truppen des Warschauer Paktes. Damals verpflichteten die Ostblock-Staaten sich auf Druck des sowjetischen Staats- und Parteichefs Leonid Breschnew auf die »Doktrin der begrenzten Souveränität der sozialistischen Staaten«: Die Zugehörigkeit zum Warschauer Pakt und die Orientierung am sowjetischen Modell des Staatssozialismus durften in keinem Land mehr in Frage gestellt werden. Andernfalls drohte Moskau mit militärischem Eingreifen. Praktiziert worden war diese Politik indes schon mehrfach, seit die Siegermächte des Zweiten Weltkriegs Europa unter sich aufgeteilt hatten. So hatte Moskau am 17. Juni 1953 den beginnenden Aufstand in der DDR mit Panzern niedergerollt und 1956 Ungarns Austritt aus dem Warschauer Pakt gewaltsam verhindert. Am 7. und 8. Juli 1989 erklärt der Warschauer Pakt nun verbindlich, jedes Land könne künftig seinen eigenen Weg gehen. Gennadi Gerassimow, der außenpolitische Sprecher der Sowjetunion, gibt diesem Grundsatz den Namen »Sinatra«-Doktrin, lautet das Prinzip doch: »I did it my way«.[74]

Damit erfüllen sich für Honecker in Bukarest schlimme Befürchtungen. Denn der Übergang zur »Sinatra«-Doktrin zeichnet sich schon seit einem Jahr ab. Und er ist für die DDR existenziell bedrohlich.

Schon im Sommer 1988 hat Gorbatschow gegenüber Präsident Reagan das Prinzip der Nichteinmischung in die inneren Angelegenheiten anderer Staaten betont, erinnert sich die spätere US-Außenministerin Condoleezza Rice, damals im Beraterstab Reagans: Die Amerikaner haben das als übliche Rhetorik abgetan, »Gorbatschow dagegen versuchte eine theoretische und philosophische Botschaft zu vermitteln, die von seiner Warte aus enorme Bedeutung besaß«.[75] Am 7. Dezember 1988 nutzte er eine Rede vor der UNO-Vollversammlung, um seine neue Doktrin deutlich zu machen. »Sie bedeutete in allgemeinverständlichen Worten, daß die UdSSR beabsichtige, sich aus Mittel- und Osteuropa zurückzuziehen«, fasst der damalige Gorbatschow-Anhänger Valentin Falin die »Sinatra-Doktrin« zusammen.[76]

Doch Gorbatschows »neues Denken« wird zunächst nicht gebührend wahrgenommen. Denn gleichzeitig mit seinen philosophisch formulierten Grundsätzen erklärt Gorbatschow sich zu einseitigen Abrüstungsschritten und Umweltschutz-Maßnahmen bereit. Die konkrete Politik überlagert das Grundsätzliche, das auf sehr leisen Sohlen daherkommt. Valentin Falin: »Diese Doktrin wurde im Stillen formuliert, als ob man ein ganz gewöhnliches Referat ausgearbeitet und nicht die Europa- und Weltpolitik der Sowjetunion nachhaltig umgestaltet hätte. Die Mehrheit der Mitglieder des Politbüros erhielten von dem fertigen Wortlaut erst Kenntnis, als Michail Gorbatschow bereits über den Atlantik flog.«[77]

So umreißt Gorbatschow im Februar 1989 in einer Rede in Kiew abermals sein »neues Denken«: Die Sowjetunion habe »mit der entschiedenen Erneuerung der Außenpolitik« begonnen. »Zur Entwicklung in den übrigen sozialistischen Ländern erklärte Gorbatschow u. a., jedes Land löst seine Probleme souverän, sucht selbst nach Antworten auf Lebensfragen seines Volkes.«[78] Im März 1989 empfängt Gorbatschow im Kreml den neuen ungarischen Ministerpräsidenten Miklós Németh zum Antrittsbesuch und erklärt noch einmal das Ende der »Breschnew-Doktrin«.

Diesmal bleibt die Wirkung nicht aus. Die Ungarn nehmen Gorbatschow beim Wort und gehen ihren eigenen Weg. Anlass ist, dass die 350 Kilometer langen Sperranlagen zwischen Ungarn und Österreich dringend renoviert werden müssen. Es fehlt jedoch am Material, der Stacheldraht müsste für teure Devisen aus dem Westen importiert werden. Die Reform-Regierung entscheidet, ihr Stück des »Eisernen Vorhangs« nicht für viel Geld wiederherzustellen, sondern abzubauen. Am 2. Mai beginnen ungarische Grenzer vor laufenden Kameras mit der Demontage. Nur einen weiteren Monat später, am 27. Juni, zerschneiden der ungarische Außenminister Gyula Horn und sein österreichischer Kollege Alois Mock demonstrativ den Grenzzaun bei Sopron: Das Tor zur Freiheit steht offen.

Was das Loch im Eisernen Vorhang für die DDR bedeutet, wird umgehend klar. Noch im Mai beantragen ungewöhnlich viele DDR-Bürger ein Visum für einen Urlaub in Ungarn. Mit Beginn der DDR-Sommerferien setzt die Massenflucht ein. An unbesetzten Wachtürmen vorbei überqueren viele Menschen – auch dank österreichischer Fluchthelfer – die »grüne Grenze«. Mehr als 50 000 DDR-Bürger strömen in den Westen. Die Bundesrepublik muss sich auf eine regelrechte Übersiedlerflut einstellen. Auf grenznahen ungarischen Zeltplätzen campieren im Juli über 200 000 ostdeutsche Familien. Per Mundpropaganda informieren sie sich, wie und wo die Grenze am gefahrlosesten zu überqueren ist. Die DDR-Führung muss damit rechnen, via Ungarn wieder hunderttausende Bürger zu verlieren, darunter viele gut ausgebildete Leistungsträger – wie vor dem Bau der Berliner Mauer 1961. Erich Honeckers letzte Hoffnung kann nur sein, dass sich im Warschauer Pakt die reformfeindlichen Kräfte doch noch durchsetzen. Genau das habe er auf der Tagung in Bukarest in einer offenen Auseinandersetzung ansprechen wollen, berichtet später DDR-Verteidigungsminister Heinz Keßler.[79]

Im Laufe der Tagung in Bukarest muss Honecker einsehen, dass dies aussichtslos ist. Die Ungarn machen keinen Hehl daraus, dass sie beabsichtigen, den Warschauer Pakt zu verlassen – wie schon 1956, als Moskau dies jedoch gewaltsam verhinderte. Diesmal aber wird es gelingen, erfährt Egon Krenz beim festlichen Abendessen: Sein Tischnachbar, der ungarische Außenminister Gyula Horn, erklärt ihm, Ungarn werde den Helden von 1956, den später hingerichteten Ministerpräsidenten Imre Nagy, offiziell rehabilitieren. Und mehr noch: »Die ungarische Delegation hat einige Stunden zuvor sofortige Gespräche mit der Sowjetunion über einen schnellen Abzug der in Ungarn stationierten sowjetischen Truppen gefordert.« Es wird offenkundig, dass Gorbatschow es ernst meint mit der »Sinatra«-Doktrin. Der Warschauer Pakt befindet sich in Auflösung. Wie zum Beweis gehen die Delegationen nach dem Abendessen eilig auseinander, ohne Smalltalk-Runden. Auch die DDR-Delegierten bleiben unter sich. Krenz: »Erich Honecker kommt auf mich zu. Er sieht blass und abgespannt aus. Mir scheint, er hat Schmerzen. Ich will ihm etwas sagen, er winkt ab. Er ist mit sich beschäftigt. Knapp sagt er: ›Komm um 8.00 Uhr zum Frühstück. Wir haben etwas zu besprechen.‹«[80]

Zum gemeinsamen Frühstück kommt es nicht mehr. Noch in der Nacht weckt der Chef des Personenschutzes, ein Stasi-General, Krenz: »Er meldet: ›Genosse Mitglied des Politbüros, soeben wurde der Generalsekretär in das rumänische Regierungskrankenhaus eingeliefert. Er leidet an schweren Schmerzen im Bauch, vermutlich ist es eine Gallenkolik. Ich schlage vor, daß Sie so schnell wie möglich hierher kommen. Ein Fahrzeug steht vor dem Hoteleingang für Sie bereit.‹« Krenz lässt sich sofort ins Krankenhaus fahren, wo ihn Honeckers mitgereiste Leibärztin bereits erwartet. Sie erklärt Honecker für transportfähig. Der SED-Generalsekretär hängt am Tropf, vollgepumpt mit Schmerzmitteln, Eisbeutel auf seinem Bauch. Krenz lässt die DDR-Nachrichtenagentur ADN eine Presseerklärung über Honeckers Erkrankung verbreiten, die um 8:34 Uhr über den Ticker geht.

Honeckers Abreise nährt umgehend Spekulationen: »Die Polen und die Ungarn scherzten, daß es Gorbatschows Rede gewesen sein müsse, die Honecker krankgemacht habe.«[81] Auch der damalige Bundeskanzler Helmut Kohl vermutet in seinen »Erinnerungen«, dass nicht die Galle den DDR-Chef plagt, sondern die »Sinatra-Doktrin«: »Honecker ist so verärgert darüber, daß er den Warschauer-Pakt-Gipfel schon am darauffolgenden Tag verläßt.«[82] Helmut Kohl übrigens empfängt zu dieser Zeit in Bonn Vertreter der unabhängigen polnischen Gewerkschaft »Solidarność«. Auch darin liegt ein untrügliches Zeichen für den bevorstehenden Wandel im Ostblock: Denn Vertreter von »Solidarność« sind wenige Tage zuvor ins polnische Parlament gewählt worden, bei den ersten wirklich freien Wahlen seit dem Zweiten Weltkrieg.

Einen direkten Zusammenhang zwischen dem unübersehbar gewordenen Zusammenbruch des »Staatssozialismus sowjetischer Prägung« und Honeckers Erkrankung zu vermuten drängt sich auf dem Rückflug nach Ostberlin auch Egon Krenz auf. Honecker lässt seinen »Kronprinzen« zu sich kommen: »Er will nichts Bestimmtes, möchte nur mit jemandem reden.« Genau genommen, will er seinem seit Jahren angestauten Ärger Luft machen: Der greise DDR-Staatschef schimpft über Ceauşescu und Gorbatschow, »trotz der Beruhigungsmittel erregt«, was Krenz stutzig macht: »Ist Honeckers Krankheit vielleicht mehr als eine Gallenkolik? Ein psychologischer Kollaps als Reaktion auf die latente Krankheit der sozialistischen Gemeinschaft, die er in Bukarest vielleicht ernster als sonst wahrgenommen hat?«[83]

Die SED ist kopflos

Während sich Honecker und Krenz auf dem Heimflug nach Ostberlin befinden, unterzeichnen die Staatschefs der sieben Warschauer-Pakt-Länder am 8. Juli das Bukarester Abschlusskommuniqué. Für die DDR signiert nun Willi Stoph feierlich die »Sinatra-Doktrin«. Stoph, der tags drauf 75 Jahre alt wird, amtiert als stellvertretender Vorsitzender des Staatsrats und ist damit nominell der zweite Mann in der DDR nach Honecker. Zwischen 1973 und 1976 war er sogar Staatsoberhaupt der DDR, bis SED-Parteichef Honecker nach sowjetischem Vorbild alle Spitzenämter selbst übernahm. Die offiziellen Titel verschleiern allerdings, dass Stoph in der DDR so gut wie nichts zu sagen hat und sein Machtbereich sich auf seinen großen Garten in Berlin-Wandlitz konzentriert, wo er gerne das Personal schikaniert. Im Führungszirkel der SED wird Stoph vor allem gebraucht, um bei den Skatrunden zu verlieren. In der real existierenden DDR gilt seit den 70er-Jahren sowieso nur Honeckers

Wort. Jetzt, wo der Chef physisch und wohl auch psychisch angeschlagen darniederliegt, rächt sich diese Machtkonzentration.

Stoph vermittelt den Genossen in Bukarest das Bild eines überforderten Vizechefs einer sprachlosen DDR-Delegation, wie die stenografischen Notizen der Tagung enthüllen: »Willi Stoph als Honeckers Vertreter wußte keine Antwort, als er dazu aufgefordert wurde, die politische Lage der DDR einzuschätzen.«[84] Ein Sinnbild für die letzten Tage des SED-Regimes. Der Bukarester Tagung folgen zwölf lähmende Wochen, während deren niemand in der Ostberliner Führung irgendwelche Entscheidungen zu treffen wagt. Alle warten auf die Rückkehr des roten Königs und währenddessen entgleitet den Einheitssozialisten erst die Macht und dann der Staat. Die Oppositionellen stoßen erst auf immer weniger, schließlich auf gar keinen Widerstand der Machthaber mehr, und die friedliche Revolution nimmt ihren Lauf.

Für den letzten Ständigen Vertreter der Bundesrepublik in Ostberlin, Franz Bertele, stellt Honeckers Krankheit auf dem Weg zur deutschen Einheit einen völlig unterschätzten Faktor dar, »der in der publizistischen Erörterung noch nie erwähnt wurde«: »Die Bundesregierung hat den Prozess der deutschen Einheit zielbewusst vorangetrieben, aber ein bisschen Fortune haben die Deutschen dabei durch den Ausfall Honeckers in entscheidender Zeit auch gehabt«, resümiert Bertele am Nachmittag des 2. Oktober 1990 in seinem Abschlussbericht über die Tätigkeit der Ständigen Vertretung in der DDR. »Nach den vielen Gesprächen mit Honecker, an denen ich teilgenommen habe, bin ich sicher, dass ein Honecker im Vollbesitz seiner Kräfte sich mit allem, was ihm zur Verfügung stand, gegen die Wende gewehrt hätte. Er hätte dies zwar auf eigene Rechnung, d. h. ohne die Unterstützung der Nachbarn, tun müssen, aber der alte Mann, der er war, hatte nichts zu verlieren, und er war überzeugt, dass seine Einheit von Wirtschafts- und Sozialpolitik der Mehrzahl der Bevölkerung ein besseres Leben erlaubte als im Kapitalismus.«[85] Honecker meint es vollkommen ernst, als er am 19. Februar 1989 laut DDR-Nachrichtenagentur ADN erklärt, er habe »unsere Bürger vor den Machenschaften der Drogengesellschaften des Westens zu schützen«, darum brauche er die Berliner Mauer. »Sie wird in 50 und auch in 100 Jahren noch bestehen bleiben. Das ist schon erforderlich, um unsere Republik vor Räubern zu schützen.«

Überzeugungstäter Honecker ist im Revolutionsjahr 1989 nur noch von Ja-Sagern umgeben. Das ist sein eigenes Werk. Zu oft und zu lange hat er Kritik an seiner Amtsführung oder an den Zuständen im Land unterdrückt. Sogar den bestellten Jubel von SED-Mitgliedern während der 1. Mai-Paraden hält er für echte Zustimmung des Volkes zu seiner Politik. Seit Jahren schon legt man ihm nur noch geschönte Bilanzen und Erfolgsmeldungen vor, die seinen rosaroten Erwartungen entsprechen, aber mit der Realität in der DDR nichts zu tun haben. Eigenständiges Denken und Urteilen haben Honeckers Helfer sich längst abgewöhnt. Am Ende ist es sowieso »E.H.«, der alle Entscheidungen fällt, allein und unangefochten. In den 70er-Jahren hat er der DDR mit seiner »Einheit von Wirtschafts- und Sozialpolitik« tatsächlich eine Phase der innenpolitischen Stabilität und außenpolitischen Anerkennung bescheren können, wenn auch auf Kredit finanziert. Jetzt aber ist er nur noch »ein alter Mann mit hoher Greisenstimme, dessen jeweiliger Gesundheitszustand weit größeres Interesse weckte als seine langen Reden«.[86] In Ostberlin hat nur keiner den Mut, diesen alten Mann zu stürzen.

Am Montag, den 10. Juli, wird Erich Honecker wieder aus dem Krankenhaus entlassen. Es sei nur eine »Gallenblasenreizung« gewesen, berichtet SED-Politbüromitglied Hermann Axen westdeutschen Politikern: Es sei »nichts Schlimmes«.[87] Der DDR-Nachrichtenagentur ist Honeckers Entlassung gerade mal vier Zeilen wert: Der Staats- und Parteichef trete nun

»planmäßig seinen Jahresurlaub« an. Niemand weiß zu diesem Zeitpunkt, wie schlimm es um den Generalsekretär steht: Seine Krebserkrankung ist noch nicht diagnostiziert. Todgeweiht, aber nichtsahnend zieht Honecker sich im Juli 1989 nach Drewitz an der mecklenburgischen Seenplatte in Urlaub zurück. Da ohnehin nichts entschieden werden kann, wenn der Chef nicht da ist, tun es ihm die Genossen aus Politbüro und ZK gleich: Sie fahren in die Ferien. Egon Krenz hält Stallwache: »In den nächsten Wochen sind oft weder das Politbüro noch das Sekretariat des ZK der SED beschlussfähig. Auch einige der 1. Sekretäre von Bezirksleitungen der SED sind im Urlaub. Günter Schabowski, 1. Bezirkssekretär von Berlin, und Hans Modrow, 1. Sekretär im Bezirk Dresden, erholen sich in China.« Die DDR-Staatsführung ist wegen Betriebsferien geschlossen.

Mitte August fährt Erich Honecker nach Berlin zurück. Am 11. August steht eine Sitzung des Zentralkomitees der SED an, am 14. August eine Politbüro-Sitzung. Was Honecker seinen Genossen verschweigt, ist, dass er anschließend einen weiteren OP-Termin hat. Die scheinbar harmlose Gallenblasenerkrankung kuriert er nämlich nur schleppend aus. Nach außen gibt Honecker sich gut erholt und stark. Er weiß, dass Anzeichen von Schwäche seine Machtposition innerhalb der SED gefährden. Rasch wird auch deutlich, wen er im Verdacht hat, an seinem Stuhl zu sägen: Egon Krenz.

So wie Honecker selbst 1971 seinen Förderer Walter Ulbricht mit Rückendeckung aus Moskau gestürzt hat, so rechnet er nun offensichtlich damit, dass sein langjähriger »Kronprinz« Krenz im Einvernehmen mit Gorbatschow seine eigene Entmachtung vorbereitet. Tatsächlich wird es auch genau so kommen, doch wie in einer griechischen Tragödie ist es Honecker, der gerade das herbeiführt, was er zu verhindern trachtet. Krenz steht nämlich bis zuletzt loyal zu seinem Chef – oder zumindest ist er zu feige, ihn zu stürzen. Indem Honecker ihm das Vertrauen entzieht, macht er Krenz erst zu dem, wofür er ihn hält: den Königsmörder.

Zur Vorbereitung der ZK-Sitzung im August hat Krenz eine Analyse der aktuellen Flüchtlingsbewegungen in Ungarn und der Tschechoslowakei sowie der Botschaftsflüchtlinge in Warschau, Prag, Budapest und Ostberlin angefordert. Er will wissen, »warum so viele Bürger die DDR verlassen bzw. verlassen wollen« und was die SED dagegen tun kann. Ohne Honecker will er nicht handeln, also legt er ihm das Papier vor. Entsetzt registriert Krenz die Reaktion des Staatschefs: »Er betrachtet das Titelblatt, liest und fragt: ›Was willst du damit erreichen?‹«[88] Dass es Krenz um eine Problemlösung gehen könnte, kommt Honecker gar nicht in den Sinn: Er betrachtet das Papier ausschließlich als Munition im Kampf um die Macht. Krenz erinnert sich: »Er steht auf, greift sich die Vorlage, geht wortlos zu seinem Panzerschrank und schließt sie weg. Dann dreht er sich wieder um und sagt zu mir: ›Du kannst in Urlaub gehen. Ich wünsche dir gute Erholung!‹«

In der anschließenden Sitzung des ZK wird die Flüchtlingsproblematik nicht erörtert. Drei Tage später, am 14. August, verkündet Honecker im Politbüro, dass Krenz in Urlaub fahre, und bestimmt Günter Mittag zu seinem Stellvertreter. Diese personelle Änderung sorgt für Verunsicherung: Die Krise in der Staats- und Parteispitze wird offensichtlich. Erich Honecker allerdings glaubt, ein Problem gelöst zu haben. Er empfängt im Anschluss an die Politbüro-Sitzung Arbeiter des VEB Mikroelektronik »Karl Marx« Erfurt, die ihm feierlich die ersten 32-Bit-Mikroprozessoren »Made in GDR« präsentieren. Von dieser Wirtschaftssparte ist der DDR-Chef besonders angetan: Er glaubt, dem High-Tech-Embargo des Westens erfolgreich ein Schnippchen geschlagen zu haben, indem er in Dresden und Erfurt sein eigenes Silicon Valley errichtete. Er lässt sich erzählen, die DDR produziere technisch auf Westniveau und sei weltmarktfähig. Dass die VEB-Computerchips allein in der Herstellung teurer sind als vergleichbare Chips im Westen, sagt dem Staatschef niemand. Und so verkündet Honecker von Krankheit geschwächt, aber voller Zuversicht, »dass das Triumphgeschrei westlicher Medien über das Scheitern der sozialistischen Gesellschaftskonzeption nicht das Geld wert sei, das dafür ausgegeben werde«.[89] Noch immer gelte: »Den Sozialismus in seinem Lauf halten weder Ochs noch Esel auf.«

Dieses System Potemkin'scher Dörfer, das zu Fassadenrenovierungen entlang der Honecker'schen Fahrtstrecken führt, während die Städte in Wahrheit dramatisch verfallen, funktioniert selbst in Bezug auf Honeckers Krankheit, wie sich unmittelbar nach diesem Ereignis zeigt. Am 16. August wird Honecker operiert. Die Ärzte entfernen die entzündete Gallenblase. Dabei stoßen sie auf einen Tumor im Dickdarm, den sie ebenfalls entfernen. Bei weiteren Operationen in den folgenden Wochen diagnostizieren sie schließlich Krebs in der rechten Niere. Aber offenbar bringt keiner der Ärzte den Mut auf, dem Staatschef die schlechte Nachricht zu übermitteln. So erfährt der geschockte Honecker erst lange nach seinem Sturz, am 6. Januar 1990, aus den DDR-Fernsehnachrichten der »Aktuellen Kamera«, dass er unheilbar an Nierenkrebs leidet. Eine Diagnose, die im Sommer sogar zu den westlichen Medien durchgesickert ist. Im August mehren sich die Spekulationen, »daß sich bei der jüngsten Gallenoperation des Staatsratsvorsitzenden ein inoperabler Befund herausgestellt habe« und Honecker einen Tumor habe; die *Bild*-Zeitung präsentiert am 16. Oktober das Angebot von »Krebs-Papst« Julius Hackethal, Honecker »kostenlos« zu heilen, falls dieser »seinem gefangenen Volk Selbstbestimmung, Reisefreiheit, die allgemeine Freiheit gibt«.[90] Nur Honecker weiß von nichts.

Bis September verabschiedet sich Honecker in den Genesungsurlaub. Egon Krenz joggt im Zwangsurlaub an der Ostsee und reist später nach China. Günter Mittag, 62 Jahre alt und wegen seiner schweren Zuckerkrankheit schon beinamputiert, führt erstmals die Staatsgeschäfte.

Der promovierte Ökonom hatte sich in den 60er-Jahren als Reformer einen Namen gemacht: Unter Walter Ulbricht trat er für mehr Marktwirtschaft im Sozialismus ein. Nach Honeckers Machtübernahme schwenkt Mittag um und müht sich, als oberster Chef der Planwirtschaft viele Details zentral zu kontrollieren. Zuletzt profiliert er sich als entschiedener Reformgegner, der Probleme durch Ignorieren zu lösen versucht. Höhepunkt seiner Vogel-Strauß-Politik ist die sogenannte »Schürer/Mittag-Kontroverse« 1988.[91] Dabei geht es um die vermutlich letzte Chance der DDR, den drohenden Staatsbankrott in letzter Sekunde abzuwenden. Günter Mittag, ZK-Sekretär der SED für Wirtschaftsfragen, vereitelt diese Chance – vermutlich auch deswegen, weil er sonst zugeben müsste, seit Jahren schlecht gewirtschaftet zu haben, und sein Amt verlieren würde. Sein Gegner in der Kontroverse ist Gerhard Schürer, Chef der Staatlichen Plankommission beim DDR-Ministerrat. Schürer leitet schon seit 1965 die Plankommission, was nicht unbedingt für seinen Realitätssinn spricht, aber trotzdem hat er die wahre wirtschaftliche Lage erkannt: Die DDR lebt mindestens seit den 70er-Jahren ständig über ihre Verhältnisse. Die von Honecker propagierte »Einheit von Wirtschafts- und Sozialpolitik« wird durch Kredit finanziert, genauer: durch Auslandskredite, speziell aus der Bundesrepublik. Stolzer Einfädler dieser Schulden ist Alexander Schalck-Golodkowski, der mit dem CSU-Vorsitzenden Franz Josef Strauß einen neuen Milliardenkredit ausgehandelt hat. Die DDR hängt am Tropfe Bonns.

Im April 1988 liegt der zuckerkranke Mittag im Krankenhaus. Schürer will diese Chance nutzen, um mit seinen ökonomischen Warnungen direkt zu Honecker vorzudringen. Am 26. April präsentiert Schürer seine »Überlegungen zur weiteren Arbeit am Volkswirtschaftsplan 1989 und darüber hinaus«, in denen er schonungslos den Staatsbankrott skizziert und den einzigen Ausweg weist: Sparen. Der auf Pump finanzierte hohe Lebensstandard in der DDR müsse den ökonomischen Realitäten angepasst, sprich: deutlich gesenkt werden.

Was mit Schürers Papier geschieht, ist symptomatisch für die DDR: Honecker, der lieber gute Nachrichten liest als schlechte, leitet das unangenehme Papier weiter – ins Krankenzimmer von Günter Mittag. Der lässt rasch ein 35-seitiges Gegenpapier verfassen. Darin wirft er Schürer nicht etwa vor, ökonomisch im Unrecht zu sein, sondern SED-Parteitagsbeschlüsse zu ignorieren: »Diesen Überlegungen des Genossen Schürer zu folgen würde bedeuten, in einem umfassenden Maße Beschlüsse des VIII. Parteitages und des XI. Parteitages der SED in Frage zu stellen.«[92] Nach dem Prinzip »Es kann nicht sein, was nicht sein darf« weist das Politbüro am 4. Mai 1988 Schürers »Überlegungen« zurück und nickt Mittags »Weiter so«-Papier ab. Schürer wird als »Saboteur« beschimpft.

Ebendieser Günter Mittag übernimmt Mitte August 1989 das Ruder in Ostberlin. Seine Vogel-Strauß-Politik setzt er konsequent fort. Während mehr als 50 000 DDR-Bürger über Ungarn und bundesdeutsche Botschaften in den Westen flüchten, Montag für Montag in Leipzig immer weitere Ausreisewillige »Wir wollen raus« skandieren und Oppositionelle das »Neue Forum« sowie die Sozialdemokratische Partei der DDR gründen, fällt dem amtierenden Staatsoberhaupt Günter Mittag nur Altbewährtes ein. Er zieht die Überbringer der schlechten Nachrichten zur Verantwortung: »Ich möchte auch manchmal den Fernseher zerschlagen«, bekennt Mittag am 29. August 1989 im SED-Politbüro. Es handele sich um Propaganda des westlichen Klassenfeindes, gibt sich Mittag überzeugt. Seine Problemlösung: »Wir müssen in den Hauptpunkten die Gebrechen des Imperialismus zeigen. Das hat sich bewährt.«[93]

Am 31. August kommt Ungarns Außenminister Gyula Horn nach Ostberlin und teilt dem entrüsteten Mittag mit, dass Ungarn alle DDR-Flüchtlinge ab 11. September 1989 ungehindert in den Westen ausreisen lassen werde. Günter Mittag reagiert am 12. September: Bei der Routine-Sitzung des Politbüros beauftragt er die Staatssicherheit, Reisen nach Ungarn »nicht mehr so global« zuzulassen, ohne die »Masse der Bevölkerung« zu treffen. Wieder einmal soll es die Stasi richten. Günter Mittag dokumentiert nur mehr die eigene Ratlosigkeit. In den entscheidenden Sommermonaten, in denen eine konsequente Reformpolitik vielleicht noch das schwindende Vertrauen großer Teile der Bevölkerung und des SED-Parteivolkes hätte zurückgewinnen können, fuhr die DDR blindlings auf Autopilot.

Honecker will Panzer schicken

Aus seinem Genesungsurlaub meldet sich der unverzichtbare Erich Honecker am 22. September zu Wort, um dem wachsenden Revolutions-Spuk ein Ende zu bereiten. Per Fernschreiben weist Honecker die SED-Bezirksleitungen an, »dass diese feindlichen Aktionen im Keime erstickt werden müssen, dass keine Massenbasis dafür zugelassen wird«. Die Organisatoren seien zu isolieren. Dass gerade die Montagsdemonstrationen gar keine Organisatoren haben, liegt außerhalb jeder Vorstellungskraft eines Parteikaders wie Honeckers. Zudem hat er die Ideologie, dass die sozialistische Einheitspartei die Interessen des Volkes vertrete, absolut verinnerlicht. Dass das Volk gegen die SED demonstrieren könnte, betrachtet er als undenkbar. Darum müssen es »Rowdys« sein, die da Unruhe stiften, angestachelt vom Klassenfeind im Westen. Genau so ist auch die Sprachregelung der SED.

Am 25. September nimmt Honecker seine Amtsgeschäfte wieder auf. Es ist ein Montag. Honecker empfängt als Staatsoberhaupt die neuen Botschafter der Türkei und Simbabwes. Am Abend sind bei der Montagsdemonstration in Leipzig 5 000 bis 8 000 Menschen auf der Straße. Sie rufen nicht mehr: »Wir wollen raus«, sondern: »Wir bleiben hier«. Für Honecker muss es wie eine Drohung klingen. Die Menge fordert demokratische Reformen und die Zulassung des oppositionellen »Neuen Forums« als Bürgerorganisation. Honecker verdächtigt unverdrossen westliche Provokateure als Drahtzieher. Er scheint zu vermuten, dass es dem Klassenfeind nur darum geht, das am 7. Oktober bevorstehende Staatsjubiläum »40 Jahre DDR« zu sabotieren. Denn Honecker ordnet gleich am nächsten Tag die Führungsbereitschaft für die Bezirks- und Kreiseinsatzleitungen in Berlin an – »zur Gewährleistung von Sicherheit und Ordnung« und »zur Verhinderung von Provokationen unterschiedlicher Art« während der Staatsfeier. DDR-Verteidigungsminister Keßler befiehlt der Nationalen Volksarmee für die Zeit vom 6. bis zum 9. Oktober Einsatzbereitschaft in der Hauptstadt.

Honecker ist fixiert auf sein Staatsjubiläum am 7. Oktober, zu dem er Gäste aus der ganzen Welt erwartet, auch Widersacher Gorbatschow. Er glaubt offenbar, die vom Westen inszenierten Unruhen würden nach einem störungsfreien Jubiläum rasch wieder eingestellt. Alle operativen Maßnahmen des SED-Staates sind auf das Datum »7. Oktober« ausgerichtet.

Um vorher die ständige Berichterstattung über die Botschaftsflüchtlinge in Prag und Warschau zu beenden, gewährt Honecker ihnen noch die geforderte Ausreise in den Westen. Eine seit Jahren bewährte Methode, Regimekritiker zum Schweigen zu bringen. Am 2. Oktober vermeldet der ADN diese »humanitäre« Lösung des Flüchtlingsproblems und legt nach: »Man sollte ihnen keine Träne nachweinen.« Ein Satz, den angeblich Honecker persönlich in die Agenturmeldung geschrieben haben soll.

Doch alles kommt anders, als Honecker erwartet: Die Ausreise der Prager Botschaftsflüchtlinge bringt keine Ruhe, sondern Sturm. Um weitere Fluchten in die Prager Botschaft zu unterbinden, lässt Honecker am 3. Oktober zunächst die Grenze zur CSSR schließen. Ein fatales Signal: Die Unzufriedenen wissen nun, dass sie sich beeilen müssen, wenn sie noch irgendwie raus wollen aus der DDR.

Zudem weist Honecker an, dass die Flüchtlinge nicht direkt in den Westen dürfen, sondern vorher zurück in die DDR müssen. Damit will der greise Staatsführer die Souveränität seines Staates demonstrieren. Mangelnde Anerkennung ist ja seit jeher die wunde Stelle des kleineren deutschen Staates. Doch nun gießt Honecker mit seinem Dekret noch Öl ins Feuer.

Scharen von Ausreisewilligen machen sich auf den Weg nach Prag, um noch vor Grenzschließung rüberzukommen. Am Grenzübergang Bad Schandau werden die Menschen aber schon nicht mehr durchgelassen. Sie sammeln sich entlang der Reiseroute und wollen auf den möglicherweise letzten Zug in die Freiheit aufspringen. In Dresden wird der Hauptbahnhof besetzt, die Polizei liefert sich bürgerkriegsreife Straßenschlachten mit Demonstranten.[94]

Das alles pünktlich zum Jubiläumstag 7. Oktober – gemessen am eigenen Ziel hat Honecker alles falsch gemacht. Am Tag des DDR-Geburtstages demonstrieren selbst in Ostberlin mehrere tausend Menschen für Reformen. Die Polizei geht mit Gewalt vor und prügelt auf Demonstranten ein. Die Gethsemane-Kirche – traditionell ein Zentrum der Opposition – wird umstellt. 3 000 Menschen werden festgenommen. Unübersehbar klafft zwischen Partei, Staat und Volk ein großer Graben, den nur Honecker immer noch nicht wahrhaben will.

In der Politbüro-Sitzung am 10./11. Oktober mahnt Honecker an, notfalls »von der Macht Gebrauch zu machen«: Die »Konterrevolution muss bekämpft werden«.[95] Die Macht, seine verbale Entschlossenheit auch durchzusetzen, hat er aber nicht mehr. Auf Betreiben Egon Krenz' nimmt das Politbüro erste Korrekturen an Honeckers harter Linie vor und kündigt kritischen Bürgern Gesprächsbereitschaft an, veröffentlicht am 12. Oktober im *Neuen Deutschland*. Eine »Kapitulations-Erklärung«, schimpft unbeirrbar Honecker. Ihm schwebt ein

Vorgehen wie am 17. Juni 1953 vor, als der Arbeiteraufstand allein schon mit dem Auffahren von Panzern niedergeschlagen wurde. Da nicht auf die Hilfe der sowjetischen Streitkräfte zu bauen ist, müssten es diesmal allein NVA-Panzer sein.

Honecker trifft einige Tage nach der Sitzung im Flur des ZK-Gebäudes zufällig auf Günter Schabowski und stellt laut entsprechende Überlegungen an. »Und was machen wir, wenn einer einen Molotow-Cocktail wirft?«, fragt Schabowski und warnt: »Dann werden wir alle in wenigen Wochen an den Laternen hängen.« Honecker wendet sich ab: »Dann eben nicht!«[96] Bei den Vorbereitungen zum 16. Oktober, der nächsten Montagsdemonstration, schlägt Honecker in der Diskussion mit Krenz und dem Stabschef der Nationalen Volksarmee, Fritz Streletz, erneut vor, »ein Panzerregiment durch Leipzig fahren zu lassen«, nur so zur Abschreckung.[97] Streletz warnt, dass jeder jugendliche Demonstrant bei der NVA in Panzernahbekämpfung ausgebildet worden sei: »Mit einem Sprung auf das Kettenfahrzeug und der Abdunkelung der Sichtluke des Fahrers mit einem Tuch seien Panzer in der Stadt manövrierunfähig zu machen.«[98] Wieder reagiert Honecker fast beleidigt: »Na, denn nicht.« Er ist zu diesem Zeitpunkt immer noch oberster Befehlshaber der NVA. Den von Krenz und Streletz entworfenen Befehl, dass die Sicherheitskräfte nur zur Selbstverteidigung von der Schusswaffe Gebrauch machen dürfen, unterzeichnet er nur widerwillig.

Honeckers Unbelehrbarkeit räumt im Politbüro auch beim letzten Zauderer die Zweifel aus, dass ein Machtwechsel unvermeidlich ist. Krenz und Stoph spielen schon seit Mitte der 80er-Jahre mit dem Gedanken, den Hardliner Honecker abzusetzen, um »Glasnost« und »Perestroika« auch in der DDR umzusetzen. Gewagt haben sie es bisher nicht.[99] Am 15. Oktober verabreden Krenz, Schabowski und Harry Tisch den Umsturz für die nächste dienstägliche Politbüro-Sitzung am 17. Oktober. Die ewigen Zögerer wollen sich aber noch rückversichern: Tisch soll in Moskau die Zustimmung Gorbatschows einholen.

Während Tisch nach Moskau fliegt, findet am 16. Oktober die nächste Montagsdemonstration in Leipzig statt, erneut mit gestiegenen Teilnehmerzahlen: 120 000 Menschen aus der ganzen DDR marschieren für Reformen rund um die Leipziger Altstadt. Diesmal verfolgt Honecker den Protest live im »operativen Fernsehen« des Innenministeriums. Mit Krenz, Mielke, Streletz und Innenminister Dickel schaut er im Lagezentrum den tonlosen Bildern der Überwachungskameras in Leipzig zu. Wie Krenz später berichtet, ist Honecker dabei »sehr abgespannt, auch sehr aufgeregt«; Streletz und Dickel müssen ihn beruhigen. So bekommt Honecker nicht mit, dass Krenz auf der Regierungsleitung einen Anruf aus Moskau bekommt: Harry Tisch übermittelt Gorbatschows Gelingenswünsche für die Palastrevolution.

Nach Ende der Demonstration fährt Honecker »innerlich völlig durcheinander«[100] nach Hause. Honecker begreift bis zuletzt nicht, dass es keine »Rowdys« sind, die da demonstrieren, sondern »das Volk«. Noch nach seinem Sturz, im Exil beim Pfarrers-Ehepaar Holmer im brandenburgischen Lobetal, wird sich Honecker angesichts von Fernsehaufnahmen der DDR-Revolution verstört zeigen: Die Ereignisse passen einfach nicht in sein Weltbild.

Überrascht wird er auch von seinem eigenen Sturz. Während selbst die *Bild*-Zeitung schon seit Tagen »Honeckers letzten Arbeitstag« im Countdown korrekt herunterzählt, hat Erich Honecker selbst die Zeichen der Zeit in eigener Sache nicht erkannt. Gleich zu Beginn der Sitzung meldet sich Willi Stoph zur Geschäftsordnung und bittet darum, als Punkt 1 die »Absetzung des Generalsekretärs« auf die Tagesordnung zu setzen. Honecker überhört das zunächst, erst nach Protesten lässt er die Diskussion zu. Alle Genossen ohne Ausnahme plädieren für seinen Sturz, auch Günter Mittag und Erich Mielke, der sein

Resümee zieht: »Wir haben vieles mitgemacht. Wir können doch nicht anfangen mit Panzern zu schießen. Erich, es ist Schluß.«[101]

Honecker ist enttäuscht und fühlt sich verraten. Der alte Mann prophezeit den Genossen: »Wenn wir den kleinen Finger geben, fällt alles zusammen, und wir arbeiten den Imperialisten und der Wiedervereinigung in die Hände.« Die anderen halten dagegen: Wenn man nichts ändere, gebe es einen blutigen Aufstand wie 1953, nur dass die Russen diesmal nicht helfen.[102]

Da das Politbüro seine Beschlüsse traditionell einstimmig fasst, um die unerwünschte »Fraktionsbildung« zu vermeiden, stimmt am Ende sogar Honecker für seine Absetzung. Vollstreckt wird die Entmachtung tags darauf im Zentralkomitee der SED. Um 14 Uhr beginnt die Sondersitzung, elf Minuten später meldet der ADN: »Das ZK hat der Bitte Erich Honeckers entsprochen, ihn aus gesundheitlichen Gründen von der Funktion des Generalsekretärs, vom Amt des Staatsratsvorsitzenden und von der Funktion des Vorsitzenden des nationalen Verteidigungsrates der DDR zu entbinden.« Mit ihm müssen auch seine letzten Getreuen Günter Mittag und Joachim Herrmann ihre Politbüro-Sitze räumen.

»Die starke Fixierung allein auf den Generalsekretär ist schon in normalen Zeiten hemmend. Um wie viel stärker ist sie in dieser Zeit zum Hindernis für eine konstruktive Politik geworden«,[103] reflektiert Egon Krenz in seinen Memoiren. Eine Erkenntnis, die ihm aber erst spät gekommen ist. Denn nach Honeckers Sturz hat Nachfolger Krenz nichts Eiligeres zu tun, als seinerseits alle Spitzenämter in Partei und Staat selbst zu übernehmen. Zu diesem Zeitpunkt ist es freilich schon zu spät, um die DDR noch zu retten.

Glücksfall Nr. 4: Kaplan Richter trifft VoPo Pappermann

... und verhindert einen Bürgerkrieg in Dresden

Brennende Polizeiwagen, Steine werfende Demonstranten, mit Schlagstöcken prügelnde Volkspolizisten – am 4. Oktober erreichen die revolutionären Unruhen der DDR in Dresden ihren Höhepunkt. Tausende wollen noch auf die Züge mit den Prager Botschaftsflüchtlingen aufspringen und so die DDR verlassen. Bürgerkriegsszenen spielen sich ab. Am 8. Oktober hat Dresdens Polizei erneut 1 500 Demonstranten umzingelt. Wasserwerfer und Transportwagen stehen bereit, die »Zuführungspunkte« sind schon eingerichtet. Da geht Kaplan Frank Richter zur Polizeikette, sucht einen Verantwortlichen – und wird an Detlef Pappermann verwiesen. Eine glückliche Fügung. Pappermann, abkommandiertes Mitglied der Elite-Truppe »Diensteinheit IX«, macht seinem Ruf als »Menschenfreund« alle Ehre. Auf den utopischen Vorschlag des Kaplans, der Obrigkeit die Forderungen der Demonstranten vortragen zu lassen, geht Pappermann tatsächlich ein. Die berühmte »Gruppe der 20« ist geboren. Eine Serie der Gewalt wird unterbrochen, die »friedliche Revolution« beginnt.

Oberleutnant Detlef Pappermann steht am 8. Oktober schon seit einigen Tagen in Bereitschaft. Er gehört zur Volkspolizei-»Diensteinheit IX«, ein 1974 gegründetes Spezialkommando zur Terror-Abwehr, die »GSG-9« der DDR. In einem Gebäude direkt neben dem abgeriegelten Dresdener Hauptbahnhof warten die besonders trainierten und ausgerüsteten Elitepolizisten auf ihren Einsatzbefehl. In Zivil, denn im Ernstfall sollen die Demonstranten sie nicht als Polizisten erkennen. Ihr Auftrag ist, jeglichen Aufruhr zu beenden, notfalls gewaltsam: »Mit den vorhandenen Mitteln wäre es für uns eigentlich kein Problem gewesen, so eine größere Demonstration aufzulösen, sicherlich mit Verletzten«, urteilt Pappermann.

Die »DE IX« ist die Ultima Ratio der Volkspolizei, das letzte Mittel, bevor Soldaten aufmarschieren. Die stehen zusätzlich bereit: 429 Soldaten der Nationalen Volksarmee sind am 5. Oktober nach Dresden abkommandiert worden, bewaffnet mit Maschinenpistolen.[104]

Dresden erlebt in diesen Tagen die brutalsten Szenen dessen, was später als »friedliche Revolution« in die Geschichte eingeht. Kulminationspunkt ist der Hauptbahnhof. Hier sollen die 15 Sonderzüge durchfahren, die rund 6 000 Botschafts-Flüchtlinge aus Prag in die Bundesrepublik bringen.[105] Wenige Tage zuvor, in der Nacht zum 1. Oktober, sind auch die sechs Züge mit Flüchtlingen aus der Warschauer Botschaft bereits hier durchgefahren – problemlos.

Honecker hat den Flüchtlingen die »ständige Ausreise« genehmigt, besteht aber darauf, noch einmal die angeschlagene Souveränität seines Staates zu demonstrieren: Die Botschaftsflüchtlinge aus Prag dürfen nicht direkt in die Bundesrepublik reisen, sondern müssen erst zurück in ihre »Heimat« DDR. Von dort will die DDR sie dann preußisch-korrekt aus der Staatsbürgerschaft entlassen.

Damit es wirklich bei einem einmaligen Vorfall bleibt, schiebt Honeckers Regierung auch gleich einen Riegel vor – buchstäblich: nämlich in Form des Grenz-Schlagbaums. Ab 3. Oktober schließt Ostberlin die Grenze zur Tschechoslowakei – nur vorübergehend, wie es offiziell heißt.[106]

In der langen Reihe selbstzerstörerischer Fehlentscheidungen des SED-Regimes erweist sich diese Kombination von Flüchtlingszügen und Grenzschließung als ein weiteres Element. 15 lange Züge mit DDR-Flüchtlingen sollen nun von Prag über Dresden ins westdeutsche Hof fahren – vorbei an ostdeutschen Städten und Bahnhöfen; die zurückbleibende DDR-Bevölkerung jedoch muss sich eingemauerter denn je fühlen. Über die zu erwartende psychologische Wirkung ihrer »Ventillösung« scheinen die SED-Machthaber nicht gründlich nachgedacht zu haben. Tatsache ist: Unter den Ausreisewilligen in der ganzen DDR macht sich Furcht, teils Panik breit, der Sonderzug aus Prag könnte die letzte Chance sein, bevor das DDR-Regime alle Schlupflöcher schließt, auch die Grenzen zu den übrigen Ostblock-Staaten. Folglich pilgern tausende Ausreisewillige aus der ganzen DDR Anfang Oktober in Richtung CSSR-Grenze.

Die ersten, die nicht mehr rausgelassen werden, sind rund 1 400 DDR-Bürger – darunter ganze Familien –, die am 3. Oktober bei Bad Schandau in die CSSR reisen wollen. Frustriert und empört fahren die meisten von ihnen nach Dresden weiter. Am dortigen Hauptbahnhof starten sie Sprechchöre »Wir wollen raus!« und versuchen, in Züge gen Prag einzusteigen. Auch das vergebens. Einige blockieren die Gleise, um die Züge zum Halten zu zwingen – »manche einen Kinderwagen vor sich herschiebend«, erinnert sich Herbert Wagner, der wenige Tage später zur oppositionellen »Gruppe der 20« gehören und 1990 erster frei gewählter Oberbürgermeister der sächsischen Hauptstadt sein wird.

Weitere Ausreisewillige stoßen hinzu: Die Menge wächst auf 2 000 Personen an. Die Volkspolizei beschließt, den Dresdner Hauptbahnhof zu räumen. Die Ausreisewilligen wehren sich. Wagner: »Aus der aufgebrachten Menge flogen Pflastersteine in Richtung Polizeikette. Die Sicherheitskräfte reagierten mit einem massiven Einsatz von Wasserwerfern und gingen brutal mit Schlagstöcken vor.«[107] Es gibt die ersten Festnahmen – der Auftakt für tagelange Gewalttätigkeiten.

Gleich am nächsten Tag geht es weiter: Am 4. Oktober nachmittags räumt die Volkspolizei erneut den Hauptbahnhof, der sich aber umgehend wieder mit Menschen füllt. Ausreisewillige, normale Reisende und Zuschauer sammeln sich vor und im Bahnhof. Laut MfS-Lagebericht kommt es zu »Ansammlungen von bis zu ca. 20 000 Personen (...), so dass die Gefahr einer vollständigen Besetzung des gesamten Bahnhofsgeländes bestand«.[108]

Bei den Beratungen, was nun zu tun ist, nimmt der Dresdner Stasi-Chef Horst Böhm die Rolle des Scharfmachers ein. Der Generalmajor plädiert für eine kompromisslose Räumung des Bahnhofs und fordert in Ostberlin Verstärkung durch auswärtige Volkspolizei-Einheiten an. Das wird genehmigt – zum Glück, wie sich am 8. Oktober zeigen wird: Es werden solche ortsfremden Volkspolizisten sein, für die Oberleutnant Detlef Pappermann als einheimischer Führer verpflichtet wird.

Der nächste Räumungsversuch um 19 Uhr lässt Volk und Volkspolizei hart aufeinanderprallen. Türen und Fenster gehen zu Bruch, ein Polizeiwagen wird umgekippt und angezündet – Szenen, die die DDR seit dem 17. Juni 1953 nicht mehr erlebt hat. 224 Menschen werden festgenommen – darunter auch einfache Reisende – und in den vorbereiteten »Zuführungspunkten« untergebracht. Dort müssen sie stundenlang in »Fliegerstellung« stehen: Mit gespreizten Beinen und ausgestreckten Armen müssen sie an einer Wand lehnen, wer sich rührt, wird geschlagen.

Zu diesem Zeitpunkt ist noch gar kein Flüchtlingszug in Dresden eingetroffen. Der erste Sonderzug in die Freiheit passiert erst gegen 21 Uhr die Grenze CSSR-DDR. Direkt danach, in Bad Schandau, wird der Zug aber schon von ostdeutschen Ausreisewilligen empfangen: Sie blockieren die Weiterfahrt, sie wollen noch aufspringen. Mit Genehmigung aus Ostberlin setzt die Volkspolizei in Bad Schandau Wasserwerfer gegen die Blockierer ein – ohne Erfolg.

Dass eine Weiterfahrt der Flüchtlingszüge durch Dresden gefährlich werden könnte, mahnt nun der Dresdner Stasi-Chef Horst Böhm an: Er verlangt mehrfach, dass die Züge in die CSSR zurückgeschickt werden sollen. Doch sowohl der Dresdner SED-Chef Hans Modrow als auch Ostberlin lehnen das ab. Gegen 1:45 Uhr rollt dann der erste Zug durch den Dresdner Hauptbahnhof.

Es geschieht zunächst – nichts. Viele Ausreisewillige, die auf den Zug noch aufspringen wollten, schlafen um diese Uhrzeit; und die Demonstrationen haben sich über die Prager Straße in die Innenstadt verlagert.[109]

In der Nacht passieren noch zwei weitere Züge Dresden. Dann entscheidet das Ostberliner Verkehrsministerium, die Reiseroute sicherheitshalber zu ändern und die Flüchtlinge in einem Bogen um Dresden herum ins bayerische Hof zu bringen. Am Ende sind es auch nicht mehr 15 Züge, wie ursprünglich geplant, sondern nur noch acht, in denen die Ausreisenden dicht zusammengedrängt sind.

Die Einsicht, dass die Durchfahrt der Flüchtlinge für Unruhe sorgt, kommt jedoch zu spät. Tausende von Ausreisewilligen befinden sich nun in der sächsischen Metropole. Obwohl keine Sonderzüge nach Westen mehr durchfahren, bleiben die Menschen in Dresden und demonstrieren. Sie fordern eine Zusage, ausreisen zu dürfen, und ziehen nach dem Vorbild der Leipziger Montagsdemonstrationen durch Dresdens Innenstadt, in Schach gehalten von schwer bewaffneten Volkspolizisten mit Helm, Kampfschild und Schlagstock – eine Ausrüstung, die die DDR-Bürger bis dahin nur aus dem Fernsehen kennen, genauer: aus dem West-Fernsehen, nämlich von den Auseinandersetzungen um Atomkraftwerke oder die Startbahn West.

Am 5. und 6. Oktober setzen sich während der Demonstrationen auch die Straßenkämpfe mit der Polizei fort. Mehr als 1 300 Menschen werden festgenommen und in den »Zuführungspunkten« systematisch misshandelt. Erstmals seit dem 17. Juni 1953 setzt die DDR-Führung sogar das Militär gegen die eigene Bevölkerung ein: Verteidigungsminister Keßler befielt noch in der Nacht zum 5. Oktober »Erhöhte Gefechtsbereitschaft«. Ausgerüstet mit Maschinenpistolen und scharfer Munition stehen 429 Angehörige der Nationalen Volksarmee bereit.[110] Gerüchte gehen um, Ostberlin könne nach polnischem Vorbild das Kriegsrecht verhängen.

Unmittelbar vor dem Staatsjubiläum am 7. Oktober ist die mediale Wirkung katastrophal, die erstrebte »Ventilwirkung« verkehrt sich ins Gegenteil: Ostberlin lässt nicht Dampf ab, sondern erhöht den Druck im Kessel DDR.

Der 8. Oktober

Die bürgerkriegsartigen Dresdner Verhältnisse drohen auf den Rest der DDR überzuspringen. Im direkten Anschluss an die organisierten DDR-Jubelfeiern demonstrieren am 7. Oktober sogar in der sonst so SED-freundlichen Hauptstadt 5 000 Menschen für Reformen, am 8. Oktober sind es noch einmal so viele. Mit großer Brutalität treiben Stasi und VoPo die Demonstranten auseinander und nehmen mehr als 500 Menschen fest. Das Gleiche wiederholt sich am 8. Oktober. Aus Leipzig, Karl-Marx-Stadt, Halle, Erfurt, Plauen und Potsdam meldet das MfS ebenfalls Krawalle.

Erich Honecker reagiert wie üblich: mit Härte. Und seine offizielle Schuldzuweisung für die Ausschreitungen fällt in Schwarz-Weiß-Manier aus: Die Demonstrationen hätten »den Charakter rowdyhafter Zusammenrottungen und gewalttätiger Ausschreitungen, die unsere Bürger in höchstem Maße beunruhigen«, schreibt der SED-Chef am 8. Oktober seinen Bezirksleitern. »Es ist damit zu rechnen, daß es zu weiteren Krawallen kommt. Sie sind von vornherein zu unterbinden.«[111] Parallel dazu versetzt Erich Mielke alle Stasi-Mitarbeiter in »volle Dienstbereitschaft«, wozu auch die Bewaffnung zählt. Die alten Männer in Ostberlin zeigen sich entschlossen, das Aufbegehren gegen ihre Herrschaft endgültig niederzuknüppeln.

In Dresden ist dafür Bereitschaftspolizei aus Halle/Saale auf der Straße. Also alles Beamte, die sich in der Stadt nicht auskennen. Dass sie einen »ortskundigen Führer« brauchen, wird sich als Glücksfall erweisen. Verzichtbar sind zu diesem Zeitpunkt allein Beamte der Terrorabwehr-Diensteinheit IX, die ja »nur« in Bereitschaft stehen. Dort fällt, glücklicherweise, die Wahl auf Detlef Pappermann.

Denn der 31-Jährige, der im Gegensatz zu vielen Genossen kein inoffizieller Mitarbeiter der Staatssicherheit ist, sieht in den Demonstranten und Ausreisewilligen nicht nur »konterrevolutionäre Kräfte«. Er habe wie viele Kollegen in einem »Spannungsfeld« gestanden, so beschreibt er es heute: Zwischen der Pflichterfüllung, die er als Polizist gelobt hat, und dem nicht zu unterdrückenden Aufbegehren der Menschen. »In diesen Tagen eigentlich eine unlösbare Aufgabe.«

Zunächst sieht Pappermann sich in der Pflicht, als Polizist seinen Auftrag zu erfüllen, und der lautet: Demonstrationen auflösen. Am 8. Oktober führt Oberleutnant Pappermann die Hallenser Bereitschaftspolizisten mit ihren Transportwagen den ganzen Tag zu den Einsatzorten in Dresden. Am späten Nachmittag geht es gegen einen weiteren Demonstrationszug zwischen Theaterplatz und Hauptbahnhof. Dort ist Fußgängerzone, für Fahrzeuge unpassierbar, und wie sich zeigt, darum bestens geeignet für ein Katz-und-Maus-Spiel mit der Polizei: »Die Demonstranten hatten ein perfektes Meldesystem. Jedes Mal, wenn diese Hallenser Polizeieinheiten mit ihren Transportwagen am Theaterplatz angekommen waren, dann befanden sich die Demonstranten schon wieder auf dem Weg quer durch die Stadt in Richtung Bahnhof,« erzählt Pappermann mit einer gewissen sportlichen Anerkennung. »Das hieß für uns:

Alle aufsitzen, über den Ring fahren, am Bahnhof ankommen, um festzustellen, dass die Demonstranten einfach umgekehrt und wieder zurückgegangen sind.«

Zwei-, dreimal fahren die Polizisten in ihren »Barkas« hin und her. Dann droht es dunkel zu werden. Pappermann schlägt der Einsatzleitung vor, den Demonstranten eine Falle zu stellen: »Wir schicken einfach die Fahrzeuge leer rum, und dann warten wir hier unten an der Prager Straße, bis die Demonstranten wieder zurückkommen.« Pappermanns Strategie ist erfolgreich: Am frühen Abend gelingt es der Polizei, rund 1 500 Demonstranten auf der Prager Straße einzukesseln. Aus Angst vor erneuten Prügelszenen skandieren die Demonstranten »Keine Gewalt!« und setzen sich auf den Boden. Die mit Helm, Schild und Schlagstock gerüsteten Polizisten bilden eine Kette und stehen den Demonstranten gegenüber. Langsam wird es dunkel. Keine Seite regt sich.

Die Polizisten haben keine Einsatzbefehle für die unvorhergesehene Situation. Detlef Pappermann: »Man hatte keine Konfrontation, man hatte keinen Gegner als solches. Man stand im Prinzip seinem Nachbarn gegenüber.« Die Demonstranten können weder weggehen noch wollen sie eine Eskalation riskieren. Pappermann: »Wir würden vielleicht heute noch stehen, wären da nicht diese beiden Kaplane, der Kaplan Richter und der Kaplan Leuschner, an der Sperrkette aufgetaucht.«

Geburt der »Gruppe der 20«

Ein Glücksfall ist, dass der katholische Kaplan Frank Richter sich an diesem 8. Oktober verpflichtet fühlt, seine Beobachterrolle aufzugeben. Der 29-jährige Geistliche hat in den vorangegangenen Tagen gesehen, wie die Polizei direkt vor »seiner« Hofkirche Demonstranten einkesselt, wahllos Menschen herausjagt und auf die Barkas verlädt. Er hat als Seelsorger jahrelang Ausreisewillige betreut: »Die Menschen, die zu mir kamen, haben gebrochen mit diesem Staat und mit der Art und Weise, wie dieser Staat meinte, ihnen das Leben bestimmen zu dürfen. Man muss sich die Verzweiflung vor Augen halten, in der die Menschen sich befinden, wenn sie mit einem Land und mit einer Heimat, mit einer Familie und mit vielen Freunden brechen und sagen: ›Ich gehe jetzt weg und ich komme nicht wieder.‹«

Richter stört die Zurückhaltung seiner katholischen Kirche im Gegensatz zu den oft oppositionellen evangelischen Gemeinden. An diesem Sonntag folgt er nach der Abendmesse dem Slogan »Schließt euch an, wir brauchen jeden Mann«, den die Demonstranten im Chor rufen. Begleitet von Kaplan Andreas Leuschner schwimmt Richter in dem Menschenpulk mit: »Die riefen ›Gorbi, Gorbi, hilf‹ – das hatte was von einer Allerheiligenlitanei: Gorbatschow als Schutzpatron.«

Auf der Prager Straße kommt es zur Einkesselung: Die Polizisten hämmern auf ihre Schutzschilde, die Demonstranten sind wehrlos ausgeliefert. Dies ist der Moment, zu handeln: Mit Kaplan Leuschner geht Frank Richter auf die Polizeikette zu: »Wir haben einen nach dem anderen gefragt: Wir möchten den Einsatzleiter sprechen.« Die meist jungen Beamten antworten nicht, viele blicken zu Boden. Richter: »Ich wollte schon wieder zurückgehen, in dem Moment kam von hinten ein offenbar höherrangiger Polizist, ein älterer Herr, der mich noch mal fragte: Was wollen Sie?«

Es ist der verantwortliche Offizier, ein Oberstleutnant aus Halle. Kaplan Richter bittet erneut, den Einsatzleiter sprechen zu können, erinnert sich Detlef Pappermann, der in der Nähe steht: »Und dann hat der Oberstleutnant – völlig fremd in Dresden – gemeint, der Verantwortliche, das ist der da vorne. Und zeigte mit dem Finger auf mich.« Detlef Pappermann geht auf Kaplan Richter zu.

Der ist überrascht, einen etwa gleichaltrigen Mann in Zivil anzutreffen: »Der erste Eindruck, den ich hatte: ein junger

Mann mit einem offenen Gesicht. Also, mir begegnete jemand, der will was. Der kann auch was, die anderen hier können ja alle nix. Das war der Eindruck, den ich hatte.«

Die beiden jungen Männer verständigen sich rasch auf ein gemeinsames Ziel: Sie wollen die Konfrontation friedlich beilegen. In ihrer Erinnerung ist strittig, wer welche Idee zuerst hatte. Beide nehmen für sich in Anspruch, die Bildung einer Sprechergruppe von 20 Personen vorgeschlagen zu haben. Für den weiteren Verlauf der bald wirklich friedlichen Revolution ist die Urheberschaft unerheblich.

Kaplan Frank Richter ruft nach seinem Gespräch mit Oberleutnant Pappermann eine Schar von Demonstranten zu sich. Etwa 50 folgen seiner Aufforderung, erinnert er sich. Gemeinsam mit Kaplan Andreas Leuschner wählt er aus ihnen 23 Personen aus. Die Kaplane bemühen sich, einen Querschnitt der Bevölkerung zu treffen: Frauen, Männer, Junge, Alte, verschiedene Berufsgruppen, Arbeiter und Akademiker, vor allem nicht zu viele »Kirchenleute«. Und Kaplan Richter fordert die Demonstranten auf, ihm ihre wichtigsten Anliegen zu benennen. So entsteht »auf der Straße« ein Forderungskatalog, den außer Kaplan Richter auch die örtliche Stasi sofort in ihren Observationsberichten festhält: »Reisefreiheit, Zulassung Neues Forum, Freilassung der politischen Gefangenen, Wahlen mit freier Wahl der Kandidaten und der Programme, inneren Frieden ohne Gewalt, Reform der Presse, Schulreform«.[112]

Detlef Pappermann soll nun versuchen, den Dresdner Oberbürgermeister Wolfgang Berghofer zu einem Gespräch über diese Forderungen zu bewegen. Der SED-Politiker soll dazu die »Gruppe der 20« empfangen. Ein bis dahin beispielloses Vorgehen. Polizeiliche Einsatzrichtlinien dafür gibt es natürlich nicht. Auch Weisungen von oben erhält Pappermann nicht.

Wie so oft in diesen letzten Tagen der DDR sind die früher allgegenwärtigen und alles entscheidenden zentralistischen Hierarchien plötzlich stumm. Die Menschen vor Ort müssen –

ungewohnt für gelernte DDR-Bürger – auf einmal eigene Entscheidungen treffen, und sie tun es mit großer Umsicht. Auch Pappermann, der ja nur »ortskundiger Führer« der Hallenser Hundertschaft ist und keineswegs wirklich der Einsatzleiter, ist das Schweigen der Zentrale gerade recht: »Ich war froh, dass es so war, sonst hätte ich möglicherweise damals anders handeln müssen. Das war ein Glücksumstand.«

Der Volkspolizist und der Kaplan treffen eigenmächtig mit ihrem »gesunden Menschenverstand« die einzig richtige Entscheidung: Sie bringen Demonstranten und Machthaber miteinander ins Gespräch. Für den Polizisten bei genauer Betrachtung eine unverschämte Überschreitung der Kompetenz. »Nach der Nacht, da hab ich mir gedacht: Ach du Schande, wenn du Pech hast, kann das für dich ganz schlecht ausgehen«, weiß Detlef Pappermann noch, aber Angst habe er nicht gehabt. »Wie gesagt: ›Philanthrop‹, ich glaube immer an das Gute im Menschen, auch an das Gute von den Entscheidungsträgern, egal unter welcher Flagge sie nun mal segeln.«[113]

Auch was in der Nacht des 8. Oktober anschließend geschieht, empfindet Pappermann als Bestätigung: »Also, diese Selbstorganisation der Leute, diese gelebte Demokratie. Es hat mich in dem bestärkt, was ich eigentlich immer denke: Edel sei der Mensch, hilfreich und gut.« Noch heute berichtet er davon mit heller Begeisterung: »Die Kaplane sind hingegangen und haben Demokratie in Reinstkultur gemacht. Die Griechen hätten es nicht besser machen können. Innerhalb von zehn Minuten haben die Demonstranten 20 Leute ausgewählt. Es war nichts abgekartet, es war nichts vorbestimmt, es gab keinen Wahlkampf. Es waren 150 nahezu wildfremde Leute, die in der Lage waren, innerhalb von zehn Minuten 20 Leute zu bestimmen.«

Auf Bitten der Demonstranten veranlasst Pappermann, dass die Polizisten die Schilde abstellen und die Visiere hochklappen. Die Lage ist entschärft. Aber noch hat der Oberbürgermeister nichts von sich hören lassen: Alle warten, wie er auf diesen revolutionären Vorschlag reagiert. Währenddessen versucht Kaplan Frank Richter die Menge bei Laune zu halten. Mit einem Polizei-Megaphon hält er Reden und stimmt Lieder an. Denn nach den Zusammenstößen der vorangegangenen Tage ist sein Vertrauen in die Polizei begrenzt: »Mir war ja klar: Die Menschenmenge muss jetzt hierbleiben. Denn unser Schutz ist diese Menschenmenge. Wenn jetzt der Eindruck entsteht, das Werk der Demokratie ist getan und die Massen laufen jetzt brav nach Hause und sagen: ›Jetzt kann ich mal wieder eine Nacht ruhig schlafen‹, was wird dann mit uns?«[114]

Wie begründet seine Sorge ist, beweist die Reaktion des Dresdner Stasi-Chefs Horst Böhm. Als er mitbekommt, dass Richter zur Menge spricht, tobt er hasserfüllt: »Wer hat dem Pfaffen das Megaphon gegeben?« Der Generalmajor möchte immer noch mit aller Kraft gegen die »feindlich-negativen Kräfte« vorgehen. Von Gesprächen hält er gar nichts.

Im Polizeiwagen mit Blaulicht fahren aber schließlich der evangelische Landesbischof Johannes Hempel, Superintendent Christof Ziemer und Oberlandeskirchenrat Hartmut Fritz vor. Sie kommen direkt von Oberbürgermeister Berghofer, wo sie ihrerseits auf Mäßigung gedrungen haben, und verkünden nun, dass die soeben gebildete »Gruppe der 20« am nächsten Tag um 9 Uhr im Rathaus den Oberbürgermeister treffen soll.

Erleichterung macht sich breit auf der Prager Straße. Die Demonstranten sind damit anerkannt, sie gelten nicht mehr als feindliche Konterrevolutionäre. Der Polizeieinsatz wird beendet, die Polizeikette löst sich auf, ebenso die Fronten: Viele Polizisten und Demonstranten kommen miteinander ins Gespräch, der Abend endet in friedlicher Atmosphäre, erinnert sich Oberleutnant Pappermann: »Als hätte man sich gerade so eben mal getroffen, um ein nicht ganz einfaches Problem auf der Straße zu klären. Und das hatte man geklärt, und dann ist man nach Hause gegangen.«[115]

Es ist der Wendepunkt für die Revolution in Dresden und in der DDR. Denn am 9. Oktober setzen sich in Dresden zum ersten Mal SED-Amtsinhaber mit Oppositionellen in einer Großstadt an einen Tisch.[116] Die »Gruppe der 20« legt die Liste der Forderungen vor, die Kaplan Richter tags zuvor eingesammelt hat. Mehrere Gesprächsrunden werden vereinbart. In anderen DDR-Städten werden bald ähnliche »Runde Tische« folgen.

Darin liegt auch die Bedeutung dieser Runde. Inhaltlich kommen die Vertreter der Demonstranten und der Oberbürgermeister sich allerdings nicht im Geringsten näher. Die »Gruppe der 20« lehnt Berghofers Forderung ab, bedingungslos auf weitere Demonstrationen zu verzichten. Und der SED-Oberbürgermeister bekennt sich zwar zu einem »konstruktiven und sachlichen Dialog«, kündigt aber schon mal an: »Jede Demonstration wird entsprechend den gesetzlichen Möglichkeiten mit polizeilichen Mitteln aufgelöst.«[117]

Dementsprechend bereitet Stasi-Chef Horst Böhm alles vor, um erneute »Gruppenbildung sofort zu unterbinden und nicht anwachsen zu lassen«.[118] Stasi-IMs werden am Abend des 9. Oktober rund um jene vier Dresdner Kirchen postiert, in denen die Mitglieder der »Gruppe der 20« über ihr Gespräch mit dem Oberbürgermeister berichten.[119] Böhm rechnet mit einer »Gefährdung der sozialistischen Staats- und Gesellschaftsordnung« durch erneute Demonstrationen und fordert »ausreichend uniformierte Kräfte« an. Doch seine klassenkämpferische Erwartung wird enttäuscht: Die Dresdner Demonstranten sind zufrieden mit den Berichten der »Gruppe der 20«. Es kommt zu keinen weiteren »rowdyhaften Zusammenrottungen«.

Dass das inhaltlich belanglose Treffen mit dem Oberbürgermeister nicht als Fußnote zu einem Fehlschlag in die Geschichte eingeht, sondern als Meilenstein der friedlichen Revolution, findet seine Rechtfertigung in dem »symbolischen Akt«, der damit vollzogen wird: »Erstmals hatten Repräsentanten des Regimes konzediert, dass sie Rede und Antwort zu stehen hatten«, bilanziert der Historiker Walter Süß. »Es war das Wiedererwachen von Volkssouveränität.«[120]

Gleich nach dem Gespräch am 9. Oktober fahren zwei Mitglieder der »Gruppe der 20« nach Leipzig. Dort findet am Abend wieder eine Montagsdemonstration statt. Herbert Wagner: »An diesem Tag wurde in Leipzig an die bewaffneten Organe scharfe Munition ausgeteilt. Die Gruppenvertreter brachten die Kunde in die Messestadt, daß es möglich sei, zu reden und zu verhandeln.«[121] Eine Nachricht, die vielen Menschen vielleicht neue Hoffnung gibt, dass alles doch noch ein glückliches Ende finden könnte, und die zusätzlich zur Teilnahme an der Demonstration motiviert. Denn an diesem 9. Oktober wird schnell klar, dass die Machtfrage im Raum steht: Wer beherrscht die Straßen von Leipzig – die Staatsmacht oder die Demonstranten? Es wird der Tag der Entscheidung für die friedliche Revolution in der DDR.

Glücksfall Nr. 5: Helmut Kohl wird nicht gestürzt

... und nutzt seine »Männerfreundschaften« für die Einheit

Helmut Kohl hat im September 1989 den Tiefpunkt seiner Kanzlerschaft erreicht: Gesundheitlich schwer angeschlagen muss er um sein politisches Überleben kämpfen. Die CDU erleidet seit Monaten dramatische Verluste bei Landtags- und Kommunalwahlen. SPD-Chef Oskar Lafontaine bereitet sich schon auf die Regierungsübernahme vor. Am 10. September 1989 steht Kohls Sturz auf dem CDU-Bundesparteitag bevor, Lothar Späth läuft sich als neuer Kanzler warm. Doch am selben Tag öffnen die Ungarn ihre Grenze für DDR-Bürger, der Eiserne Vorhang ist durchlässig geworden. Ein Glücksfall für Kohl: Als Verkünder der guten Nachricht wendet er die Stimmung unter den CDU-Delegierten. Kohl bleibt im Amt, Widersacher Späth wird abgestraft. Ein Glück für Deutschland: Kohl und sein Vize Genscher genießen seit vielen Jahren Vertrauen im Ausland. Nur sie können die deutsche Einheit gegen die erheblichen Bedenken der europäischen Nachbarn durchsetzen. Kohls »Männerfreundschaft« mit Gorbatschow ermöglicht schließlich Moskaus Zustimmung zur NATO-Mitgliedschaft von ganz Deutschland.

Im Schlafanzug schleppt sich Helmut Kohl in der Nacht zum 8. September 1989 durch den Garten des Bonner Bundeskanzleramtes. Er leidet unerträgliche Schmerzen im Unterleib. »Ich wußte nicht mehr ein noch aus«, erzählt er in seinen Memoiren.[122] An der Einfahrt meldet er sich bei den Wachen des Bundesgrenzschutzes. Im Streifenwagen fahren sie den Kanzler ins St. Johanniter-Krankenhaus. Es ist die Prostata, die dem 59-Jährigen zu schaffen macht. Kohl wendet sich an einen Spezialisten, den Mainzer Prof. Rudolf Hohenfeller. Der will Kohl gleich dabehalten, um die diagnostizierte Geschwulst zu operieren. Kohl lehnt ab. Er befindet sich im Kampf um sein politisches Überleben: Am bevorstehenden Wochenende, am 10. September, beginnt in Bremen der CDU-Parteitag, und eine einflussreiche Gruppe um CDU-Generalsekretär Heiner Geißler, den baden-württembergischen Ministerpräsidenten Lothar Späth und die Bundestagspräsidentin Rita Süssmuth bereitet einen Putsch vor. Am 27. August haben sie über einen Gegenkandidaten beraten.[123] Kohl soll als Parteichef abgewählt werden, was unweigerlich das Ende seiner Kanzlerschaft bedeuten würde. Lothar Späth unternimmt in den Monaten vor dem Parteitag einige Auslandsreisen, fährt auch auf Staatsbesuch in die DDR. Helmut Kohl wertet das in seinen »Erinnerungen« als Schaulaufen seines Kontrahenten: »Der baden-württembergische Ministerpräsident Lothar Späth versuchte sich als kommenden Mann im Bundeskanzleramt international zu profilieren, und Heiner Geißler, der das Amt des CDU-Bundesvorsitzenden anstrebte, versuchte sich als Parteireformer links der politischen Mitte darzustellen.«[124]

Der Politiker Helmut Kohl kann es sich nicht leisten, krank zu sein: Fehlt er auf dem Parteitag, wird dies als Zeichen politischer Schwäche ausgelegt, und es droht seine Abwahl in Abwesenheit. »Niemand hätte mir damals in dieser Situation abgenommen, daß ich wirklich krank war.« Kohl lässt sich starke Schmerzmittel verabreichen und verschiebt die dringende Operation auf die Zeit nach dem Parteitag. Am 10. September gegen Mittag bricht er nach Bremen auf, begleitet von dem Bonner Urologen Prof. Walter Möbius, der hinter den Kulissen des

Parteipräsidiums zur Verfügung steht, falls Kohl akute Beschwerden plagen sollten.

Was in der CDU-Spitze zu diesem Zeitpunkt noch niemand ahnt: In Bremen geht es nicht nur um die Person Helmut Kohls, es geht auch darum, ob die deutsche Einheit in Westbindung friedlich gelingen wird. Die CDU steht vor einer Richtungsentscheidung, deren akute Bedeutung den Beteiligten nicht bewusst ist. Sie glauben, es gehe um wahltaktische Überlegungen, um die Positionierung der von Wahlniederlagen gebeutelten CDU zwischen der damals starken SPD und den aufkommenden Republikanern. Kohls Herausforderer wollen die Union erklärtermaßen politisch nach links schieben, um die Wahlen zu gewinnen. Das betrifft gerade auch die Deutschlandpolitik.

Im Februar 1988 entwirft Heiner Geißler als CDU-Generalsekretär neue Grundsätze für die Außen- und Deutschlandpolitik der Union. Sie sollen auf dem 1988er Parteitag als Leitantrag verabschiedet werden. Geißler versteht sich als Reformer, der auf dem Weg zu einer modernen Volkspartei alten Ballast über Bord wirft. Dabei bricht er ein Tabu: Auf das traditionelle Bekenntnis zur Wiedervereinigung verzichtet er, das Wort »Wiedervereinigung« kommt in seinem Entwurf nicht einmal vor.[125] Stattdessen ist zu lesen, die Lösung der deutschen Frage sei »derzeit nicht möglich«, und wenn es doch mal so weit käme, wäre die »Zustimmung aller Nachbarländer« eine Voraussetzung. Als oberstes außenpolitisches Ziel wird nicht die deutsche Einheit benannt, sondern die Schaffung der »Vereinigten Staaten von Europa«.

Geißlers Entwurf löst einen Aufschrei unter den Konservativen in der Union aus: Bei einer Wiedervereinigung dürften doch nicht »irgendwelche europäischen Kleinstaaten da ein Veto einlegen«, bemängelt Ottfried Hennig, ein CDU-Vertriebenen-Funktionär. Und natürlich sei die Wiedervereinigung schon laut Grundgesetz das oberste außenpolitische Ziel. Helmut Kohl gibt den Kritikern Recht: In einem neuen Entwurf rangiert die Wiedervereinigung wieder als oberstes Politikziel, ohne Einschränkung. Zudem wird ein neuer Parteiausschuss gebildet. Sein Thema: die Deutschlandpolitik. Sein Vorsitzender: Ottfried Hennig. Im April 1989 steigt dieser weiter zum Landesvorsitzenden der CDU in Schleswig-Holstein auf.

Kohls Verhältnis zu seinem Generalsekretär Geißler bleibt dauerhaft beschädigt. Den geplanten Linksruck seines langjährigen Vertrauten will Kohl nicht mitmachen. Geißler wiederum beginnt, gezielt Verbündete für Kohls Sturz zu sammeln. Ende August 1989 ist für Kohl das »Tischtuch zerschnitten«:[126] Er teilt Geißler kühl mit, er wolle ihn auf dem Parteitag im September 1989 nicht mehr als Generalsekretär vorschlagen. Stattdessen benennt Kohl am 22. August den 46-jährigen Hamburger Volker Rühe als seinen Kandidaten für diesen Posten. Als »Rechter« gilt Rühe zwar nicht, aber er ist in der Bundestagsfraktion unter anderem für Deutschlandpolitik zuständig und hat sich für die Beibehaltung des Wiedervereinigungs-Ziels bei gleichzeitiger Westbindung Deutschlands und gegen die Anerkennung der DDR-Staatsbürgerschaft ausgesprochen. Originell ist diese Position überhaupt nicht, sie entspricht exakt der Linie der CDU seit den 70er-Jahren, genauer: seit Helmut Kohl die Partei führt.

Zwischen »Ostpolitik« und Hallstein-Doktrin

Der 43-jährige Helmut Kohl trägt den Spitznamen »der schwarze Riese«, als er 1973 zum Vorsitzenden der CDU gewählt wird. Das spielt nicht nur auf seine gigantischen Körpermaße und seine pechschwarzen Haare an, sondern auch auf seine erwiesene Fähigkeit, einer in langen Regierungsjahren verbrauchten CDU mit behutsamen Reformen neue Kraft einzuflößen. Bewiesen hat er das in seinem Heimatbundesland Rheinland-Pfalz, wo er zu diesem Zeitpunkt seit vier Jahren Ministerpräsident ist – der jüngste Regierungschef, den ein Bundesland bis dahin hatte. Mit einer schlagkräftigen Truppe hat Kohl erst die Landes-CDU, dann die Regierung modernisiert. Kurt Biedenkopf und Heiner Geißler sind seine beiden engsten Vertrauten.

Die CDU kämpft in diesen Jahren nach »68« gegen den damaligen »Genossen Trend«, der die SPD mit scheinbar naturgesetzlicher Automatik bei jeder Wahl stärker werden und bei der berühmten »Willy-Wahl« 1972 sogar die CDU/CSU als stärkste Bundestagsfraktion überflügeln lässt.

Außerdem kämpft die CDU gegen ihr – in vielen Punkten berechtigtes – Image als verstaubte Altherren-Partei, die inhaltlich irgendwo in der Adenauer-Ära stehen geblieben ist. Symbolisch steht dafür unter anderem die Deutschlandpolitik: Die CDU wird identifiziert mit der »Hallstein-Doktrin«, derzufolge die Bundesrepublik der einzige legitime deutsche Staat ist, während die DDR doch nur die sowjetische Besatzungszone sei. Abgeleitet wird das, korrekt, aus dem Grundgesetz von 1949. Außenpolitisch bedeutet es, dass Bonn mit keinem Staat diplomatische Beziehungen pflegt, der die DDR anerkennt.[127] Innenpolitisch bedeutet es, dass Bonn die DDR-Staatsbürgerschaft nicht anerkennt, so dass jeder DDR-Bürger, der es über die Mauer nach Westen schafft, einen bundesdeutschen Pass bekommt. Ganz im Sinne dieser Hallstein-Doktrin schreiben die *Bild*-Zeitung und andere Organe des nationalkonservativen Verlegers Axel Springer »DDR« stets in Anführungszeichen, um die versagte Anerkennung auch typografisch deutlich zu machen.

Die Gegenposition heißt »Neue Ostpolitik« und wird vom späteren SPD-Vorsitzenden und Bundeskanzler Willy Brandt mit seinen Beratern, allen voran Egon Bahr, entwickelt. Sie wollen die faktische Existenz von zwei Staaten wenigstens »realpolitisch« anerkennen und suchen nach Wegen, trotzdem die Einheit der Nation aufrechtzuerhalten. Dazu sollen West- und

Ostdeutsche wieder Kontakte pflegen und einander möglichst oft besuchen dürfen. Auch staatliche Organe und Parteien sollen eine enge Verbindung unterhalten, um das Auseinanderleben der Nation zu verhindern.

»Wandel durch Annäherung« lautete das Motto, das Egon Bahr 1963 bei einem Vortrag über die Möglichkeiten der Wiedervereinigung mit der »Zone« (Zitat Bahr) prägt. Bahr kommt zum Ergebnis, dass die bisherige Wiedervereinigungspolitik gescheitert sei und nun Anstrengungen unternommen werden müssen, um ein völliges Auseinanderleben der geteilten Nation zu verhindern. Diese Überlegungen münden am 17. Dezember 1963 erstmals in praktische Politik: (West-)Berlins Regierender Bürgermeister Willy Brandt unterzeichnet mit der bisher ignorierten DDR ein »Passierscheinabkommen«. Damit wird die Mauer durchlässiger: Schon zu Weihnachten 1963 besuchen 700 000 Westberliner mittels »Passierschein« ihre Verwandten im Ostteil der Stadt. Es ist das erste Loch in der Mauer.

Brandt erweitert seine neue Ostpolitik erst als Außenminister in der Großen Koalition (1966–1969), dann als Bundeskanzler (1969–1974). Innenpolitisch sorgt die Ostpolitik dafür, dass nach den Westberlinern auch Bundesbürger ihre Verwandten im Osten öfter und leichter besuchen können; es kommt zu Kontakten zwischen Sportvereinen, Gewerkschaften, Parteien und zu Städtepartnerschaften. Auch die beiden deutschen Staaten nehmen offiziell Kontakt miteinander auf: nicht über diplomatische »Botschaften«, weil die DDR für die Bundesrepublik immer noch kein Ausland ist, aber über »Ständige Vertretungen«, die praktisch nichts anderes tun. Außenpolitisch ermöglicht die neue Politik 1973 die Aufnahme beider deutscher Staaten in die UNO.

Von der CDU/CSU wird Brandts Ostpolitik anfangs erbittert als Vaterlandsverrat bekämpft. Die zu einer Art Volksabstimmung über die Ostpolitik hochstilisierte »Willy-Wahl« verliert die Union jedoch dramatisch – sie fällt erstmals hinter die SPD zurück. Damit sind die Weichen für einen innerparteilichen Wandel gestellt. Schon Helmut Kohls Vorgänger als Parteivorsitzender, Rainer Barzel, hat das strikte »Nein« der CDU zur Ostpolitik zu einem »So nicht« abgeschwächt. Helmut Kohl geht noch weiter, indem er die Brandt'sche Politik erst als langjähriger Oppositionsführer, ab 1983 als Bundeskanzler vollinhaltlich übernimmt: Auch Kohls Regierung fördert deutsch-deutsche Beziehungen, wo es nur geht. Die Reisetätigkeit erreicht ihren Höhepunkt, stets finanziert von Bonn. Es kommt zu Joint Ventures zwischen bundesdeutschen Unternehmen und volkseigenen Betrieben der DDR. Ausgerechnet der angebliche »Rechtsaußen« der Union, Franz Josef Strauß (CSU), fädelt zwei Milliardenkredite ein, die der praktisch zahlungsunfähigen DDR noch weitere Jahre über die Runden helfen. Und ausgerechnet CDU-Kanzler Helmut Kohl empfängt DDR-Chef Erich Honecker 1987 mit allen protokollarischen Ehren eines Staatsgastes. Die juristisch immer noch versagte Anerkennung des zweiten deutschen Staates ist damit protokollarisch vollzogen. Etwas, was die SPD-Bundeskanzler Brandt und Schmidt nie gewagt haben.

Was Kohls neuer Mann, Volker Rühe, im Sommer 1989 wenige Monate vor dem Mauerfall vertritt, ist für einen CDU-Politiker nichts Aufregendes mehr, obwohl es die Position der klassischen sozialliberalen »Ostpolitik« ist. Trivial ist das zu diesem Zeitpunkt trotzdem nicht. Inzwischen gehen viele Deutschlandpolitiker nämlich noch einen Schritt weiter: Sie denken laut über die offizielle Anerkennung der DDR und damit auch deren Staatsbürgerschaft nach.

Spitzenpolitiker von SPD und Grünen sind die Ersten, die das jahrzehntelange Tabu brechen und eine Deutschlandpolitik anmahnen, die nicht mehr von der Wiedervereinigung ausgeht, sondern von der Tatsache der Teilung. »Realpolitik« nennt man das. Im Juli 1987 fordert die Grünen-Politikerin Waltraud Schoppe auf einem deutschlandpolitischen Kongress der CSU, die DDR anzuerkennen und einen Vertrag über den Abriss der Mauer zu schließen.[128]

Diesen Gedanken schließen sich der spätere Bundeskanzler und der spätere Bundesaußenminister an. Gerhard Schröder, damals SPD-Oppositionsführer in Niedersachsen, verkündet am 11. Mai 1989 im Landtag von Hannover, »das Beschwören einer Wiedervereinigung, gedacht als das einfache Zusammenführen der beiden deutschen Staaten«, sei keine historische Chance: Dafür gebe es »keine Partner, im Osten nicht, im Westen nicht«. Der *Hannoverschen Zeitung* sagt Schröder noch Ende September: »Eine auf Wiedervereinigung gerichtete Politik ist reaktionär und hochgradig gefährlich.«

Joschka Fischer, Fraktionschef der Grünen im Hessischen Landtag, fordert im Juli 1989, das Wiedervereinigungsgebot aus der Präambel des Grundgesetzes zu streichen: In einem Interview der Illustrierten *Bunte* sagt Fischer, die Deutschen hätten die Chance zur Wiedervereinigung nach zwei Weltkriegen selbst verwirkt. Ein wiedervereinigtes Deutschland sei für die Nachbarn in Ost und West, Nord und Süd nicht akzeptabel.[129]

Die SPD-geführten Landesregierungen haben sich bereits aus der Finanzierung der »Zentralen Erfassungsstelle für DDR-Unrecht« in Salzgitter zurückgezogen – auch dies ein symbolischer Akt, der sich gegen die Brandmarkung der DDR als Unrechtsstaat richtet. Und zum 1. August 1989 fällt eine weitere, symbolisch wichtige Bastion: Der Axel-Springer-Verlag verzichtet darauf, die »DDR« stets in Anführungszeichen zu setzen. Selbst die *Bild*-Zeitung erkennt damit die Existenz des anderen deutschen Staates an.

In der DDR, die sich bei ihrer Gründung 1949 ebenso wie die Bundesrepublik nur als »Provisorium« verstand, bis ein gesamtdeutscher Staat gegründet werden kann, ist das Ziel der deutschen Einheit bereits seit den 70er-Jahren gestrichen. Symbolisiert dadurch, dass die DDR-Nationalhymne nicht mehr gesungen werden darf, kommt in ihr doch die Zeile »Deutschland, einig Vaterland« vor.[130]

1989 scheint es nur eine Frage der Zeit zu sein, bis auch im Westen die Wiedervereinigung als politisches Ziel aufgegeben und die Zweistaatlichkeit Deutschlands endgültig anerkannt wird. Ein realistisches Datum für diesen Politikwechsel erscheint den Zeitgenossen die Bundestagswahl 1990 zu sein, für die niemand mehr mit einem Sieg der Kohl-Regierung rechnet. Auch im Nachhinein betrachtet kann man davon ausgehen, dass 1990 eine rotgrüne Regierung mit Kanzler Oskar Lafontaine und Außenminister Joschka Fischer gewählt worden wäre – schließlich hat auch bei der faktischen Bundestagswahl 1990 Rotgrün in den alten Bundesländern die Mehrheit errungen. Und gemessen an den Aussagen bis 1989 steht zu vermuten, dass eine solche rotgrüne Bundesregierung das Ziel der Wiedervereinigung ad acta gelegt und – bei entsprechenden humanitären Gegenleistungen – die Anerkennung der DDR vollzogen hätte. Für DDR-Bürger hätten Besetzungen bundesdeutscher Botschaften als Fluchtweg in den Westen damit ihren Sinn verloren.

Aber auch in der CDU mehren sich Ende der 80er-Jahre die Stimmen, die eine »realistischere« Deutschlandpolitik fordern und dabei nur an Helmut Kohl scheitern. Eng verbunden mit dieser deutschlandpolitischen Grundsatzdebatte sind Zahlen, genauer: Wahlergebnisse. Seit Kohls Kanzlerschaft verliert die CDU fast kontinuierlich Stimmanteile bei Kommunal-, Landtags- und Europawahlen. Schon ist vom »Kanzler-Malus« die Rede. 1989 nehmen die Verluste dramatische Größenordnungen an. Den Reigen eröffnet Berlin: Am 29. Januar 1989 verliert die CDU bei den Wahlen zum Westberliner Abgeordnetenhaus nicht nur 8,7 Prozentpunkte, sondern auch die Macht. Eberhard Diepgen muss als Regierender Bürgermeister einer rotgrünen Koalition von Walter Momper weichen. Die CDU verliert ähnlich deutlich bei den Kommunalwahlen am

12. März in Hessen sowie am 18. Juni in Rheinland-Pfalz, im Saarland und bei den Europawahlen. In der CDU macht sich vor dem September-Parteitag langsam Panik breit. Noch zwei Kommunalwahlen stehen 1989 bevor – in Nordrhein-Westfalen und Baden-Württemberg – und viele Kommunalpolitiker fürchten um ihre Mandate. Sie wollen nicht mehr für »Bonn« abgestraft werden.

Die großen Gewinner bei den Wahlen sind jedes Mal rechtsextreme Parteien: Die »Republikaner« oder, in Hessen, die NPD. Ganz offensichtlich verliert Kohls CDU Stimmen am rechten Rand, gibt Kohl in seinen »Erinnerungen« zu: »Die Hauptursache für die Stimmenverluste waren jedoch die von den Republikanern geschürten Ängste vor Asylanten, Ausländern und – unzulässigerweise damit vermischt – Aussiedlern.«[131] Tatsächlich schürt sogar die wachsende Anzahl von Übersiedlern aus der DDR die Fremdenfeindlichkeit und sorgt für Zulauf bei den Rechtsextremen. Denn die Bundesrepublik gerät an die Grenzen ihrer Aufnahmefähigkeit.

Die Städte und Gemeinden wissen nicht mehr, wo sie die Aus- und Übersiedler unterbringen sollen. Sportunterricht fällt aus, weil die Turnhallen zu Notunterkünften umfunktioniert werden. Vor allem preiswerte Wohnungen werden rar, die Mieten steigen. Betroffen sind neben den Übersiedlern auch kinderreiche Familien, Studenten und Rentner. Die Wohnungsnot gilt als eine der Ursachen für die Wahlerfolge der Rechtsradikalen. Bonn beschließt, die praktisch eingestellte Wohnungsbauförderung wieder zu beleben. Doch bis die Wohnungen fertig sind, dauert es; außerdem gibt es nach Jahren der Flaute auf dem Bausektor nicht mehr genug Arbeitskräfte. Bis zum Ende des Jahres 1989 werden weitere 400 000 Aussiedler aus der Sowjetunion und 300 000 DDR-Übersiedler erwartet. Kohl: »Die Aus- und Umsiedlerproblematik beschäftigte uns im ersten Halbjahr 1989 fast in jeder Kabinettssitzung.«[132]

Just am 9. November 1989 wird Hannovers Oberbürgermeister Herbert Schmalstieg (SPD) ein Ende der Flüchtlingsaufnahme fordern, und auch Bundesinnenminister Wolfgang Schäuble (CDU) wird eben an diesem Tag die DDR-Bürger dazu aufrufen, zu Hause zu bleiben. Deutschlandpolitisch eine völlige Kehrtwende, hatten bundesdeutsche Politiker doch 40 Jahre lang offene Grenzen gefordert. Aber die Stimmung in den westdeutschen Bundesländern droht im Laufe des Jahres 1989 zu kippen.

Kohl will die Wähler der Republikaner »wieder für die Union zurückgewinnen« und er will verhindern, dass sich eine Partei rechts der Union etabliert. Gerade das Thema deutsche Einheit möchte er den Rechten nicht überlassen. Auch die mitgliederstarken Vertriebenenverbände will Kohl nicht als Unionsanhänger verlieren. Dabei riskiert er sogar außenpolitische Kollateralschäden: Auf dem September-Parteitag darf die »Ost- und Mitteldeutsche Vereinigung« Landkarten verteilen, auf denen »Deutschland in den Grenzen von 1937« abgebildet ist, inklusive der »Ostprovinzen des Deutschen Reiches«, die polnisch und sowjetisch »verwaltet« seien – ein klarer Affront gegen Polen und die Sowjetunion. »Der sowjetische Botschafter in Bonn, Juli Kwizinski, berichtete nach Moskau, daß Kohl nichts unternommen habe, um solche Äußerungen zu unterdrücken. Stattdessen habe er erklärt, daß man der ›Verwirklichung dieser Vision‹, in der alle Deutschen ›Freiheit und Einheit‹ genießen könnten, noch nie so nahe gewesen sei. Kohl sei in den Einzelheiten zwar vage geblieben, habe sein Publikum aber darauf hingewiesen, daß man am Beginn eines historischen Prozesses stehe.«[133] Noch nach dem Mauerfall irritiert Kohl das Ausland, indem er eine völkerrechtliche Anerkennung der deutsch-polnischen Oder-Neiße-Grenze ablehnt. Dies könne nur das wiedervereinigte Deutschland tun, verkündet Kohl juristisch-spitzfindig und verweist ansonsten darauf, dass die Bundesrepublik gegen keinen Staat Gebietsansprüche stelle, auch nicht gegen Polen. Ein taktischer Eiertanz, dessen Zweck ist, die unionsnahen Vertriebenen nicht zu Republikanern oder NPD abwandern zu lassen.

Während der Kanzler zumindest verbal den Rechtsparteien das Wasser abzugraben versucht, plädiert Generalsekretär Geißler für das glatte Gegenteil: Er will in der politischen Mitte, Richtung SPD, neue Wähler sammeln und sie nicht durch nationalistische Grundsätze verprellen. Nach der verlorenen hessischen Kommunalwahl, bei der die NPD fast 7 Prozent erhalten hat, kommt es Mitte März zum Streit mit Geißler über die richtige Strategie. Kohl: »Was sich hier abspielte, war nur das Vorspiel für meinen geplanten Sturz.«[134] Er verdächtigt Geißler, seine Ablösung vorzubereiten. Der Kanzler versucht, den gefährlich werdenden Generalsekretär ins Kabinett wegzuloben, und bietet ihm an, Innenminister zu werden. Geißler lehnt ab.[135]

Bei der Europawahl am 18. Juni 1989 geht es bereits um Kohls Kopf. So stellt es der Kanzler in seinen »Erinnerungen« dar. Die CDU verliert wieder acht Prozentpunkte. Nur knapp bleibt sie stärkste Partei vor der SPD. Kohl: »Das war der einzige Grund, meinen Sturz vorübergehend abzublasen.«[136] Er rechnet nun mit der »Kanzlerdämmerung« auf dem September-Parteitag. Zum engeren Verschwörerkreis zählt er Rita Süssmuth, Walther Leisler Kiep, Kurt Biedenkopf, Norbert Blüm sowie den Bundespräsidenten Richard von Weizsäcker: »Am wärmenden offenen Kamin im Bundespräsidialamt war er Ratgeber für diejenigen, denen es um meinen Sturz ging.«[137] Auf seine akute Prostata-Entzündung darf Kohl unter diesen Umständen keine Rücksicht nehmen: »Der Machterhalt hatte nun Priorität.«[138]

Dass Helmut Kohl genau der richtige Mann sein könnte, um mit seinem außenpolitischen Vertrauensvorschuss und seinen deutschlandpolitischen Grundsätzen die deutsche Einheit herbeizuführen, das spielt bis zum 10. September 1989 keine Rolle. Die Reformen im Ostblock lassen zwar gelegentlich auch Überlegungen zur »deutschen Frage« aufkeimen. Aber in der

Bundespolitik steht diese selbst im November 1989 eben nicht »auf der Tagesordnung«, wie eine Veranstaltung der Jungen Union Bayerns behauptet: Genau dort äußert sich der Bundeskanzler sehr zurückhaltend. Die »deutsche Frage« könne nur unter einem europäischen Dach gelöst werden. Kohl mahnt, »Rücksicht auf die Partner« zu nehmen: »Wir haben nicht so viele Freunde, wie wir glauben. Wir sind klug beraten, wenn wir nicht vom deutschen Denken an die Sache herangehen, sondern von den Grundrechten. Die gelten für alle.«[139] Wenn George Bush oder François Mitterrand sich gelegentlich positiv zur deutschen Einheit äußern, wird dies in der Bundesrepublik kaum registriert.[140]

Doch genau am 10. September, dem Tag, an dem der CDU-Parteitag in Bremen beginnt, kommt Bewegung in die Sache. Am Morgen meldet der ungarische Rundfunk, rund 60 000 DDR-Flüchtlinge in Ungarn könnten das Land direkt in Richtung Westen verlassen. Ungarn werde die Grenzen öffnen. Ohne Umweg über die DDR könnten die Ostdeutschen ausreisen. Die Menschen beginnen sofort mit den Vorbereitungen. Die Trabis werden vollgetankt, und im bayerischen Vilshofen baut man schon Zeltstädte auf, um für den Ansturm der DDR-Übersiedler gerüstet zu sein.

Der »Eiserne Vorhang« öffnet sich. Noch steht die Berliner Mauer, doch für die Zeitgenossen wird offensichtlich, dass ein historischer Umbruch bevorsteht. Das ist nicht der ideale Zeitpunkt, um den Kanzler zu wechseln. Der bedrängte Helmut Kohl erfährt nach eigenem Bericht »um die Mittagszeit des 10. September, wenige Stunden vor [s]einer Abreise zum CDU-Bundesparteitag« von der bevorstehenden Grenzöffnung. Für ihn ist das ein Glücksfall, wie er weiß: »Das zeitliche Zusammentreffen dieses Ereignisses mit dem Bremer Parteitag war weder geplant noch beabsichtigt, aber natürlich kam es mir bei der Abwehr des Angriffs der Gruppe um Geißler, Späth und Süssmuth sehr gelegen.«

Taktiker Kohl überlegt sofort, wie ihm dieses Ereignis am besten nützen kann. Der ungarische Außenminister Horn hat vor, die Maßnahme gegen Mitternacht bekannt zu geben. Kohl: »Ich bat die ungarische Seite, das Ereignis bereits um 20 Uhr öffentlich zu machen.«[141] Zu diesem Zeitpunkt wird der Presseabend beim CDU-Parteitag beginnen. Dort will Kohl selbst die Sensation verkünden. Die Ungarn, denen an einem guten Verhältnis zu Bonn gelegen ist, entsprechen Kohls Bitte. Ursprünglich hatten sie vor, schon eine Woche vorher die Grenze zu öffnen – damit wäre der Überraschungscoup für den Parteitag nicht möglich gewesen. Doch ausgerechnet der außenpolitische Sprecher der SPD, Karsten Voigt, hat diesen Termin vereitelt. In vertraulichen Gesprächen in Budapest hatte ein Mitarbeiter des Außenministeriums dem SPD-Politiker von dem Vorhaben berichtet. Voigt hatte nichts Besseres zu tun, als die Nachricht an die Presse zu übermitteln. Die Ungarn mussten dementieren und den Termin verschieben.[142] So verdankt Kohl seine glückliche Rettung einem SPD-Politiker.

Mit »peinigenden Schmerzen« an der Prostata kann er am 10. September den Delegierten die Nachricht von der Grenzöffnung überbringen und mit großer »Genugtuung« festhalten, »daß wir Deutsche zusammengehören und daß der Wille zur Einheit der Nation eben nicht irgendein Wille ist, sondern eine tiefe, auch moralisch bewegende Kraft«.

Am folgenden Tag legt er noch einmal nach: »In diesen Stunden bewegen uns aufwühlende Nachrichten und Bilder aus Ungarn und von der Grenze. Wir erleben die erschöpften und zugleich glücklichen Gesichter von Landsleuten aus der DDR, die am Ziel ihrer Hoffnung ankommen. Ihre Hoffnung war und ist die Bundesrepublik Deutschland, der freie Teil unseres Vaterlandes. (...) Die Bilder aus den Aufnahmelagern hier bei uns zeigen uns viele junge, sympathische, optimistische Gesichter. Liebe Freunde, das sind keine Aussteiger, die es sich in der sozialen Hängematte der Bundesrepublik Deutschland bequem machen wollen. Sie wollen ihr Leben selbst gestalten, frei gestalten, so wie wir das können. Deswegen heißen wir sie besonders herzlich willkommen.« Der Parteitag, der mit Kohls Sturz enden sollte, kippt: »Die 738 Delegierten des Bundesparteitages in der Bremer Stadthalle standen ganz unter dem Eindruck der Ereignisse, die die Welt veränderten.«[143]

Der Putsch ist im Keim erstickt. »Dem Ansinnen, mich als Parteivorsitzenden zu stürzen, war der Boden entzogen.«[144] Am nächsten Tag meldet Kohl vor den Delegierten mit belegter Stimme, nervös blinzelnd und wahrscheinlich auch unter körperlichen Schmerzen seine erneute Kandidatur zum Parteivorsitz und zur Kanzlerkandidatur 1990 an: »Ich will es – und ich denke, Sie auch!«[145]

So läuft der Parteitag nicht auf eine Abwahl Kohls hinaus, sondern auf die Demütigung seines heimlichen Herausforderers Lothar Späth. Das »Cleverle«, das eine offene Gegenkandidatur scheut, erhält nicht einmal mehr einen Sitz im CDU-Präsidium. Leichenblass nimmt er die Niederlage entgegen. Kohl präsidiert auf dem Podium rundum zufrieden: »Ich habe sehr viel lieber Ergebnisse, die ganz klar sind, als dass eine gewisse Verwaschenheit entsteht.«[146] Nach dem Parteitag unterzieht er sich seiner ersten Prostata-Operation. Es ist eine gutartige Geschwulst. Bis zum Ende seiner Kanzlerschaft 1998 werden noch weitere Operationen folgen.

Kohls Männerfreundschaften

Eine laue Sommernacht in Bonn, im Juni 1989. Ein Liebespaar schlendert am Rheinufer entlang. Auf einer angrenzenden Mauer sitzen vier Gestalten. Das Pärchen kommt näher und stutzt. Zwei der Männer sehen aus wie Helmut Kohl und Michail Gorbatschow. Und sie sind es tatsächlich, begleitet von ihren Dolmetschern. »Aufgeschlossen, wie der Generalsekretär nun einmal ist, kam er mit den jungen Leuten ins Gespräch und scherzte mit ihnen. Sie überschütteten ihn mit Komplimenten, was er sehr genoss«, schreibt Kohl in seinen Erinnerungen. Gerade erst ist der sowjetische Führer in der bundesdeutschen Hauptstadt wie ein Volksheld gefeiert und mit »Gorbi, Gorbi«-Rufen empfangen worden. »Es war die ideale Voraussetzung für ein offenes und freundschaftliches Gespräch«, so Kohl.[147] Das erste »richtige«, vertrauensvolle Gespräch, das die beiden Staatsmänner führen. Eine sehr persönliche, schließlich fast intime Unterredung, die den Grundstein legt für eine weitere »Männerfreundschaft« des Kanzlers.

Kohl erzählt von seinen Eltern, vom Dritten Reich, davon, wie sein Bruder am Ende des Krieges gefallen ist. Gorbatschow berichtet von seiner Jugend. Wie deutsche Soldaten im Schwarzerdegebiet einrückten. Von seinem verwundeten Vater, seinem gefallenen Onkel. Es sind solche Gespräche, die Kohl schätzt. Er möchte nicht mit Amtspersonen verhandeln. Er möchte Menschen und ihre Geschichten kennen lernen. Sein Elefantengedächtnis ermöglicht ihm, auch Monate und Jahre später wieder an darin Erfahrenes anzuschließen. Eine Eigenschaft, die dem Gegenüber das Gefühl gibt, ernst genommen, für wichtig erachtet zu werden. Das schafft Vertrauen.

Selten geht Kohl unvorbereitet in derartige Gespräche: Er lässt sich detaillierte Informationen über seine Verhandlungspartner geben. So funktioniert die Methode Kohl: »In den Vorberichten zum Besuch Gorbatschows hatte ich ein Interview mit seiner Mutter im Fernsehen gesehen, das mich sehr beeindruckte. Ich erlaubte mir deshalb, dem Generalsekretär ein Geschenk für seine Mutter mitzugeben. Michail Gorbatschow war von dieser Geste sehr beeindruckt und zeigte sich von dem Geschenk sehr gerührt.«[148]

Kohl und Gorbatschow kommen sich menschlich nahe, während sie auf der Mauer in Bonn den vorbeiströmenden Rhein betrachten. Ein unerwarteter Glücksfall. Denn Gorbatschow ist es, an dessen »Njet« die deutsche Einheit mit Westbindung knapp ein halbes Jahr später hätte scheitern können. Und unerwartet ist die Nähe, weil Kohl zunächst eine schwere Hypothek abzutragen hat: seinen berüchtigten Gorbatschow-Goebbels-Vergleich, den er im Interview mit einem amerikanischen Magazin 1986 angestellt hatte. Das hat Gorbatschow zutiefst gekränkt. In Bonn auf der Mauer ist das bald Geschichte.

In entspannter Atmosphäre überlegen Kohl und Gorbatschow, wie sie die Beziehungen zwischen ihren Staaten weiter verbessern können, und entwerfen in groben Zügen einen »Großen Vertrag«, der alles regelt: Jugendaustausch, Wirtschaftskontakte, Abrüstung. Schließlich kommt Kohl auf ein Pflichtthema zu sprechen: die deutsche Einheit. Die Teilung werde ein Dauerthema bleiben, prophezeit der Kanzler dem Generalsekretär. »Ich fügte allerdings hinzu: Aus dem Vertrag werde nichts Richtiges, solange zwischen uns die Teilung Deutschlands stehe. Sie sei die entscheidende Belastung zwischen unseren beiden Völkern.«[149] Und in Bonn, am Rheinufer, macht Kohl dem Gast aus Moskau auch klar, wie unausweichlich die deutsche Einheit ist: »Aber so sicher, wie der Rhein zum Meer fließt, so sicher wird die deutsche Einheit kommen.«[150]

Geschickt verbindet Kohl außerdem die von den Deutschen erwünschte Einheit mit der Gewährleistung der von Moskau dringend benötigten Devisen: »Am 13. und 14. Juni 1989 nahm die Frage einen breiten Raum ein, wie die Bundesrepublik der desolaten sowjetischen Wirtschaft helfen könne«, erinnert sich Kohl.[151]

Es erweist sich als Glücksfall für Deutschland, dass Helmut Kohl den Parteitag politisch überlebt. Denn um die deutsche Einheit gegen alle äußeren Widerstände durchzusetzen, bedarf es in den folgenden unübersichtlichen Zeiten eines Kanzlers, der vor allem Verlässlichkeit ausstrahlt. Einer, der nicht den

Eindruck erweckt, er wolle oder könne andere über den Tisch ziehen. Einer, mit dem sich auch geheime Absprachen treffen lassen. Genau so jemand ist Helmut Kohl.

Obwohl sehr belesen und hochintelligent, strahlt er kein bisschen Intellektualität aus, sondern pfälzische Gemütlichkeit. Er ist weder »Oberlehrer« wie sein Vorgänger Helmut Schmidt noch ein »Cleverle« wie sein innerparteilicher Beinahe-Herausforderer Lothar Späth. Helmut Kohl wird deshalb chronisch unterschätzt, was einen wichtigen Teil seiner Stärke ausmacht: Man glaubt, vor ihm keine Angst haben zu müssen. Zu Unrecht, wie viele zu spät bemerken.

Als glücklicher Umstand wird sich zudem die zuvor oft belächelte Fähigkeit Kohls erweisen, »Männerfreundschaften« zu pflegen. Das kann in der Tat sogar Händchenhalten mit einschließen, so am 22. September 1984 in Verdun mit François Mitterrand. Es kann gemeinsamen Saunabesuch bedeuten, wie mit seinem Freund Boris Jelzin, oder Heimatausflüge in Strickjacke wie 1990 mit Michail Gorbatschow. Auch Ronald Reagan und George Bush begegnet Kohl mit großer Herzlichkeit, er lädt sie ein zu Pfälzer Saumagen oder in sein Haus in Oggersheim. Eine geradezu private Verbundenheit ist das Ziel: Vertraut machen, um Vertrauen zu schaffen, so könnte Kohls Prinzip lauten. Bei der einzigen Frau unter den Staatsmännern seiner Zeit, Margaret Thatcher, versagt Kohls Praktik allerdings.

Die menschliche Saite zu spielen, ist allerdings nur die eine Hälfte der Methode Kohl. Die andere ist, handfeste Vorteile zu bieten: Innerparteilich und innenpolitisch können das Posten und Ämter sein, außenpolitisch ist es Geld. Gorbatschow erhält eben die benötigten Milliarden. Genauso wie Ungarn, dessen Ministerpräsident Miklos Nemeth am 25. August 1989 – zwei Wochen vor der Öffnung der ungarischen Grenze für DDR-Bürger – zu einem Geheimbesuch nach Deutschland kommt. »Noch heute läuft es mir kalt über den Rücken, wenn ich daran denke«, erinnert sich Kohl.[152]

Außer Hans-Dietrich Genscher, Horst Teltschik und Rudolf Seiters wissen nur noch Kohls engste Getreuen, Eduard Ackermann und Juliane Weber, von dem Geheimtreffen: »Alle waren zu striktem Stillschweigen verdonnert.« Ministerpräsident Nemeth, Außenminister Gyula Horn und Botschafter Horvath werden per Bundesgrenzschutz-Hubschrauber nach Schloss Gymnich bei Bonn geflogen, wo Kohl und Genscher warten. Nach diplomatischem Vorgeplänkel teilen die Ungarn mit, dass sie die zu tausenden campierenden DDR-Deutschen ausreisen lassen wollen. »Mir stiegen die Tränen in die Augen«, erinnert sich Kohl. Und er weiß, wie er seine Dankbarkeit erweisen kann.

Die Ungarn lehnen zwar jede Gegenleistung ab – »Ungarn verkauft keine Menschen« –, aber Kohl gewährt umgehend einen Bundeskredit von 500 Millionen, verspricht die deutsche Hilfe bei der Aufnahme in die Europäische Gemeinschaft und nutzt seine Wirtschaftskontakte. Zur Reduzierung der Auslandsschulden sagt er die Entsendung des Chefs der Deutschen Bank, Alfred Herrhausen, nach Ungarn zu.

Ein Versprechen, das Kohl wie üblich halten kann. Seine Beziehungen zu den wichtigen deutschen Wirtschaftsführern sind exzellent: dank der Methode Kohl. Außerdem verfügt Kohl über eine sehr zweischneidige Eigenschaft: Er legt größten Wert darauf, dass sein Wort gilt. Ob Lebensmittel-Lieferungen in die Sowjetunion oder Kredite für Ungarn – wenn Kohl etwas verspricht, dann hält er es. Mit so jemandem kann man auch sehr vertrauliche Absprachen treffen und darauf bauen, dass diese eingehalten werden.

Seinen Grundsatz, sein Wort stets zu halten, wird Kohl später sogar über das Gesetz stellen, und in der CDU-Parteispendenaffäre die Namen heimlicher Spender nicht nennen, obwohl das Gesetz ihn dazu verpflichtet – ein Gesetz, das seine eigene Regierung geschaffen hat. Das ist die Kehrseite der autonomen, keinem Gesetz unterworfenen Verlässlichkeit. Für die deutsche

Einheit jedoch wird Kohls Verlässlichkeit zur unverzichtbaren Voraussetzung: Von der Anerkennung der deutsch-polnischen Grenze über den Abzug der Roten Armee bis zur Westintegration Deutschlands muss die Bundesregierung den vier Mächten und den Nachbarländern viel Vertrauensvorschuss abverlangen.

Glücksfall Nr. 6: Montagsdemos haben keine Führer

... und können deswegen auch nicht abgesagt werden

Der 9. Oktober ist der »Tag der Entscheidung«. Nach der Parole »die oder wir« bereiten sich Stasi, Volkspolizei, Arbeiter-Kampfgruppen und NVA darauf vor, den Montagsdemonstrationen mit unerbittlicher Härte ein Ende zu bereiten. Doch das Säbelrasseln nutzt nichts: Niemand kann die Montagsdemonstrationen absagen, denn es gibt auch niemanden, der dazu aufruft. »Die Montagsdemonstrationen haben keinen Führer«, sagt ein Teilnehmer von damals. Und so strömen trotz der angedrohten Gewaltmaßnahmen zigtausende DDR-Bürger nach Leipzig, um sich dem »Wir sind das Volk«-Zug anzuschließen. Für die staatlichen Organe sind das zu viele. Auf 50 000 Demonstranten haben sie sich eingestellt, es werden mindestens 70 000. Die Polizisten ziehen sich zurück. Und manche kehren eine Woche später wieder – als Demonstranten. Im Kampf um die Straße hat das Volk gesiegt, der SED-Staat kapituliert. Mithilfe westdeutscher Boulevard-Journalisten ertönt statt »Wir sind das Volk!« bald »Wir sind ein Volk!«: der Ruf nach der Wiedervereinigung.

In voller Kampfmontur, mit Helm, Schild und Schlagstock, steht der 25-jährige Volkspolizist Toralf Dörre in Leipzig vor seinem Gegner: dem Volk. Zehn, 15 Meter trennen ihn von den Montagsdemonstranten. »Also ich hab jetzt richtig gesehen, wie die Demonstranten eine Kette gebildet haben. Und wir haben mit unseren Schilden eine Kette gebildet. Es war nicht mehr viel Platz«, erzählt Toralf Dörre. Es ist der 9. Oktober 1989, zwei Tage nach dem 40-Jahr-Jubiläum der DDR. Die Staatsmacht zeigt sich entschlossen, den Montagsdemonstrationen ein für alle Mal ein Ende zu bereiten. 8 000 Mann stehen dafür bereit: Volkspolizisten, Stasi-Kampfeinheiten, Betriebskampfgruppen, auch 27 Hundertschaften von NVA-Soldaten – eine »Bürgerkriegsarmee«.[153] Viele haben sich im Laufe des Tages in der Leipziger Innenstadt postiert. Gut sichtbar, um auf mögliche Demonstrationsteilnehmer abschreckend zu wirken. »Ich war ab 14 Uhr in der Innenstadt, ich hab damals als Krankenpfleger gearbeitet, in einem Altenpflegeheim«, berichtet Uwe Schwabe, der zu den Organisatoren der den Demonstrationen vorausgehenden Friedensgebete gehört. »Und neben unserem Haus war eine Polizeistation. Und ich hab immer von dem Balkon oben beobachtet, wie die ihre LKWs aufgerüstet haben, mit solchen Schutzschilden. Und da hab ich dann auch gedacht: Na, was wird wohl heute Abend hier losgehen.«[154]

Der Auftrag lautet, erneute »Zusammenrottungen« im Keim zu ersticken. »Sie sind von vornherein zu unterbinden«, heißt es in Honeckers Befehl vom 8. Oktober. Anders als der greise Staatschef wissen die Spitzel von der Staatssicherheit, dass das schwierig werden dürfte, sie kennen die Lage im Land und die Stimmung in oppositionellen Kreisen. Stasi-Chef Erich Mielke beurteilt die Lage in Leipzig daher »als erheblich verschärft« und befiehlt »volle Dienstbereitschaft«. 5 000 SED-Mitglieder und Mitarbeiter staatlicher Einrichtungen werden dazu verdonnert, den Feind »ideologisch und agitatorisch« zu überwältigen. Sollte es dennoch zu einer Demonstration kommen, wollen der Leipziger Volkspolizei-Chef Generalmajor Gerhard Straßenburg und der amtierende SED-Bezirkschef Helmut Hackenberg die Versammlung auseinandertreiben. Die Demonstranten sollen durch Polizeiabsperrungen zum Bahnhof geführt werden.

Dort will man sie einkesseln. »Das Ziel des Einsatzes besteht ... in der dauerhaften Zerschlagung gegnerischer Gruppierungen sowie der Festnahme der Rädelsführer.«[155]

Es ist nichts anderes als die berüchtigte »chinesische Lösung«, die für Leipzig vorgesehen ist. Am 4. Juni 1989 hatten in Peking auf dem Platz des Himmlischen Friedens Studenten für mehr Freiheiten demonstriert. Chinas Kommunisten ließen Soldaten marschieren und Panzer fahren. Es gab Tote, Massenverhaftungen, eine Welle internationaler Proteste – und seither Ruhe im Land. Die DDR-Volkskammer hat den chinesischen Genossen vier Tage später zum Umgang mit konterrevolutionären Kräften gratuliert, später reisen erst Günter Schabowski, dann Egon Krenz nach China und bekunden damit ihre Solidarität.

Seither hängt die Drohung der »chinesischen Lösung« wie ein Damoklesschwert über den oppositionellen Demonstrationen in der DDR. Nachdem es in den Tagen zuvor schon in Berlin und in Dresden zu staatlicher Gewalt gekommen war, rechnen die Leipziger fest damit, nun ihrerseits an der Reihe zu sein. Und die örtlichen Parteikader drohen auch unverhohlen damit, dass der entscheidende Schlag gegen die »Konterrevolution« bevorsteht. Bereits am Freitag veröffentlicht die *Leipziger Volkszeitung* einen Aufruf der »Kampfgruppen-Hundertschaft Hans Geiffert«, unterzeichnet von einem Günter Lutz. Er klagt, »gewissenlose Elemente« planten »staatsfeindliche Provokationen gegen die DDR«, und bekräftigt: »Wir sind bereit und willens, das von uns mit unserer Hände Arbeit Geschaffene wirksam zu schützen, um diese konterrevolutionären Aktionen endgültig und wirksam zu unterbinden. Wenn es sein muß, mit der Waffe in der Hand.«

Der organisierte Aufruf wird in der »Leserbrief«-Spalte abgedruckt, doch er ist weit mehr als das, sagt der Soziologe Bernd Lindner, der zu der Zeit am Leipziger Institut für Jugendforschung tätig ist: »Da war allen klar: Die meinen das ernst. Denn so ein Brief kommt nicht zufällig in die Zeitung bei einer gelenkten Pressearbeit. Das ist einfach gesetzt, dass das dann sozusagen eine Botschaft ist. Das war eine offen ausgesprochene Drohung, die auch als Drohung begriffen wurde.«[156]

Um die Drohung zu unterstreichen, üben die Einsatzkräfte am 8. Oktober schon einmal das Vorgehen bei Massenverhaftungen. Unterstützung erhalten die Leipziger Volkspolizisten von betrieblichen Kampfbrigaden und einer Fallschirmjägerkompanie des 40. Luftsturmregiments aus Lehnin, die vier Tage vorher eintrifft. Das Gerücht, die Krankenhäuser hielten vorsorglich Betten frei und forderten Blutkonserven an, macht die Runde; Belege werden dafür später allerdings nicht gefunden. Parteigenossen sprechen in vielen Betrieben die Empfehlung aus, die Innenstadt am Abend zu meiden. Westlichen Journalisten wird der Zugang nach Leipzig verwehrt.

Toralf Dörre erlebt am 9. Oktober zum ersten Mal einen Polizeieinsatz. Er dient als kasernierter Wehrpflichtiger in der Bereitschaftspolizei, wird aber als ausgebildeter Heizungstechniker zunächst nur in der Heizzentrale eingesetzt. Zwei Wochen noch, dann hat er es hinter sich und kann heim zu seiner schwangeren Frau und dem ersten, schon geborenen Kind. Richtig wohl fühlt er sich nicht unter seinem Schutzhelm: »Ich hab immer gesagt: Stell dir vor, es ist Krieg – und du stehst auf der falschen Seite!«,[157] fasst er seine Gefühle zusammen. Republikflucht über die Mauer oder über westdeutsche Botschaften, das hatte ihn nie interessiert. »Was soll ich denn drüben?« Aber seit die Montagsdemonstranten nicht mehr »Wir wollen raus!« rufen, sondern »Wir bleiben hier!« und schließlich »Wir sind das Volk!«, kann er sich immer mehr mit den Forderungen der Oppositionellen identifizieren: Umgestalten, reformieren – das hält er für eine gute Sache.

Nun ist Toralf Dörre bei der Montagsdemonstration, aber auf der falschen Seite. Wie ihm geht es vielen Einsatzkräften. Dank ihres IM-Netzes weiß die Stasi das. Vor allem Bereitschaftspolizei und Betriebskampfgruppen gelten als unsichere Kantonisten. Am 9. Oktober in Leipzig tritt jeder zweite Kämpfer gar nicht erst an. Viele melden zurück, sie seien nicht bereit, auf ihre Nachbarn und Kollegen einzuprügeln. Aus Angst, auch die Wehrpflichtigen bei der Bereitschaftspolizei könnten fahnenflüchtig werden, hat man Drohungen in Umlauf gebracht, berichtet Toralf Dörre: »Nachdem wir dann absitzen mussten am Bahnhof und formiert worden sind – Schlagstock frei, Visier runter, Schild nach vorne und Abmarsch Richtung Demonstranten – kam dieses Gerücht noch mal schnell rein. Die Offiziere haben jetzt scharfe Munition in ihren Pistolen. Und wenn jemand nach hinten rennt, dann ist das Desertierung, und da wirst du gleich erschossen. Was für mich klar hieß: eine Kugel in den Kopf, also wirklich tot.«[158]

Der SED-Bezirksleitung gelingt es zwar, damit eine staatliche Drohmaschinerie aufzufahren. Aber wie zuverlässig die Einsatzkräfte im Dienste der Partei stehen, bleibt zweifelhaft. Parallel dazu sind die 5 000 »treuen« Genossen aus Partei und Staatsdienst gut positioniert worden. Hunderte haben schon kurz nach Mittag in der Nikolaikirche und den anderen Kirchen Platz genommen – drei Stunden vor Beginn der Friedensgebete. Zuvor haben sie eine kurze Einweisung bekommen, wie man sich in einer Kirche verhält. Für die meisten ist es nämlich das erste Mal. Und so sind es an diesem 9. Oktober vornehmlich Atheisten, die an den Friedensgebeten teilnehmen. Am Charakter des Gottesdienstes ändert das nichts, erlebt Martin Jankowski: »Keinerlei Zwischenrufe, keine Störaktionen, nichts von dem, was wir von ihnen befürchteten, tritt ein. Die Genossen spenden Beifall, manche versuchen sogar, die Kirchenlieder und Kanons mitzusingen.«[159]

Das Vorgehen der SED beweist, wie wenig man trotz aller Stasi-Informationen über die Oppositionellen weiß. Die Parteikader haben den normalen Friedensgebets-Teilnehmern zwar die Plätze im Gotteshaus weggenommen. Aber die meisten kommen sowieso nicht aus religiösen Gründen hierher, sondern wegen der anschließenden Demonstration. Selbst die aktiven Veranstalter der Friedensgebete sind teilweise Atheisten. Dass sie dem Gottesdienst an diesem Tag nicht beiwohnen können, stört sie nicht. Kein Grund nach Hause zu gehen. Die SED erreicht also nur, dass die Demonstranten diesmal früher auf der Straße sind, weil in den Kirchen kein Platz mehr ist. Und als schätzungsweise 2 000 regimetreue Genossen nach Ende der Gebete gegen 18 Uhr aus den Kirchen strömen, vergrößern sie unfreiwillig noch die Masse der Demonstranten. Der amtierende SED-Bezirksleiter Helmut Hackenberg wird später urteilen: »Wir sind in die Kirche gegangen, Genossen, und ich muß sagen: es war falsch, wir saßen drin und die standen draußen.«[160] Wieder einmal bewirkt das SED-Regime das Gegenteil von dem, was beabsichtigt ist.

»Wir wollen raus« bis »Wir sind ein Volk«

Am 13. März 1989 findet die erste »Montagsdemonstration« nach dem Friedensgebet statt: als geplantes Medienereignis. Es ist Leipziger Frühjahrsmesse, viele ausländische Journalisten sind in der Stadt, auch Fernsehteams. Die Medienpräsenz nutzen rund 500 Ausreisewillige, um auf sich aufmerksam zu machen. Ganze Familien mit Kindern ziehen nach dem Friedensgebet von der Nikolaikirche aus durch die Stadt. Sie intonieren Sprechchöre: »Wir wollen raus«, und verteilen Flugblätter an die Journalisten. Darin beklagen sie die »Diskriminierung und Entmündigung von Bürgern sowie die Abdrängung politisch Andersdenkender ins Kriminelle«, außerdem die Bespitzelung durch die Staatssicherheit.

Die Stasi lässt nicht lange auf sich warten: Männer in Zivil versuchen die Demonstranten aufzuhalten. Kameramänner werden angerempelt, Objektive zugehalten. Die Demonstranten haben genau das erwartet: Sie haken sich unter, laufen in einer breiten Kette durch die Straße, damit die sofort herbeispringenden Stasi-Männer sie nicht so leicht isolieren können. Es kommt zu Rempeleien. »Stasi raus« skandieren die Demonstranten. »Ich möchte rüber zu meinem Mann mit meinen Kindern!«, schreit eine Frau in die Fernsehkamera eines ZDF-Teams. »Ich habe lebenslänglich DDR!«, ruft ein Mann. Ein wohl kalkulierter Eklat am Rande der so prestigeträchtigen Frühjahrsmesse, auf der die DDR sich gern als Kulturnation präsentiert.

Die Ausreisewilligen wollen nicht nur Dampf ablassen. Sie wollen gezielt die Genehmigung ihrer Ausreise beschleunigen. Es ist die logische Konsequenz aus dem Vorgehen der Regierung. »Normale« Antragsteller werden schikaniert: durch die Zuweisung von Arbeitsstellen weit unter ihrer Qualifikation, durch Schulverweise der Kinder, durch Rufmord, kurzum durch die ganze Palette der »Zersetzungsmaßnahmen« seitens der Stasi. Bis zur endgültigen Ausreise können Jahre ständiger Demütigungen vergehen. Sobald man dagegen als unbequemer Dissident gilt (wie es zum Beispiel bei Roland Jahn der Fall war) und die Westmedien über einen berichten, zeigt der Staat selbst großes Interesse an der Ausbürgerung. Eine gute Strategie, die Ausreise zu befördern, ist daher, öffentliches Aufsehen zu erregen. Genau das tun die Montagsdemonstranten.

Gelernt haben sie auch, dass sie keine langen Haftstrafen mehr befürchten müssen. Eine ganz neue, zunächst überraschende Erfahrung, berichtet Uwe Schwabe. Er zählt zur oppositionellen Szene in Leipzig, die sich bei den Friedensgebeten trifft. Und er blickt auf eine klassische Dissidentenkarriere zurück: Seit 1984 hat er die Stasi »am Hals«. Ausreisen will er aber nicht: »Für mich war es der größte Traum, den Untergang dieses Staates zu erleben.« Im Januar 1989 bereitet er eine Demonstration vor, zum Jahrestag der Ermordung von Rosa Luxemburg und Karl Liebknecht. In der DDR ein traditionelles

Datum. Die 1919 ermordeten Sozialisten werden von der SED als Märtyrer verehrt. »Wir haben gesagt: Wir machen unsere eigene Gedenkveranstaltung und weisen mal drauf hin, was Rosa Luxemburg und Karl Liebknecht eigentlich damals gefordert haben: Versammlungsfreiheit, Pressefreiheit.«[161]

Ein Affront für die SED-Genossen, denn die Botschaft ist klar: »Ihr bezieht euch hier auf eine Tradition und verletzt die tagtäglich in diesem Land.« Zu der Demonstration kommen 800 Menschen – für Januar 1989 eine bemerkenswert hohe Zahl. Uwe Schwabe ist allerdings nicht dabei. Er sitzt während der Demo bereits in Untersuchungshaft. Als er die Flugblätter für die Demo verteilte, haben ihm auch zwei Stasi-IMs »geholfen«. Für ihn ist klar: »Ok, jetzt geht's zweieinhalb Jahre in den Knast. Das war der Standard.«

Doch es kommt anders: Nach zehn Tagen wird er freigelassen, sogar das Ermittlungsverfahren wird eingestellt. Später erfährt er auch, warum: »Auf dem KSZE-Folgetreffen in Wien haben Genscher und der polnische Außenminister Honecker auf Menschenrechtsverletzung in der DDR angesprochen, speziell auf Festnahmen in Leipzig. Und das war ja für Honecker das Schlimmste, was es gibt; er hat ja nach Anerkennung auf öffentlicher Bühne gelechzt. Und deshalb ist das Verfahren auf Verfügung von Honecker eingestellt worden.«

Uwe Schwabe missversteht das überraschende Ergebnis nicht als gezielten Warnschuss. Er erkennt vielmehr im milden Umgang mit seiner »staatsfeindlichen Hetze« sofort »Kopflosigkeit« der Führung. Er und seine Mitstreiter in Leipzig fühlen sich motivierter denn je: »Wenn die so kopflos sind, kann man ja eigentlich nur sagen: Weiter so!«[162] So entwickeln sich die Leipziger Friedensgebete 1989 zum Kern einer Opposition, die schon wenige Monate später den ganzen morschen Staat zum Kollaps bringt. Und auch diesmal ist es die staatliche Unterdrückung selbst, die wie Dünger zum stetigen Anwachsen des Protestes führt.

Die Anfänge der Friedensgebete liegen nicht in Leipzig, sondern in Dresden, und sie sind mit einem Namen verbunden: Christoph Wonneberger. Er ist evangelischer Pfarrer an der Dresdner Weinbergsgemeinde. Ende der 60er-Jahre hat er schon beim Prager Frühling Flugblätter gegen Stalinismus verteilt, später hat er offen mit der unabhängigen polnischen Gewerkschaft Solidarność sympathisiert. In den 80er-Jahren engagiert er sich in der Friedensbewegung der DDR und gründet in Dresden die »Initiative Sozialer Friedensdienst«, die die Einführung eines Zivildienstes in der DDR fordert. Für Honecker eine schlicht verfassungsfeindliche Forderung, denn böse sind ja nur die Soldaten des Gegners.

Aus Wonnebergers Initiative erwächst ein Netz von Friedensgebeten in der ganzen DDR, auch die Jenaer Friedensgemeinschaft Roland Jahns zählt dazu. Sehr zum Missfallen des Ministeriums für Staatssicherheit, das Pfarrer Wonneberger ab 1981 als »Operativen Vorgang« behandelt: »Provokateur« ist sein Opfername. Missfallen erregt »Provokateur« aber auch bei der Kirchenleitung, die sich in ihrem ausbalancierten Verhältnis zur Staatsmacht gestört fühlt. Wonneberger wird nach Leipzig zur Lukas-Gemeinde versetzt. Dort macht er mit den Friedensgebeten gleich weiter. Immer wieder montags, weil die kirchlichen Mitarbeiter an allen anderen Nachmittagen schon ausgebucht sind. »So bewirken die Dienstpläne der Nikolaigemeinde von 1982, dass im Herbst 1989 die Demonstrationen immer am Montagabend stattfinden«[163] – immer schön am Abend vor den dienstäglichen Politbüro-Sitzungen und immer schön ab 17 Uhr, eine ideale »Feierabendrevolution«.

Im August 1988 entbindet die genervte Kirchenleitung Pfarrer Wonneberger auf Druck der Stasi von der Koordinierung der Friedensgebete und überträgt diese Aufgabe der Nikolaigemeinde. Die unabhängigen »Basisgruppen« junger Leute will man an die Leine legen. Der Personalwechsel führt aber nicht, wie von manchem erhofft, zu braven »Montagsgebeten«, wie sie nun heißen. Im Gegenteil: Sie werden unabhängiger, sind immer weniger »Gebet« und immer mehr Treffpunkt für alle Ausreisewilligen und Oppositionellen. Wieder einmal schießt die Stasi ein Eigentor, resümiert Martin Jankowski: »Mit der Ausgrenzung der Basisgruppen wird unbeabsichtigt ein öffentlichkeitswirksamer Anlaufpunkt geschaffen: Die Aktivisiten erobern im Herbst 1988 den Hof vor der Nikolaikirche als öffentliche Bühne.«[164]

Die Gruppen verlassen die Kirche und gehen auf die Straße, sie verlassen den kleinen Zirkel gläubiger Christen und werden mehrheitsfähig. In der DDR ist ja nur eine kleine Minderheit Mitglied einer Kirche. Uwe Schwabe etwa, der bald zu den Organisatoren der Montagsgebete zählt und später das »Neue Forum« in Leipzig mitbegründet, ist bekennender Atheist: »Die Friedensgebete wurden organisiert und durchgeführt von Gruppen, die es im Umfeld der evangelischen Kirche gegeben hat. Das war nicht Pfarrer Führer, der die Friedensgebete gestaltet hat. Der hat den Raum geöffnet und war Pfarrer dort, der Kirchenvorstand hat's zugelassen. Das darf man nicht vergessen: Es waren wirklich junge Leute, die die Nase einfach voll hatten. Wir haben in einem Land gelebt, wo Leute entschieden haben, was für Bücher ich lesen darf, ob ich studieren darf, in welches Land ich fahren darf. Die Gängelei haben die Leute nicht mehr ertragen.«[165]

In den kirchlichen Friedensgruppen lernen die jungen DDR-Bürger etwas kennen, was ihr Staat ihnen sonst nirgends bietet: eine Atmosphäre offener Auseinandersetzung, sogar demokratischer Verhaltensweisen. Darum werden die – meist evangelischen – Gemeinden zur Keimzelle der Opposition. Nicht etwa, weil alle Oppositionellen besonders religiös gewesen wären.

Stehen die ersten Montagsdemonstrationen noch unter dem Motto »Wir wollen raus«, so heißt es bald: »Wir bleiben hier!« und »Schließt euch an!« Dem Staat gegenüber ist das durchaus als Drohung zu verstehen, denn es bedeutet, dass man die DDR demokratisch verändern will. Am 4. September verstärkt die Staatsmacht den Druck auf die unerwünschte Versammlung: Eine Polizeikette bildet einen Ring um die Nikolaikirche. Es versammeln sich rund tausend Menschen auf dem Vorplatz. Transparente mit der Aufschrift »Für ein offenes Land mit freien Menschen« werden entrollt, auf Plakaten steht »Reisefreiheit statt Massenflucht«. Stasi-Mitarbeiter greifen sofort ein: Brutal entreißen sie den Demonstranten die Transparente und Plakate. Wiederum sind westliche Fernsehteams Zeugen der Aktion – es ist Herbstmesse. Uwe Schwabe: »Ich denke, das hat noch mal einen wahnsinnigen Mobilisierungseffekt gehabt. Auch für Leute, die bisher immer dachten: Na ja, Friedensgebete, das sind alles Ausreißer, die wollen nur das Land verlassen, die wollen abhauen. Und auf einmal haben die gesehen: Nee, da gibt es ganz viele, die sagen: Wir wollen dieses Land reformieren.«[166]

Und noch einmal bewirkt die Stasi-Aktion eine ungewollte Eskalation, denn künftige Demonstranten lernen aus dem Übergriff. Sie verzichten vorerst auf Transparente oder Plakate. Stattdessen beginnen sie, gemeinsam vom Karl-Marx-Platz bis zum Hauptbahnhof zu marschieren, von wo die auswärtigen Demonstranten dann nach Hause fahren. So entwickelt sich der berühmte Protestzug über den Ring.

Seither ist auch Joachim Apitz jeden Montag dabei. Der 56-jährige Druck-Ingenieur stammt aus einem kommunistischen Elternhaus, sein Vater wurde von den Nazis erschossen. Linke Ideale hat er mit der Muttermilch aufgesogen. Dann kommt am 13. August 1961 der Mauerbau: Apitz übt Kritik an der Maßnahme – und wird wegen Staatszersetzung angeklagt. Das entfremdet ihn dem real existierenden Sozialismus. »Ich fühlte mich verletzt in meiner ganz persönlichen Menschenwürde. Selbst wenn ich jeden Tag das *Neue Deutschland* aufgeschlagen habe, fühlte ich mich verletzt, weil man dort aus schwarz weiß und aus weiß schwarz gemacht hat.«

Ans Auswandern denkt Apitz nicht: »Ich bin Leipziger, ich bin Sachse, ich bin Deutscher«, sagt er. Und: »Es können doch nicht 16 Millionen das Land verlassen!« Darum findet er die Montagsdemonstrationen der Ausreisewilligen nicht attraktiv. Seit es aber heißt: »Wir bleiben hier!«, macht Joachim Apitz mit, ebenso seine Frau Karin. Was ihn bis heute fasziniert, ist die hohe Disziplin der Demonstranten. Tausende, zigtausende sind auf den Straßen, aber Chaos bricht nicht aus: »Ohne dass jemand eine Führung übernommen hätte! Das ist nicht zu begreifen.«[167]

Diese fehlende zentrale Planung erweist sich in den Tagen vor dem 9. Oktober als großer Glücksfall für die Montagsdemonstration. Die ganzen Drohgebärden der Staatsmacht zielen darauf ab, eine neue Demonstration zu verhindern. Doch die Drohungen gehen ins Leere, da es niemanden gibt, der die Demonstration absagen könnte; es gibt ja auch niemanden, der dazu einlädt. Die Montagsdemonstrationen haben weder Führer noch Kopf. Sie sind ein Produkt sozialer Selbstorganisation. Es gibt eben keine »Rädelsführer«, nach denen Volkspolizei und Stasi so verzweifelt fahnden.

Es sind die Medien, vor allem die Fernsehsender, die sich im Herbst 1989 nachträglich ein Gesicht zur Personalisierung der Montagsdemonstrationen suchen. Sie finden es zunächst in Pfarrer Christoph Wonneberger, der die Friedensgebete mit gegründet hat. Doch als Wonneberger im Oktober 1989 einen Schlaganfall erleidet, scheidet er krankheitsbedingt als »Gesicht der Montagsdemonstration« aus. So kommt diese Medienrolle von da an in der Regel dem Pfarrer der Nikolaikirche, Christian Führer, zu.

Ungeachtet seiner Verdienste um die Montagsdemonstrationen wäre es aber falsch, Christian Führer als deren Kopf zu betrachten. »Das Besondere an der friedlichen Revolution ist halt gewesen, dass es keine Führerpersönlichkeit gegeben hat«, betont Uwe Schwabe. »Das ist wirklich eine von der breiten

Masse getragene friedliche Revolution gewesen. Wenn das manchmal so verengt wird auf eine Person, die dann immer als die personifizierte friedliche Revolution dargestellt wird, geht das am Kern total vorbei.«[168]

Wichtig ist dieser Unterschied, weil im Herbst 1989 der Erfolg der Montagsdemonstrationen gerade von ihrer Führungslosigkeit abhängt. Alle Versuche des DDR-Regimes, Druck auszuüben, um die Demonstrationen zu beenden, laufen damit ins Leere. Nicht einmal die Stasi weiß, wen man unter Druck setzen soll, damit er die Protestmärsche stoppt. Ganz einfach, weil es niemanden gibt, der das tun könnte.

Der Staat geht darum immer massiver gegen die Demonstranten vor. Bei der Montagsdemonstration am 2. Oktober gelingt es der Volkspolizei, die mehr als 10 000 Demonstranten einzukesseln und aufzureiben. In ihrer Verzweiflung kommt den Montagsdemonstranten ein Ruf in den Sinn, der Geschichte schreiben wird, erinnert sich der Sänger und Schriftsteller Martin Jankowski: »›Wir sind das Volk!‹, hatten wir deshalb der Volkspolizei in dieser Situation erstmals zugerufen – um klarzustellen, dass sie gerade diejenigen bekämpfen, die zu schützen sie dem eigenen Namen nach eigentlich den Auftrag haben – das Volk.«[169]

Der 7. Oktober endet in blutiger Konfrontation. Es ist der Tag des Staatsjubiläums. Ein Volksfest. Viele Geschäfte haben geöffnet, die Leipziger Innenstadt ist voller Menschen. Am Rande der organisierten Feierlichkeiten gibt es allerdings Leute, die in der Höhe der Nikolaikirche Transparente mit oppositionellen Parolen entrollen. Die Polizei schlägt mit aller Härte zu: Wasserwerfer treiben eine Menschenmenge in Richtung Karl-Marx-Platz, wo viele festgenommen und vorübergehend in »Zuführungspunkten« inhaftiert werden.

Doch was als Abschreckung gedacht ist, verkehrt sich ins Gegenteil, wie sich am darauf folgenden Montagabend zeigen wird. Bernd Lindner erinnert sich: »Vollkommen Unbeteiligte,

Familien, Kinder, werden über den Platz gejagt. Und wer so was erlebt hat, der sagte: Nun reicht's! Und so ist bei jedem sozusagen langsam der Grad erreicht worden, wo er sagte: Jetzt gehe ich mit bei der Montagsdemonstration, auch um das Wissen möglicher Gefahr für Leib und Leben. Die DDR hat so immer ihre eigenen Feinde produziert. Das haben die Staatskräfte in ihrer Arroganz der Macht, die sie unfähig für reale Einschätzungen der Lage machte, eigentlich systematisch herbeiorganisiert.«

Die selbstorganisierte Masse erweist sich als schwieriger einzuschüchtern, als einzelne Führer es gewesen wären. Und so versammeln sich am 9. Oktober mehr Menschen auf den Straßen von Leipzig als jemals zuvor. Uwe Schwabe resümiert: »Wenn da 10 000 gekommen wären oder 15 000, denke ich, wär alles nach Plan X gelaufen. Es war Glück, dass viele Leute sich sozusagen überwunden haben, an diesem 9. Oktober in die Stadt zu gehen. Das muss man einfach so sagen.«[170]

Das Wunder von Leipzig

Gegen 16 Uhr hat Joachim Apitz am 9. Oktober 1989 Feierabend. Vom »Institut für polygraphische Maschinen« fährt er acht Stationen mit der Straßenbahn zum Karl-Marx-Platz. Dort ist er mit seiner Frau Karin verabredet: Die beiden wollen auch heute an der Montagsdemonstration teilnehmen. Ihre beiden Söhne, so glauben sie, sind zu Hause: »Wären die dabei gewesen, hätte das unsere Angst noch vervielfacht«, sagt Joachim Apitz. Schon im Institut ist er vor hartem Durchgreifen der Volkspolizei gewarnt worden. Der Betriebsleiter hat alle angewiesen, nach Feierabend nicht in die Leipziger Innenstadt zu gehen. Apitz: »Was ich in meiner Privatzeit mache, müssen Sie schon mir überlassen, habe ich dazu gesagt.«[171]

Die Angst geht mit, als das Ehepaar Apitz und die vielen anderen Menschen an diesem Tag auf die Straßen gehen. Nicht

Wäre Roland Jahn nicht 1983 aus der DDR ausgebürgert worden (im Bild: 1982er Postkarten-Aktion »Halb Hitler/Halb Stalin«), …

… hätte er die DDR-Opposition nicht in die West-Medien bringen können (im Bild: Siegbert Schefke filmt für Jahn den Zerfall der Städte in der DDR).

Hätte 1989 der US-Präsident den Mauerfall als Triumph gefeiert (im Bild: Ronald Reagan am 12. Juni 1987 in Berlin: »Mr Gorbacev, tear down this wall!«), …

… hätte Michail Gorbatschow die DDR nicht in die Einheit und NATO-Mitgliedschaft entlassen (im Bild: Gorbatschow und George Bush beim Gipfeltreffen vor Malta am 2. und 3. Dezember 1989).

Hätte Kaplan Frank Richter (im Bild) am 8. Oktober 1989 nicht zusammen mit Volkspolizist Detlef Pappermann die gewaltsame Auflösung einer Demonstration in Dresden verhindert, …

… hätten sich sehr wahrscheinlich ähnlich gewaltsame Szenen abgespielt wie hier am 4. Oktober 1989 am Dresdner Hauptbahnhof.

Hätten die Leipziger Montagsdemonstrationen irgendeinen Anführer gehabt (im Bild: 25. September 1989), …

… hätten Erich Honecker und Egon Krenz (Bild vom 18. Oktober 1989) diesen einschüchtern und so den Protest beenden können.

Hätte die DDR-Opposition vom Anschluss an die Bundesrepublik geträumt statt von einem reformierten Sozialismus (im Bild: die Demonstration am 4. November 1989 in Ostberlin), …

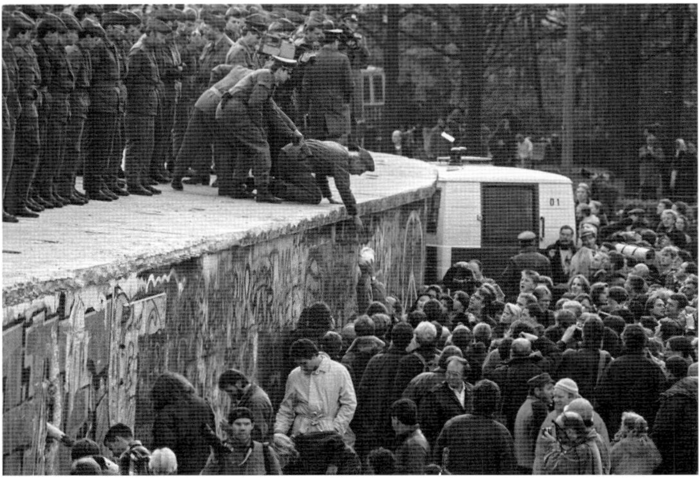

… hätten die bewaffneten Staatsorgane sich der Revolution mit aller Kraft entgegengestellt (im Bild: 11. November 1989 an der Mauer vor dem Brandenburger Tor).

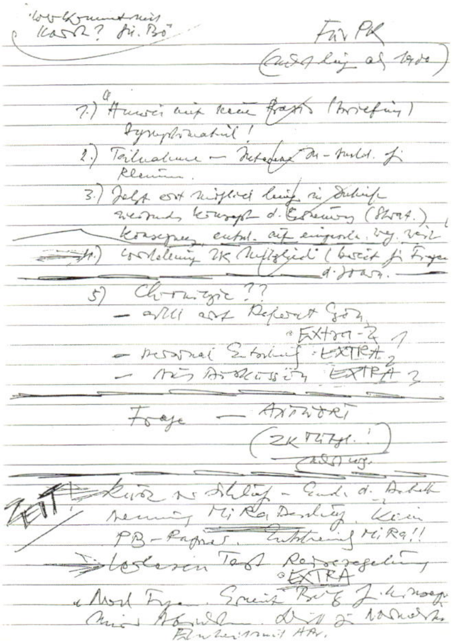

Hätte Günter Schabowski die neue Reiseregelung der DDR etwas genauer studiert (im Bild: Schabowskis handschriftliche Notizen für die Pressekonferenz am 9. November 1989), …

… wäre in der Nacht des 9. November wohl nicht aufgrund einer Falschmeldung die Mauer gefallen (im Bild: Schabowski auf der Pressekonferenz vom 9. November 1989).

Hätte Oberstleutnant Harald Jäger am 9. November 1989 nicht auf eigene Faust die Schlagbäume an der DDR-Grenzübergangsstelle Bornholmer Straße für alle geöffnet, …

SCHEFKE
Name, Geburtsname
SIEGBERT STEFAN
Vornamen
21. FEBRUAR 1959
Geburtsdatum
EBERSWALDE
Geburtsort
LEDIG
Familienstand

Wohnanschrift (Hauptwohnung)
in EBERSWALDE-FINOW
KRS. EBERSWALDE
BIESENTHALER STR. 33
Personenkennzahl
2 1 0 2 5 9 4 0 7 0 1 0
2
s. Seite 7-12

DDR
Bornholmer Straße
006
Unterschrift des Bürgers
Ausgestellt am 13.05.1987
in BERLIN
Gültigkeit **zwanzig Jahre** vom Tage der Ausstellung gerechnet.
Unterschrift
A 1368386
3

… wären alle, die in dieser Nacht die Grenze passierten, durch den Stempel auf ihrem Passfoto klammheimlich ausgebürgert worden.

Wäre Helmut Kohl, der Meister der »Männerfreundschaften«, wie geplant 1989 abgewählt worden (im Bild: Gorbatschow, Kohl, Genscher am 17. Juli 1990 im Kaukasus), …

… wäre der von der *Bild-Zeitung* erfundene (und von der CDU aufgegriffene) Slogan »Wir sind ein Volk« wohl kaum Wirklichkeit geworden.

nur die Angst, geschlagen und interniert zu werden, wie es so vielen Demonstranten an den vorangegangenen Montagen widerfahren ist. Sondern die Angst vor der »chinesischen Lösung«. Die Erwartungshaltung ist: Es wird Tote geben.

Der Karl-Marx-Platz ist schon kurz nach 16 Uhr voller Polizisten und Stasi-Leute. »Die haben Sie immer gleich erkannt in ihren Mänteln«, entsinnt sich Apitz. Jedes dritte Geschäft hat geschlossen – mit unterschiedlichen Begründungen: »Warenanlieferung«, »Umbau«, »Krankheit«. Es ist die Ruhe vor dem Sturm. Obwohl nicht getauft, will Joachim Apitz an einem Friedensgebet teilnehmen. Doch die Kirchen sind alle voll. Auf dem Weg zum Augustusplatz sieht Apitz, wie ein Hausmeister Türen abschließt. Er spricht ihn an: »Nicht doch! Wenn die uns hier gleich jagen, dann müssen wir doch irgendwo in die Hauseingänge rein!« Der Mann antwortet, genau deshalb habe er Anweisung, abzusperren.

Das Ehepaar Apitz geht durch weitere, gespenstisch menschenleere Straßen: »Wir dachten schon, es findet gar nichts statt.« Sie erreichen den Hauptbahnhof, wo Soldaten auf ihren Einsatz warten. Am Augustusplatz endlich treffen Joachim und Karin Apitz auf den Protestzug. Sie reihen sich ein, ganze vorne an der Spitze. »Wir sind so eng gelaufen, dass wir uns während des ganzen Marsches um den Ring ständig auf die Füße getreten sind, weil jeder Mensch den Schutz des anderen, die Nähe des anderen gesucht hatte«, beschreibt Apitz die Situation. »Und mit dieser Angst haben wir dann auch unsere prägnanten Losungen herausgeschrien. ›Keine Gewalt!‹ ›Wir sind das Volk!‹ ›Gorbi, Gorbi!‹ ›Schließt euch an!‹«[172]

Das tagelange Säbelrasseln von Volkspolizei, Kampfgruppen, Fallschirmjägern und Stasi verfängt nicht. Jeder verantwortungsbewusste Demonstrationsführer hätte am 9. Oktober den Protestmarsch abgeblasen. Die 70 000 DDR-Bürger aber wollen sich nicht länger einschüchtern lassen. Sie rechnen mit dem Schlimmsten: Junge Eltern sprechen sich ab, dass nur einer von ihn mitmarschiert, um keine Waisen zu hinterlassen. Zu Hause zu bleiben ist aber 1989 keine Alternative mehr. Honeckers Regime hat es zu weit getrieben.

Alle Weichen stehen auf die gewaltsame Niederschlagung der Demonstration, als sich das »Wunder von Leipzig« ereignet: Es bleibt friedlich.

Von einem »Wunder« sprechen die Menschen direkt danach, weil dieser Ausgang des Abends ihnen unerklärlich vorkommt. »Dass diese Demonstration so friedlich verlaufen ist, ohne eine einzige zerbrochene Scheibe, kann ich nur als ein Wunder deklarieren. Und es hat in der Geschichte der Menschheit, möchte ich sagen, nie so eine derart friedliche Revolution gegeben. Und ich bin darüber sehr stolz, dass ich das miterleben durfte«, sagt Joachim Apitz. Für ihn kommt der entscheidende Moment, als er am Abend des 9. Oktober vom Ring in Richtung Hauptbahnhof schaut: »Und da habe ich gesehen, dass da zigtausende – ich wusste nicht, dass es 70 000 waren –, aber es war eine unbeschreibliche Menge von Menschen, die hinter dieser Spitze des Demonstrationszuges marschierten. Und da habe ich meine Freude rausgeschrien: ›Jetzt können sie uns nur noch mit Bomben vernichten!‹, weil ich wusste: Diese Massen von Menschen sind nicht mehr mit Gewalt zu beherrschen. Und da habe ich gewusst, da tritt eine endgültige Wende ein.« Noch heute betrachtet Apitz diesen Augenblick als einen der schönsten Momente in seinem Leben.

Es muss die bloße Macht der Volksmasse sein, vor der die bewaffneten Truppen kapitulieren. Tatsächlich scheitert auch im Nachhinein jeder andere Versuch, eine Initialzündung dafür zu finden, dass das Regime seine Truppen zurückzieht und die Straße schließlich kampflos den Montagsdemonstranten überlässt. Zwar finden sich auch auf Seiten der SED, der Staatsführung und der Polizei an diesem Tag besonnene Kräfte. Aber wie sich zeigen wird, begleiten ihre Handlungen das Geschehen allenfalls, ursächlich sind sie nicht.

Da ist zum einen die Gruppe der »Leipziger Sechs«, die an diesem 9. Oktober gemeinsam beide Seiten dazu aufruft, friedlich zu bleiben. Ein zu dieser Zeit mutiger Aufruf. Doch dass er Blutvergießen verhindert hat, ist zweifelhaft. Denn dazu kam er zu spät. Erst im Laufe des 9. Oktober kommt diese spontane Initiative zustande. Der Kabarettist Bernd-Lutz Lange verfasst einen Aufruf zu Gewaltlosigkeit und zu Gesprächsbereitschaft, den er von fünf weiteren prominenten Leipzigern unterzeichnen lässt. Um Demonstranten und Einsatzkräfte noch zu erreichen, spricht der beliebte Maestro des Gewandhaus-Orchesters, Kurt Masur, den Text auf Band. Über die Lautsprecher des sogenannten »Stadtfunks« wird sein Aufruf dann in der Innenstadt immer wieder abgespielt, auch im Radio wird er gesendet und in den Friedensgebet-Kirchen verlesen.

Das Bemerkenswerte ist gar nicht der Text selbst. Viel bedeutsamer ist, wer den Aufruf mitunterzeichnet: Neben Masur, Lange und dem Hochschul-Theologen Peter Zimmermann werden auch die drei Namen Dr. Kurt Meyer, Jochen Pommert und Dr. Roland Wötzel verlesen.[173] Und diese damals stadtbekannten Namen lassen die Leipziger aufhorchen: Es sind Mitglieder der SED-Bezirksleitung. Die eigentliche Botschaft lautet also: Nicht alle SED-Genossen befürworten eine chinesische Lösung, die »Front« in der Partei bröckelt! Zusammen mit der Nachricht aus Dresden, dass der dortige SED-Oberbürgermeister am Vormittag die »Gruppe der 20« getroffen hat, signalisieren die »Leipziger Sechs« vor allem Gesprächsbereitschaft der etablierten Kräfte. Der Aufruf nimmt sozusagen die in der *Leipziger Volkszeitung* veröffentliche Drohung der Kampfgruppen wieder zurück.

Vielen Montagsdemonstranten gibt das zusätzliche Hoffnung auf ein gutes Ende. Nur: Als die Botschaft der »Leipziger Sechs« über Lautsprecher ertönt, sind die Demonstranten schon auf den Straßen. Den Mut, sich nicht einschüchtern zu lassen, finden sie auch ohne den Aufruf. Die anderen Adressaten, die

Polizisten, erreicht Masurs Stimme gar nicht erst, erinnert sich Toralf Dörre: »Davon habe ich gar nichts mitbekommen.« Erst sitzen die Polizisten auf dem LKW, von der Außenwelt abgeschnitten, danach haben sie die Helme auf und können keine Lautsprecherdurchsagen hören.

Eine weitere Initiative, das erwartete Blutvergießen abzuwenden, startet Professor Walter Friedrich, der Leiter des Leipziger Instituts für Jugendforschung. Er hat einen guten Kontakt zu Egon Krenz, dem langjährigen Chef der Freien Deutschen Jugend FDJ: Seit 1986 lässt sich dieser regelmäßig Berichte über die Stimmung der Jugend in der DDR vorlegen.

Walter Friedrich zählt wahrscheinlich zu den wenigen außerhalb der Stasi, die über den zerfallenden Rückhalt der SED in der Bevölkerung sehr genau Bescheid wissen. Am 9. Oktober fährt Friedrich frühmorgens nach Berlin. Krenz hat einen Sonderbericht angefordert, erinnert sich Lindner: »Das war ausdrücklich die Forderung: Klartext, kein Schmuh, keine Phrasen. Was ist los, ich muss das wissen.«[174] Die Leipziger Jugendforscher haben den Bericht am Wochenende fertiggestellt. Nun will Friedrich ihn persönlich übergeben. Er übermittelt ihm zusätzlich zum Bericht zwei Botschaften. Zunächst: »Egon, heute Abend darf in Leipzig kein Blut fließen.« Dann nimmt er seinen Mut zusammen und überreicht Krenz eine kurze Denkschrift. Ihr Inhalt: Honecker müsse abgelöst werden. Krenz überfliegt das Papier, bittet Friedrich, zu warten, und verlässt sein Büro. Der Jugendforscher rechnet schon damit, verhaftet und wegen Hochverrats angeklagt zu werden, als Krenz nach einiger Zeit zurückkehrt. Wenn es nach ihm ginge, werde alles friedlich bleiben, sagt Krenz.

Tatsächlich wird Egon Krenz an diesem Abend auch dafür eintreten, dass es in Leipzig nicht zur chinesischen Lösung kommt. Allerdings erst zu einem Zeitpunkt, an dem alles schon gelaufen ist. Krenz selbst berichtet, er habe während Walter Friedrichs Besuch den Innenminister Dickel, NVA-General

Streletz und das Ministerium für Staatssicherheit daran erinnert, dass politische Probleme politisch zu lösen seien, und nicht durch Gewalt. Das, so suggeriert Krenz, hätte genügt: »Sie müssen sich vorstellen, am 9. Oktober waren die staatlichen Strukturen in der DDR noch in Ordnung. Wenn es dort einen Schießbefehl gegeben hätte, hätte ihn niemand anders außer Kraft setzen können als Leute, die in Berlin die Befehlsgewalt hatten. Und alles andere, was darum sozusagen existiert, sind Legenden. Tatsache ist, dass es in Berlin keinen Befehl zur Gewaltanwendung gegeben hat.«[175]

Tatsache ist auch, dass in Leipzig kurz vor 18 Uhr insgesamt 8 000 Polizisten, Kampfgruppenmitglieder und Soldaten mit Schlagstöcken und Wasserwerfern rund 70 000 Demonstranten gegenüberstehen und den Befehl haben, die Demonstration aufzulösen. Die Annahme, das werde ohne Gewaltanwendung erfolgen, nur weil man das im fernen Berlin so beschlossen hat, zeugt von der nahezu vollständigen Realitätsferne, mit der Krenz und seine Genossen die DDR regieren.

Mit der Wirklichkeit konfrontiert sind die Volkspolizisten vor Ort. Die Entscheidung, keine Gewalt anzuwenden und den Schreibtisch-Befehl zur Einkesselung zu verweigern, fällt buchstäblich auf der Straße, wie so oft in dieser Revolution. Die Polizisten sehen sich einer viel größeren Menschenmenge gegenüber, als erwartet worden war. Die bloße Masse lässt keinen Zweifel, dass der Volkspolizei nicht Rowdys gegenüberstehen, sondern das Volk. Und das, so haben es die Polizisten gelernt, sollen sie schützen. Die Befehle aus Ostberlin stürzen sie in einen unauflösbaren Konflikt.

Bei den bisherigen Montagsdemonstrationen ist der Protestzug jedes Mal größer geworden, und er ist auf dem Ring jedes Mal ein Stück weiter gekommen: Am 18. September ziehen 3 000 Demonstranten von der Nikolaikirche bis zum Karl-Marx-Platz. Eine Woche später marschiert ein Teil der 8 000 Demonstranten bereits über den Ring bis zur Fußgängerbrücke an der Reformierten Kirche. Am 2. Oktober sind es 25 000 Demonstranten, die es bis zur Reformierten Kirche schaffen, bis die Polizei die Demonstration auflöst.

Jetzt, am 9. Oktober, will die Volkspolizei verhindern, dass die Demonstranten erneut so weit vordringen: Am Hauptbahnhof soll der Protestzug beendet werden, notfalls mit Gewalt. Auch deshalb, weil im weiteren Verlauf des Leipziger Rings ein besonders sensibles Objekt liegt: die »Runde Ecke«, die Leipziger Zentrale der Staatssicherheit. Wenn die Montagsdemonstranten diesen Punkt erreichen, bedeutet das nicht nur einen symbolischen Sieg. Die Stasi befürchtet auch eine Erstürmung ihrer Leipziger Dependance. Der Hauptbahnhof muss darum zur Endstation des Protestes werden. Neben massivem Personalaufgebot stehen dort sogar gepanzerte Fahrzeuge bereit – auch als einschüchternde Botschaft: Hier kommt keiner vorbei.

Um ihren Triumph über die Montagsdemonstranten live mitzuerleben, versammeln sich die Mächtigen in Ostberlin im Lagezentrum des Innenministeriums. Dort lassen sie sich die Bilder der Observationskameras durchschalten. Sie sehen, wie ihre Truppen bereitstehen, um jeden Demonstrationsversuch aufzulösen. Und sie sehen, wie nach Ende der Friedensgebete kurz nach 18 Uhr plötzlich tausende, nein: zigtausende von Menschen auf den Straßen sind. Mit 35 000 hatte die Einsatzleitung zunächst gerechnet, dann hieß es, es könnten 50 000 werden. Aber es sind noch mehr. Später am Abend gibt die Polizei die Zahl mit 70 000 an.

In der Nähe des Hauptbahnhofs wartet der einfache Bereitschaftspolizist Toralf Dörre auf den Einsatzbefehl. Er fühlt sich selbst eingekesselt zwischen den bewaffneten Offizieren und den tausenden Demonstranten: »Wenn ich nach hinten gehe, werde ich erschossen, wenn ich nach vorne gehe, werde ich totgetreten.« Er rechnet sich nur einen Ausweg aus: »Vorne rein in die Massen, Schutzschild und Helm weghauen und sagen: Hier, schlagt mich nicht, ich gehöre zu Euch! Das war mein Plan.«

Dazu kommt es nicht. Der junge Bereitschaftspolizist hat Glück: »Eben noch Adrenalin auf der höchsten Stufe. Und dann mit einem Mal: Kompanie halt! Kehrt! Aufsitzen! Und dann haben wir angehalten, sind umgekehrt und sind wieder in die LKWs zurück.« Der Befehl zum Rückzug erfolgt gegen 18:30 Uhr.

Eine Viertelstunde vorher hat der Leipziger Polizeichef Gerhard Straßenburg angesichts der überwältigenden Anzahl von Demonstranten DDR-Innenminister Dickel angerufen und ihm vorgeschlagen, den »Befehl zur Selbstverteidigung und zur Rückziehung der Kräfte« zu erteilen. Der Innenminister kann die Lage angesichts der Fernsehbilder nicht ignorieren und stimmt zu. Toralf Dörre und seine Kameraden sitzen noch einige Stunden in Bereitschaft auf dem LKW. Danach geht es zurück in die Kaserne.

Statt der letalen »chinesischen Lösung« erfolgt die finale Kapitulation. An diesem 9. Oktober ziehen die Montagsdemonstranten auf dem Leipziger Ring erstmals bis zur »Runden Ecke«, hinter deren Mauern die Stasi-Mitarbeiter sich verschanzt haben, ihre Erstürmung befürchtend.[176]

Sie haben eben nichts verstanden. Den Charakter der Montagsdemonstration veranschaulicht eine Szene, die Joachim Apitz beobachtet, als der Protestmarsch die »Runde Ecke« erreicht: »Neben mir läuft einer, der anfängt zu rufen: ›Ihr Schweine!‹ Doch er kommt nur bis zu ›Ihr Sch‹ – da hält ihm ein anderer den Mund zu. Das ist symptomatisch! Es ist, wie Pfarrer Führer in einer Ansprache gesagt hat: ›Der liebe Gott ist mitmarschiert!‹«

Die Demonstranten wollen keine Rache an der Stasi üben. Ihr Ziel ist, die Straße, den öffentlichen Raum zu erobern. Als sie unbehelligt an der »Runden Ecke« vorbeilaufen, gleicht dies schon einem Sieg. Am Neuen Rathaus angekommen, gehen viele nach Hause, erinnert sich Joachim Apitz. Er selbst trifft dort zu seiner großen Überraschung Jörg, seinen 22-jährigen Sohn, der eigentlich daheim bleiben sollte. Apitz ist »glücklich«, dass nichts passiert ist – »und innerlich stolz war ich auch, dass er dabei war, da habe ich bei der Erziehung wohl was richtig gemacht«. Später erfährt er, dass auch sein 19-jähriger Sohn Jan mitgelaufen ist. Eine Familie von Montagsdemonstranten. »Es war eine tolle Aufbruchstimmung«, bilanziert Apitz: »Wir haben was bewegt!«[177]

Viele Montagsdemonstranten laufen am 9. Oktober den kompletten Ring ab, einmal um die Innenstadt herum. Manche auch zweimal, dreimal, um den Triumph auszukosten. Ab 19 Uhr gehört die Straße unbestritten der Opposition.

Der versprochene Rückruf von Egon Krenz beim amtierenden SED-Bezirkschef steht zu dieser Zeit noch aus. »Nu brauchen se auch nich anzurufen, nu sind se rum«, soll Helmut Hackenberg resignierend gesagt haben. Erst eine halbe Stunde später, gegen 19:30 Uhr, meldet sich Krenz bei seinem Genossen und billigt den Rückzug, im Nachhinein. Bis 20:30 Uhr löst sich die friedliche Montagsdemonstration auf. Anschließend stehen laut Lagefilm der Volkspolizei noch »300 Personen im Bereich Goethestraße, die mit Angehörigen der dort stationierten Kampfgruppen Diskussionen führen«.[178]

Wir sind EIN Volk

Vom 9. Oktober an fallen die Bastionen des SED-Regimes in der ganzen DDR wie Dominosteine. Ohne nennenswerte Gegenwehr bricht die nunmehr friedliche Revolution sich Bahn. Leipzig gewinnt den Nimbus einer »Heldenstadt«, wie Christoph Hein am 4. November in Berlin formulieren wird. Die Montagsdemonstrationen werden nach dem triumphalen 9. Oktober weiter fortgesetzt. Eine Woche später sind es 120 000 Menschen, die mit viel weniger Angst vor Repressionen den Ring entlangziehen. Dass Staats- und Parteichef Erich Honecker seinem Verteidigungsminister ernsthaft vorgeschlagen hat, an diesem Montag zur Abschreckung ein Panzerregiment durch Leipzig fahren zu lassen, wissen sie nicht. Ab 23. Oktober herrscht montags abends regelrecht Volksfeststimmung auf dem Ring. 200 000 Menschen aus dem ganzen Land sind da, die Teilnahme ist gefahrlos, das Dabeisein nicht mehr Heldentat, sondern fast schon ein gesellschaftliches Muss. Bis zum 6. November wächst die Teilnehmerzahl kontinuierlich auf 500 000 Menschen an – fast so viele wie Leipzig Einwohner hat. Volksfeststimmung kommt auf, gleichzeitig kommt aber auch das Ziel mehr und mehr abhanden. Die Montagsdemonstration verliert an Struktur, »immer mehr Spaß-Transparente tauchen auf: ›Große Reisebanane – Rutschgefahr!‹«[179].

Das neue Ziel kommt von außen, genauer: aus dem Westen: die Bundesrepublik und ihr politisches System, ihre Wirtschaftsordnung, ihre D-Mark. Nach »Wir wollen raus« und »Wir sind das Volk« skandieren die Demonstranten immer häufiger: »Wir sind EIN Volk«. Erfunden wird der Slogan jedoch diesmal nicht auf der Straße, sondern in den Redaktionsstuben des Axel-Springer-Verlages.

Am 10. November, dem Tag nach dem Fall der Berliner Mauer, besprechen zwei führende Journalisten des Springer-Verlags, wie die aktuelle Lage zu bewerten ist: Hans-Hermann Tiedje, Chefredakteur der *Bild*-Zeitung, und Herbert Kremp, Brüssel-Korrespondent der *Welt*. Der promovierte Staatsrechtler Kremp soll für Tiedjes *Bild*-Zeitung eine »Analyse« schreiben. Kremp denkt deutschnational: »Als bei den Montagsdemonstrationen der Ruf erklang ›Wir sind das Volk!‹, war es für mich – bei meinen Auffassungen – selbstverständlich, dass ich sagte, das muss eigentlich heißen ›Wir sind ein Volk.‹«[180] Tiedje greift das auf, macht es zur einprägsamen Schlagzeile: »›Wir sind *das* Volk‹ rufen sie heute – ›Wir sind *ein* Volk‹ rufen sie morgen«, heißt es am 11. November in *Bild*.

Der Slogan wird begierig aufgegriffen. Zunächst aber nicht in Leipzig, sondern in Bonn. Peer Radunski, Geschäftsführer der CDU, brütet nach dem Mauerfall mit seinen Mitarbeitern darüber, wie die CDU nun die Meinungsführerschaft übernehmen kann. Im Konrad-Adenauer-Haus wird vom 11. bis 17. November ein Aktionsplan erarbeitet. Am 16. November, so erzählt Radunski später der Reporterin Vanessa Fischer bei ihrer Suche nach dem Ursprung des Slogans, greifen die Christdemokraten die *Bild*-Zeile auf. »Wir sind ein Volk« – das druckt die CDU nun massenhaft als Plakate und Autoaufkleber. Zunächst ohne Hinweis auf die Partei, erst in zweiter Auflage steht auch »CDU« darauf. Die Kreisverbände bestellen das Material bergeweise: 400 000 Aufkleber gehen ins Land.

Bei der nächsten Montagsdemonstration am 20. November sind die westdeutschen Parteien schon mit Info-Ständen vertreten. Die CDU verteilt ihre Aufkleber. Der Spruch kommt an: »Wir sind ein Volk«, ruft ein Redner von der Tribüne. »Wir sind ein Volk«, rufen die Demonstranten im Wechsel mit »Wir sind das Volk«.

Bei der Montagsdemonstration am 23. Oktober, als noch »Deutschland, einig Vaterland« gerufen wird, ist auch Toralf Dörre wieder dabei. Diesmal nicht als Bereitschaftspolizist mit Schild, Helm und Schlagstock, sondern als Montagsdemonstrant. Seine Wehrpflicht hat er hinter sich. Ihn irritieren die neuen Slogans: »Dass jetzt Deutschland wieder einig wird, dachte ich, das geht jetzt ein bissl zu weit, irgendwie ist jetzt hier ein bissl was verkehrt.«

Den Oppositionellen entgleitet ihre Revolution. Denn Wiedervereinigung, das haben sie nicht im Sinn, sondern eine reformierte, sozialistische DDR. Uwe Schwabe: »Irgendwo hatten wir offenbar die Beziehung zu den Leuten verloren. Wir haben entweder in kirchlichen Einrichtungen gearbeitet oder wir waren Aussteiger, die mit dem Staat Probleme hatten. Wir waren Subkultur. Und deshalb sind wir auch so überrascht gewesen: Für die Leute gab's nur eins, die Wiedervereinigung.«[181] Der Volkskammer-Wahlkampf 1990 gerät damit zur Volksabstimmung: Reform-DDR oder Beitritt zur Bundesrepublik und, wenn ja, auf welche Weise? Die CDU holt sich dafür den Slogan »Wir sind ein Volk« zurück und druckt ihn mit dem Bild ihres Spitzenkandidaten Lothar de Maizière auf die Wahlplakate. Die von der CDU geschmiedete »Allianz für Deutschland« wird die Wahl überraschend klar gewinnen und de Maizière der erste frei gewählte Ministerpräsident der DDR sein – und der letzte.[182]

Glücksfall Nr. 7: DDR-Opposition denkt nicht an Einheit

... und stärkt Hoffnungen auf eine reformierte DDR

Es ist die größte Demonstration in der DDR: Am 4. November 1989 kommen mehr als 500 000 Menschen auf dem Berliner Alexanderplatz zusammen. Sie malen Transparente, singen Protestlieder und ziehen einmal um den »Palast der Republik«. Die Staatsmacht steht in Bereitschaft – aus Furcht, die Demonstranten könnten die Berliner Mauer stürmen. Ein Szenario, für das die Regierung ein gewaltsames Vorgehen einkalkuliert. Doch die Demonstranten denken gar nicht an Westberlin: Eingeladen haben staatstreue Künstler. Das »Neue Forum« stellt die Ordnungskräfte, und auf der Rednerliste finden sich SED-Größen wie Günter Schabowski oder der frühere Stasi-Chef Markus Wolf. Allen gemein ist, dass sie nicht vom Anschluss an die Bundesrepublik träumen, sondern von einem reformierten Sozialismus. Ein Glück für Deutschland: Denn die Hoffnung auf eine erneuerte DDR verringert den Widerstand gegen die Revolution, die am Ende zur Einheit führt.

Schon zu Beginn der größten Demonstration, die Ostberlin bis dahin erlebt hat, macht die »Szene« vom Prenzlauer Berg klar: Sie veranstaltet ihren eigenen Protestzug. Am 4. November treffen die jungen Leute sich am SED-Parteiarchiv an der Wilhelm-Pieck-Straße (heute: Torstraße). Fast alle wohnen im Viertel Prenzlauer Berg. Sie sind aktiv in der Umweltbibliothek, halten an der Gethsemane-Kirche die Mahnwachen für Stasi-Gefangene, geben Untergrund-Zeitungen heraus. Im August haben einige ein verfallendes Haus an der Schönhauser Allee besetzt, mutigerweise direkt neben der dortigen Volkspolizei-Wache. »Autonome« und »Spontis« würde man sie in der Bundesrepublik nennen, hier in der DDR gelten sie als »antisozialistisch« und, was eigentlich dasselbe meint, »asozial«. Mit den »normalen«, angepassten DDR-Bürgern haben sie wenig zu tun. Auch am 4. November hält die »Szene« Abstand und bildet einen eigenen Block: »Wir haben uns ganz bewusst abgetrennt, es waren so 50 bis 100 Meter bis zur normalen Demo«, erzählt Frank Ebert.

Ebert gehört zu den Anführern der Szene – manchmal im buchstäblichen Sinne wie im Oktober bei der spontanen Demonstration gegen die Wahl von Honeckers langjährigem Kronprinzen Egon Krenz zum neuen SED-Chef. Viele Ostberliner haben sich auf dem »Alex« versammelt, um wirkliche Reformen zu fordern. Die traut man den »Krenztruppen« nicht zu. Bevor der Demonstrationszug sich in Bewegung setzt, mischen sich sogenannte »gesellschaftliche Mitarbeiter« unter die Menge. Die unbewaffneten Stasi-Mitarbeiter in Zivil sind rhetorisch geschult. Ihr Auftrag lautet, die Demonstranten »totzudiskutieren«. Fast gelingt es ihnen: Statt zu demonstrieren, bleiben die Menschen auf dem Alexanderplatz stehen und reden. Als die ersten schon ermattet nach Hause gehen, greift Frank Ebert sich eine rote Fahne – »davon hatten wir ja sehr viele in der DDR« – und gibt das Signal zum Aufbruch. Tatsächlich folgen die Menschen seiner roten Fahne – eine Niederlage für die Stasi-Spitzel: »Das hat die richtig geärgert, die waren stinksauer, dass die Demo doch losläuft.« Der Ostberliner Protestzug mit der roten Fahne schafft es auf das Titelbild des *Spiegel*, auch wegen der Symbolik: Die DDR-Opposition entwendet der abgehalfterten SED die Insignien des Sozialismus. Auf der Brücke am »Palast der Republik« beendet die

Stasi die freche Demonstration mit Gewalt. Autos versperren dem Protestzug den Weg. Ebert: »Einer kommt genau auf mich zu und schimpft. ›Dich kenn ich doch, du asoziales Element.‹« Die übliche Masche: Die Stasi will Oppositionelle als arbeitsscheu, faschistisch oder – die wirkungsvollste Zersetzung – als Stasi-Spitzel diskreditieren.

Kaum zwei Wochen sind seither vergangen, doch am 4. November ist die DDR schon ein anderer Staat. Eine Großdemonstration ist mit einem Mal möglich, eine, die nicht von der SED oder ihren Satellitenorganisationen gesteuert wird. Die Stasi beobachtet die Lage, filmt und fotografiert, hält sich aber zurück. Ebenso die Volkspolizei. Für die Ordnung in der Menschenmasse sorgen Mitglieder des »Neue Forums«, erkennbar an Armbinden.

Die neue Offenheit der DDR-Machthaber kennt nur eine Grenze. Und das ist die zum Westen. Bei seinem Antrittsbesuch in Moskau am 1. November erhält Egon Krenz eine Warnung des KGB: Bei der Kundgebung könnte sich eine Gruppe abspalten und durch das Brandenburger Tor nach Westberlin laufen.[183] Dazu Moskaus Vize-Botschafter in Ostberlin, Igor Maximytschew: »Es gibt die Absicht, eine Menschenkette von der Karl-Marx-Allee zum Brandenburger Tor zu bilden. Die Polizei wird dieses Unterfangen unterbinden. Währenddessen bereiten ehemalige DDR-Bürger in Westberlin eine Gegenbewegung in Richtung Mauer vor.«[184] Das DDR-Ministerium für Staatssicherheit formuliert ähnliche Befürchtungen. »Meine Nervosität kann ich nur schwer unterdrücken«, beschreibt Egon Krenz seine Gefühlslage, als sich kurz vor halb zehn der Protestzug in Ostberlin in Bewegung setzt. »Ein organisierter Grenzdurchbruch wäre eine Katastrophe. Für alle Fälle ist eine Telefonverbindung zum Oberkommando der Westgruppe der Sowjetischen Streitkräfte in Wünsdorf und eine zum Chef der Berliner KGB-Vertretung in Berlin-Karlshorst geschaltet worden.« Selbst eine Verbindung nach Moskau, zu Gorbatschow, ist vorbereitet, denn eine Stürmung der Mauer durch die Massen würde auch den Vier-Mächte-Status der geteilten deutschen Hauptstadt berühren.

Zunächst bestätigen die Ostberliner Demonstranten Lenins Spott, selbst bei einer Revolution würden die Deutschen vor der Erstürmung eines Bahnhofs noch Bahnsteigkarten kaufen: Hunderttausende folgen wohlorganisiert einem Transparent mit der Aufschrift »Protestdemonstration«. Sie marschieren vom Alexanderplatz zum Dom, meiden aber »Unter den Linden« mit dem Brandenburger Tor am anderen Ende und biegen vielmehr nach dem »Palast der Republik« brav ab in Richtung Staatsratsgebäude, um anschließend wieder zurück zum »Alex« zu laufen.

Dort ist eine Abschlusskundgebung geplant. Mit ein wenig Musik und vielen, langen Reden. Die Schauspieler Ulrich Mühe und Jan Josef Liefers werden sprechen, die Schriftsteller Christa Wolf, Stefan Heym und Heiner Müller, die Kirchenvertreter Marianne Birthler und Friedrich Schorlemmer, der Rechtsanwalt Gregor Gysi, der Professor Lothar Bisky und viele andere. Außerdem, eben typisch deutsch, sind Repräsentanten jener Staatsmacht vorgesehen, gegen die der Protest sich eigentlich richtet: der Berliner SED-Chef Günter Schabowski und der frühere Geheimdienst-Chef Markus Wolf.

Die Sonne scheint, fast herrscht Volksfeststimmung: Auf den Gehwegen malen die Menschen ihre Transparente, viele zeugen vom berühmten Berliner Humor. »Da war keins dabei, das wir nicht hätten unterschreiben können«, erinnert sich Reinhard Schult vom »Neuen Forum«, das ursprünglich die Idee zu der Demonstration hatte und die Ordner stellt. Doch er erinnert sich auch an die Angst vor einem möglichen Mauerdurchbruch: Zum einen, weil eine Masse von 500 000 Menschen ihre unplanbare Eigendynamik entwickeln kann; zum anderen, weil man in Leipzig und anderen DDR-Städten schon leidvolle Erfahrungen mit verdeckten Stasi-Agenten gesammelt hat. »Es gab ja auch immer so die Angst, dass irgendwelche von der Staatsmacht bezahlten Provokateure drin sind und versuchen würden, zu eskalieren, um einen Vorwand zu kriegen, mit aller Macht zuzuschlagen.«[185]

Die Angst, alle bereits errungenen Reformen wieder zu verlieren, lässt das »Neue Forum« bei den Vorbereitungen zur Demonstration sehr vorsichtig agieren. Man weiß, wie brüchig die Fortschritte im SED-Staat sind. Seit Demonstrationen in Dresden, Leipzig und Berlin selbst blutig niedergeschlagen wurden, sind nur wenige Tage vergangen. Niemand weiß, ob sich in den Machtapparaten nicht doch noch die Hardliner durchsetzen.

Sie könnten nicht nur auf weite Teile der Nationalen Volksarmee, Teile der Volkspolizei und die treuesten Kampfgruppen zurückgreifen, sondern vor allem auf ein selbst für Ostblock-Verhältnisse riesiges Heer an bewaffneten Staatsschützern: »Im Herbst 1989 hat das Ministerium für Staatssicherheit eine Personalstärke von 91 015 hauptamtlichen Mitarbeitern erreicht und damit selbst die Sicherheitsdienste der anderen sozialistischen Staaten, gemessen an der Bevölkerungszahl, bei weitem überflügelt. Auf 1 000 DDR-Bürger kamen ca. 5,5 Mitarbeiter der Staatssicherheit – in der Sowjetunion waren es nur rund 1,8, in der CSSR rund 1,1 Personen.«[186] Die durchweg männlichen Stasi-Mitarbeiter verfügen über eigene Waffen. Ihnen zur Seite stehen noch weitere 175 000 Inoffizielle Mitarbeiter, bei denen man sich allerdings nicht sicher sein kann, auf welche Seite sie sich im Ernstfall schlagen würden.

Zu den SED-treuen Truppen müssen die Oppositionellen außerdem noch die Einheiten der Roten Armee rechnen. Fast 400 000 Soldaten sind im Land stationiert. Die Angst vor einem gewaltsamen Gegenschlag, vor einem zweiten 17. Juni 1953, ist im Herbst 1989 groß. Die Oppositionellen in Berlin registrieren aber auch, dass ihre Mitstreiter in den Provinzen inzwischen mutiger geworden sind. Die Leipziger Montagsdemonstrationen finden überall ihre Nachahmer – nur nicht in der Hauptstadt. Reinhard Schult erzählt: »In den Kreisstädten war immer die halbe Bevölkerung jede Woche um die Rathäuser gelaufen, nur hier gab es lediglich mal sporadische Demonstrationen, aber wir hatten keinen festen Tag.«

Im Republiksprecherrat des »Neuen Forums« und im Berliner Sprecherrat wird man sich einig, dass auch in der Hauptstadt etwas Großes passieren muss. Um möglichst viele Menschen zusammenzutrommeln, beschließt der Republiksprecherrat, nicht selbst zur Demonstration einzuladen. Jutta Seidel schlägt vor, die Berliner Künstler dafür zu gewinnen. Sie erreichen die Bevölkerung weit über die relativ kleine oppositionelle Szene hinaus. Und bei den Künstlern mehren sich in diesen Tagen die kritischen Stimmen. Traditionell sind die Schriftsteller, Schauspieler, Regisseure, Maler und Musiker in der DDR staatsnah: Gerade die großen Namen genießen viele Privilegien im SED-Staat, während kritische Geister ebenso traditionell ausgebürgert oder mit Auftrittsverboten belegt wurden.

Doch die gewaltsame Zerschlagung einer Berliner Demonstration Anfang Oktober hat die Künstlerszene in Aufruhr versetzt. Am 15. Oktober protestiert die Künstlergewerkschaft offiziell gegen die Polizeiübergriffe, was wenige Wochen zuvor schon allein ein revolutionärer Akt gewesen wäre, und nimmt die Anregung auf, zu einer Demonstration am 4. November aufzurufen. Die selbstbewussten Künstler verbitten sich jedoch jede Einmischung politischer Gruppierungen, und dazu zählen sie auch das »Neue Forum«: Die eigentlichen Initiatoren der Großdemonstration dürfen aber immerhin noch die Ordnungskräfte stellen und Friedrich Schorlemmer auf die Rednerliste setzen.

Dank ihres Informanten-Netzwerks erfahren die Berliner Spitzengenossen umgehend von den Demonstrationsplänen – noch bevor die Künstler die Versammlung beantragen. »Als Gewerkschaftsvertrauensleute der Berliner Theater ihr Vorhaben ankündigten, war Honecker noch im Amt. Er hatte angeregt, im Berliner Stadtzentrum eine Bannmeile einzurichten, ähnlich wie sie im Regierungsviertel in Bonn besteht«, berichtet Egon Krenz aus den Beratungen in Ostberlin. Die Bannmeile soll eine Erstürmung der wichtigsten Regierungsgebäude verhindern. Was in westlichen Demokratien längst üblich ist, war in der DDR bisher nicht nötig, da es ja nur vom Staat selbst organisierte »Demonstrationen« gab. Die Bannmeile wird schließlich verworfen, wohl aber werden Polizei- und NVA-Truppen mobilisiert, um einen Mauerdurchbruch am Brandenburger Tor zu verhindern. Ausdrücklich habe er nach seiner Machtübernahme aber den Schießbefehl außer Kraft gesetzt, sagt Egon Krenz: Und diese Befehlslage habe auch am 9. November noch gegolten.

So befürchten am 4. November die Oppositionellen ebenso wie die Machthaber, dass der Demonstrationszug von einer halben Million Menschen zum Brandenburger Tor ziehen könnte. Mit unabsehbaren Folgen.

»Anarchie ist machbar, Herr Nachbar« steht auf dem Transparent, das Frank Ebert und seine Mitstreiter vom Prenzlauer Berg bei der Demo vor sich hertragen. »Vorneweg liefen fünf, sechs Leute, die hatten so ganz große Fahnen, das waren so selbst zusammengenähte schwarz-rote Fahnen, das war so mehr die Farbe der Anarcho-Syndikalisten.« Zwischen ihrem »Block« und dem Hauptfeld der Demonstration sind fast 100 Meter Abstand, als sie den Dom und den Palast der Republik erreichen. Noch ein paar Meter und sie betreten die Spree-Brücke, wo ihre Anti-Krenz-Demonstration zwei Wochen zuvor von der Stasi aufgelöst worden ist. Und noch ein paar hundert Meter weiter endet die Hauptstadt der DDR am Brandenburger Tor: »Das war schon klar, dass da natürlich die Angst besteht und die Gefahr besteht, wirklich bis zum Brandenburger Tor und dann vielleicht doch drei Meter weiterzulaufen.« Volkspolizei ist nicht zu sehen, es gibt keine Absperrung, nur Ordner des »Neuen Forums«. Alle Demonstranten biegen vor der Spree-Brücke links ab. Der Szene-Block aus dem Prenzlauer Berg nicht. Schwarz-rote Fahnen schwenkend halten die jungen Leute Kurs in Richtung »Unter den Linden«. Weit kommen sie nicht. Frank Ebert erinnert sich: »Wie aus dem Nichts kamen Bullen, die die Straße sperren. Jetzt haben sie Angst, dass wir weiter laufen. Wir haben uns den Spaß gemacht, sind wirklich direkt bis zur Nase der Polizisten gelaufen und dort erst abgedreht.«

Ein Spaß, der keine Konsequenzen hat: Die Volkspolizisten behalten die Nerven, es geschieht nichts, was es in MfS-Akten zu notieren lohnt. Aber ebenso eine unbewusste Demonstration dessen, was am 4. November im Erwartungshorizont der Menschen liegt: dass man einfach durch das Brandenburger Tor hindurchgehen kann. Das ist, was die DDR-Machthaber befürchten und mit letzter Kraft zu verhindern trachten. Und das ist, was die Prenzlauer Szenegänger als letzte provozierende Aktion gegen ihren ungeliebten Staat erkennen.

Dabei hat bereits zu diesem Zeitpunkt die berüchtigte Mauer jeglichen Sinn verloren: Denn genau ab dem 4. November 1989 können alle DDR-Bürger gefahrlos in die Bundesrepublik ausreisen. Sie müssen nur einen kleinen Umweg nehmen: Über die CSSR. Die Tschechen öffnen in der Nacht vom 3. auf den 4. November ihre Grenze nach Bayern und lassen DDR-Bürger ungehindert passieren. Das hat sich zwar noch nicht überall herumgesprochen, setzt die Regierung in Ostberlin aber unter Zugzwang: Sie muss entweder alle Grenzen schließen, auch die zu ihren Ostblock-Nachbarn, oder die Westgrenze öffnen. Die letzte Phase der DDR als eigenständiger Staat ist eingeläutet.

Die Hoffnung auf den »dritten Weg«

Nach ihrer kurzen Runde um den Palast der Republik kehren die 500 000 Demonstranten auf den Alexanderplatz zurück. Ein Rednerpult mit Mikrofon steht bereit. 27 Rednerinnen und Redner ebenfalls. Für gelernte DDR-Bürger, die steife Auftritte mit Planapplaus gewohnt sind, ein einschneidendes Erlebnis. Frank Ebert sagt dazu: »Das war schon ein erbauendes Feeling: Schabowski redet und wird ausgebuht. Markus Wolf redet und wird ausgebuht. Das war natürlich was. Man hat sich ja schon gefragt: Was wollen die denn da?« Die alten SED-»Bonzen« können am 4. November nicht überzeugen, ihre Zeit ist vorüber, auch wenn Schabowskis größter Auftritt ja erst noch bevorstehen soll. Und doch symbolisiert ihre Teilnahme an der Kundgebung, dass die alten Eliten nicht ausgegrenzt werden sollen, dass sie mit am künftig runden Tisch sitzen dürfen. Ein neues »Wir«-Gefühl von DDR-Bürgerschaft bahnt sich an. Den größten Applaus bei den 500 000 Demonstranten erntet der Schriftsteller Stefan Heym, der die Stimmung in der ganzen DDR in Worte fasst: »Es ist, als habe einer die Fenster aufgestoßen nach all den Jahren der Stagnation, der geistigen, wirtschaftlichen, politischen, den Jahren von Dumpfheit und Mief und bürokratischer Willkür, von amtlicher Blindheit und Taubheit.«

Der 76-Jährige eignet sich als Sprachrohr, nicht nur, weil er gut formulieren kann, sondern weil er die widersprüchliche Breite der Demonstrationsteilnehmer in eigener Person repräsentiert. Seit 1976 dürfen seine Werke in der DDR nicht mehr erscheinen, genauer: seit Heym gegen die Ausbürgerung Wolf Biermanns protestiert hat. Also veröffentlicht der international renommierte Schriftsteller fortan nur im Westen. Dorthin darf er frei reisen – Heym ist ein extrem privilegierter Dissident –, aber ans Ausreisen denkt er nicht. Denn Heym, der 1953 freiwillig aus dem US-Exil in die DDR übersiedelte, ist und bleibt ein Sozialist. Nach dem Beitritt lässt sich der einstige Dissident sogar für die SED-Nachfolgepartei PDS direkt in den Bundestag wählen, was ihm viele – etwa Helmut Kohl – als puren Opportunismus ankreiden. Doch die Verhältnisse, sie sind nicht so übersichtlich in der DDR-Opposition: Wer gegen den Stalinismus von Honeckers SED kämpft, betrachtet sich noch lange nicht als Gegner des Sozialismus.

Am 4. November 1989 plädiert Dissident Heym leidenschaftlich »für Freiheit und Demokratie und für einen Sozialismus, der des Namens wert ist«. Damit steckt er den Rahmen ab für eine eigentümliche Interessengemeinschaft, die sich bei der Kundgebung auf dem Alexanderplatz manifestiert und die den ausgebürgerten Dissidenten Wolf Biermann staunen lässt: »Es gibt nur zwei Minderheiten, die noch an einem sozialistischen Versuch interessiert sind: die Machthaber von gestern und ihre bevorzugten Opfer von gestern: linke Christen und radikale Linke.«[187] Tatsächlich gibt es ein Ziel, das sowohl die »linken« DDR-Revolutionäre aus der Umwelt- und Friedensbewegung als auch ihre erbitterten Gegner aus dem DDR-Establishment, die treuen SED-Genossen und sogar Stasi-Mitarbeiter, die sich ja ebenfalls als »links« verstehen, gemeinsam vor Augen haben. Sie bilden in teils unfreiwilliger Koalition das letzte Aufgebot von Freunden und Förderern einer selbständigen DDR. Sie alle wollen keine Wiedervereinigung, sondern sie wollen die DDR reformieren.

Dieses Ziel wird nicht zu realisieren sein. Doch das Ringen darum an den Runden Tischen erweist sich als weiterer Glücksfall für die friedliche Revolution, verhindert es doch, dass die bewaffneten letzten Getreuen der DDR sich zu einem Verzweiflungskampf hinreißen lassen. Der menschliche »Preis« für diesen Glücksfall wird sein, dass gerade die Helden der Revolution sich oft bis heute schwertun, das vereinte Deutschland zu akzeptieren. Denn der Beitritt der DDR zur Bundesrepublik ist nicht das Ziel der ostdeutschen Dissidenten: »Eine Wiedervereinigung, bei der wir an die Bundesrepublik angegliedert werden, würde wieder Fremdbestimmung bedeuten. Wir müssen unsere Reformen erst einmal allein machen«, sagt Ulrike Pappe von der neu gegründeten Partei »Demokratie Jetzt« drei Tage vor der Großdemonstration.[188] Auch die neue sozialdemokratische Partei der DDR, die SDP, fordert in ihrem Gründungsaufruf die »Anerkennung der Zweistaatlichkeit Deutschlands«.[189] Ebenso wenig Zweifel lässt der Aufruf zur Kundgebung am 4. November 1989 aufkommen: Missstände müssten beseitigt werden im Sinne einer »Entwicklung der sozialistischen Demokratie«.

Dass die breite Mehrheit der Bevölkerung kein Interesse mehr an weiteren sozialistischen Experimenten hat, wird tatsächlich erst bei der Volkskammerwahl 1990 offenbar, als die CDU-nahe »Allianz für Deutschland« überraschend die Wahl gewinnt und die Weichen für den Beitritt zur Bundesrepublik gestellt werden.

Im Nachhinein lässt sich leicht erklären, wieso viele oppositionelle Gruppen von den Wünschen der Bevölkerungsmehrheit nahezu ebenso wenig Ahnung haben wie die SED-Machthaber: Die Opposition wächst vorwiegend in evangelischen Gemeinden heran; es sind politisch engagierte Menschen aus einem intellektuellen Milieu, sie sind an Umweltschutz, Pazifismus und weltweiten Menschenrechten interessiert und nicht an der deutschen Nation oder an neuen Automodellen oder Weltreisen. »Wir wollten eine emanzipatorische Gesellschaft«, beschreibt »Neues Forum«-Mitbegründer Reinhard Schult die Ziele: »Das Thema war diese Erstarrung des Landes, diese Beengung der Bürokratie, die Militarisierung. Das Reisethema war vielleicht das fünfte, sechste, siebte Thema. Klar hatte man gesagt, es muss ein Reisegesetz her, das war in der Diskussion, dass die Leute reisen können. Auch die Opposition konnte ja noch nicht mal in den Osten reisen. Ich bin ja immer rausgeholt worden, wenn ich in die Tschechei fahren wollte, da haben die gesagt: Herr Schult, ihre Ausreise aus der DDR ist nicht erwünscht.« Die vergleichbaren Kreise in Westdeutschland zählen zur linken »rotgrünen« Wählerschicht der »Postmaterialisten«, die sich am oberflächlichen Konsum-Materialismus der Marktwirtschaft stören. Die ständige Überwachung durch die Stasi bewirkt eine zusätzliche Abschottung, so dass die DDR-Oppositionellen sich notgedrungen in einer Subkultur verschanzen, die den Kontakt mit der »Masse« immer mehr verliert.

Nur während der »Wendezeit« im Sommer und Herbst 1989 gelingt es den Oppositionellen, genau das zu artikulieren, was die DDR-Bürger mehrheitlich empfinden: dass sie zu stark gegängelt werden, dass sie selbst entscheiden wollen, was für sie gut ist. Entscheidenden Anteil daran hat das Buch »Der vormundschaftliche Staat: Vom Versagen des real existierenden Sozialismus« von Rolf Henrich, das im April 1989 im bundesdeutschen Rowohlt-Verlag erscheint und in der DDR von Hand zu Hand weitergereicht wird. Für ein paar Monate wird Henrich zum »Star« der Opposition: Tausende strömen herbei, wenn er in Kirchen aus seinem Buch vorträgt und dazu aufruft, beim »Neuen Forum« aktiv zu werden. Für eine kurze Zeit hat die DDR-Opposition, was viele im Rückblick vermissen und für das Scheitern eines »Dritten Weges« verantwortlich machen: einen Kopf und eine Stimme – einen Anführer.

Rolf Henrich: Der populäre Vordenker

Jenseits des Gartenzauns, eine Spatenlänge von einer Birke entfernt, und dann nochmals eine Spatenlänge tief im Waldboden hat Rolf Henrich ein Loch gegraben. Es ist Silvester 1987. Alle feiern, auch Stasi-Agenten. Ein guter Moment für konspiratives Handeln. Rechtsanwalt Henrich rollt einen Stapel eng beschriebenes Durchschlagpapier in ein Gurkenglas, verschließt das Glas, legt es in das Loch und schaufelt wieder Erde drüber. Ein sicherer Platz für die Kopie seines Buchmanuskripts, hofft Henrich: »Meine größte Befürchtung war, dass mir das Manuskript weggenommen wird, bevor ich die Sache bei einem Verlag im Westen hatte. Deswegen diese ganze Geheimnistuerei.« Das Versteck ist gut gewählt. Erst zwölf Jahre später wird das Manuskript ausgegraben, für Fernsehaufnahmen. Da ist die DDR schon längst Geschichte. Und einer ihrer wichtigsten Totengräber ist Rolf Henrich.

Das Original seines Manuskripts hat er nach Reinbek bei Hamburg geschickt, an den westdeutschen Rowohlt-Verlag, der – nach für Henrichs Empfinden unendlich langer Prüfung – im Frühjahr 1989 »Der vormundschaftliche Staat« veröffentlicht. Die Zeit der Geheimnistuerei ist vorbei. Die Zeit zerstochener Autoreifen und der Verfolgung durch Stasi-Agenten beginnt. Angst hat Henrich nicht. Wie andere Dissidenten weiß er: »In dem Augenblick, wo Öffentlichkeit hergestellt war, habe ich einen gewissen Schutz genossen.«[190]

Äußerlich betrachtet gehört der 45-jährige Rolf Henrich zu den etablierten Kreisen: Er ist SED-Mitglied, war auf der Parteischule und arbeitet als Rechtsanwalt in Eisenhüttenstadt – wie heute auch wieder. Finanziell geht es ihm bestens. Zum inneren Bruch mit den Einheitssozialisten kommt es aber bereits 1977, als der Philosoph Rudolf Bahro wegen »Geheimnisverrats« verurteilt wird. Bahro hat zuvor im westdeutschen *Spiegel* sein Buch »Die Alternative: Zur Kritik des real existierenden Sozialismus« veröffentlicht. Bahro geht für seinen Aufruf in der DDR ins Gefängnis, 1979 wird er in die Bundesrepublik abgeschoben, wo der Ökosozialist zu den Mitbegründern der Grünen zählt. Bis zu seinem Tod 1997 gilt er als Symbolfigur für das Bemühen um einen besseren Sozialismus, auch wenn er zuletzt in immer esoterischere Gefilde abdriftet. Für Henrich, der von metaphysischen Anwandlungen gleichfalls nicht frei ist, wird Bahro zum Vorbild. »Bahro hat ein Muster vorgegeben im Hinblick auf die eigentliche Aktion eines solchen Buches«, sagt

Henrich. »Das ist ja nicht eine soziologische Studie aus einer akademischen Haltung gewesen. Das war ja zugleich ein Aufruf.«[191]Anders als sein Vorbild muss Rolf Henrich für sein Buch nicht ins Gefängnis. Dabei übt er nicht nur »Kritik« am real existierenden Sozialismus, wie Bahro, sondern stellt dessen endgültiges »Versagen« fest. Voller Spott beschreibt Henrich die öffentlichen Auftritte des Diktators Honecker: dunkle Limousine, Leibwächter, Kinderküsse für die Kameras. Mit viel Marx-Kenntnissen und noch mehr Schärfe analysiert er, wie die DDR ihre Bürger behandelt: »Der Status des Menschen im Sozialismus, wie er sich zwischen Oder und Elbe herausgebildet hat, ist genau noch der eines Mündels!«[192] Längst schon gälten »rüdeste polizeiliche Ordnungsvorstellungen und eine sklavische Arbeitsdisziplin«,[193] das politische System der DDR sei nur »gewaltsam« aufrechtzuerhalten. Mit den propagierten Idealen habe das alles nichts mehr zu tun: »Hindert die Staatsgewalt den Bevormundeten daran, mündig zu werden und selbstbestimmt zu leben, wird sie reaktionär.«[194]

Henrichs Kritik ist umso vernichtender, weil der SED-Funktionär sie von innen heraus übt: »Deswegen die Terminologie: Ich habe ja weitgehend marxistische Terminologie verwendet, weil ich auch in die Mitgliedschaft der SED hineinwirken wollte. Es gab immerhin 2,2 Millionen Parteimitglieder bei einer Wohnbevölkerung von 18 Millionen!«[195] Den Jargon verstehen ebenso die DDR-Bürger, die keine Parteigenossen sind, haben sie doch alle in der Schule die »Klassiker« von Marx bis Lenin genossen. Etablierte wie Oppositionelle, einfach alle will Henrich erreichen, mitreißen, um etwas Neues zu beginnen.

Kaum ist das Buch im Westen erschienen, avanciert der Autor im Osten zum Star. Die Bücher wandern von Hand zu Hand. Der Autor wandert von Stadt zu Stadt. In kirchennahen Oppositionskreisen trägt er seine Thesen vor. Die Autorenlesungen werden zu regelrechten Massenveranstaltungen: »Ich bin durch die Lande gereist, da waren in den Kirchen tausende von Leuten, die haben die Fenster und Türen aufgemacht, die Zuhörer standen um die Kirche rum. Dann habe ich die DDR-Verhältnisse politisch transparent gemacht.«

Die Stasi ist natürlich immer dabei: »Das MfS war in Kompaniestärke vertreten. Ich hab sehr genau gemerkt, wenn da ›Agents provocateurs‹ dumme Fragen stellen, um einen aus dem Konzept zu bringen. Das konnte ich sehr gut: ›Nun sagen Sie mal, wer Sie wirklich sind!‹« Den Zuhörern versucht Henrich Mut zu machen, sich politisch zu engagieren: »Die kamen ganz verschüchtert, für die war ja schon die Teilnahme an den Veranstaltungen ein Schritt. Aber die Leute kamen und sagten: ›Ich ducke mich nicht mehr.‹« Genau das will Henrich erreichen. Er hat die Vision einer politischen »Plattform«, an der sich alle Bürger beteiligen sollen. »Es ging um den Aufbruch: diese Ohnmacht zu durchbrechen, die Leute wieder politisch zu aktivieren, aus der Nische und Resignation herauszuholen.« Eine Partei könne das nicht sein, da Parteien sich eben zwangsläufig bekämpfen müssten. Henrich aber will, dass alle miteinander reden.

Im Laufe des Wendejahres 1989 wird Henrichs Plattform einen Namen bekommen: »Neues Forum«. Im Frühjahr, als sein Buch gerade erschienen ist, trifft er sich mit Katja Havemann, der Witwe des berühmten Dissidenten Rolf Havemann, und Bärbel Bohley, um Folgendes zu verabreden: »Jeder von uns lädt zehn Leute ein, möglichst nicht nur aus Berlin, damit alle Bezirke abgedeckt werden, und möglichst nicht überproportional Kirchenangestellte.« Ihnen ist völlig klar, dass der Schutz, den die evangelischen Gemeinden seit Jahren gewähren, für die Oppositionsbewegung inzwischen zum Ghetto geworden ist. Henrich will, wie andere, daraus ausbrechen: »Es war eine atheistische Gesellschaft, und für manchen biederen Familienvater war es schwierig zu sagen: ›Ich gehe jetzt in eine Kirchengruppe rein.‹ Ich denke, darin liegt das Erfolgsrezept des Neuen Forums.«

Am 9. September 1989 ist es so weit: Im Haus von Katja Havemann in Berlin-Grünheide treffen sich 30 Frauen und Männer aus allen Bezirken der DDR. Es wird lange und ebenso kontrovers diskutiert. »Als die Sache hochgekocht war, hat Jens Reich ein Papier aus der Tasche gezogen und ich auch«, berichtet Henrich. »Und wenn Sie den Gründungsaufruf des Neuen Forums nehmen, dann ist die erste Hälfte von Jens Reich, die zweite von mir.« Die 30 gründen das »Neue Forum«, das sich als politische Vereinigung, aber nicht als Partei versteht. Man beschließt, sich ganz legal um die offizielle Anerkennung nach DDR-Recht zu bemühen, die das Ancien Régime nach anfänglichem Widerstand sogar gewähren wird. Ein nächstes Treffen wird für Anfang Dezember vereinbart – »um zu gucken, was daraus geworden ist«, wie sich Reinhard Schult erinnert. Dass dann die Mauer offen sein würde, kann sich zu diesem Zeitpunkt noch keiner vorstellen, und mancher würde es auch gar nicht wollen.

Wie später herauskommt, weiß die Stasi über das Treffen genau Bescheid. In das »Neue Forum« werden IMs eingeschleust, die haarklein von Eifersüchteleien zwischen den Aktiven berichten. Warum die Stasi nicht eingreift, bleibt schleierhaft. Rolf Henrich hat eine Erklärung: »Die haben uns unterschätzt: Dieser kleine Krümelhaufen und die mit den Bataillonen. Das Erfolgsrezept war ja, die Leute an der Basis zu Aktivität zu bringen, und dass es eben keine so starren Strukturen gegeben hat.« Die Hierarchie-gewohnten MfS-Beamten suchen nach Organisationsformen und Anführern – und finden keine. Auch der damals populäre Rolf Henrich versucht nicht, sich zum Vorsitzenden aufzuschwingen. Militärisch gesprochen sieht sich die Stasi einer Guerilla gegenüber: Ihren Feind kann sie nicht packen. »Die haben immer geguckt, wo gibt es die neue Partei. Die konstituierte sich aber nicht. Dann hätte man etwas gehabt, wo man gezielter drauf eingehen konnte«, erklärt Henrich die damalige Lage.

Strukturlos und für alle offen – so wird das »Neue Forum« im Herbst 1989 zur stärksten Bewegung der Revolution in der DDR. 200 000 Menschen unterschreiben bis Ende 1989 den Gründungsaufruf, in vielen Städten bilden sich Ortsgruppen. Das »Neue Forum« etabliert sich als Sammelbecken für alle, die in der DDR etwas verändern wollen. Auch Vertretern des alten Establishments gibt das »Neue Forum« eine Chance, schildert Rolf Henrich: »Wir haben uns gefreut, wenn Leute von einer NVA-Militärakademie zu uns gekommen sind, um uns in Verteidigungsfragen zu beraten. Und wir sind an die Decke gesprungen, als wir gehört haben, dass die ersten offiziellen Mitarbeiter des MfS in Leipzig mit dabei sind.« In einem besonderen »Aufruf an alle Mitglieder der SED« lädt das »Neue Forum« am 6. Oktober 1989 gerade die 2 Millionen Einheitssozialisten zum Dialog ein – es ist der Tag vor dem 40. Jahrestag der DDR.

Zu diesem Zeitpunkt befindet sich das »Neue Forum« auf dem Höhepunkt seines politischen Einflusses. Westdeutsche Politiker und Wirtschaftsvertreter interessieren sich für das Denken der Oppositionellen. Sogar die Sowjets halten das »Neue Forum« für die kommende Kraft: Noch vor der Maueröffnung lädt die sowjetische Botschaft Rolf Henrich zum Gedankenaustausch ein. »Die haben der offiziellen Führung der DDR überhaupt nicht mehr getraut, nicht im Hinblick auf die Informationen, die die abgegeben haben, aber auch nicht im Hinblick auf den Einfluss auf die Bevölkerung«, interpretiert Rolf Henrich die Begegnung. Ein Politbüro-Mitglied aus Moskau eröffnet ihm, die Wiedervereinigung stehe bevor, aber alles gehe zu schnell, man müsse den Vereinigungsprozess abbremsen, das »Neue Forum« solle das tun. »Da habe ich gesagt: Da überschätzen Sie uns. Das Neue Forum zeichnet sich ja durch seine Sebstläufigkeit aus, noch in den kleinsten Dörfern. Und ich habe gesagt: Selbst wenn da Panzer rollen, wird sich das nicht mehr einfangen lassen.«[196]

Nach dem Mauerfall werden bekanntere Wortführer des »Neuen Forums« bald für politische Ämter gehandelt. Ingrid Köppe, Rolf Henrich und Reinhard Schult sitzen ab Dezember 1989 am »Zentralen Runden Tisch« in Berlin. Hier berät sich die SED-Regierung des neuen Ministerpräsidenten Hans Modrow nach polnischem Vorbild mit Vertretern gesellschaftlich wichtiger Gruppen. Das »Neue Forum« muss sich dort praktisch wie eine Partei verhalten und zu politischen Themen eindeutig Stellung beziehen. Dabei wird die große Spannbreite der Vorstellungen innerhalb des Bürgerforums deutlich: Am 7. Dezember geben die Vertreter des »Neuen Forums« ein Minderheitenvotum gegen eine kapitalistische Wirtschaftsordnung ab, doch am 18. Dezember begrüßen sie die Pläne zu einer Konföderation der DDR mit der Bundesrepublik.

Die Meinungsunterschiede nehmen zu. Die Frage der Wiedervereinigung sorgt für einen Eklat auf dem Gründungskongress im Januar 1990. Die Einheitsgegner im »Neuen Forum« können nur mit Mühe von einem Austritt abgehalten werden. Auch die Frage, ob das »Neue Forum« sich zu einer Partei entwickeln und an Wahlen teilnehmen soll, spaltet die Bürgerbewegung. Im Süden der DDR gründen Forums-Leute die »Deutsche Forumspartei«. Rolf Henrich hingegen plädiert leidenschaftlich dafür, die begonnene »Demokratisierung von unten« fortzusetzen. Die Parteien seien ihren jeweiligen Sonderinteressen verpflichtet, das »Neue Forum« könnte »das Allgemeinmenschliche in den Mittelpunkt« stellen: »Unterhalb der Parteiebene braucht es starke politische Kräfte zur Kontrolle der Macht.«[197]

Zum Jahreswechsel gibt es kaum noch Zweifel, dass die DDR sich mit der Bundesrepublik vereinigen wird. Ob dies durch einen Beitritt geschieht oder ob es eine neue, gemeinsame Verfassung geben wird, ist noch strittig. Dass das neue

Deutschland das historisch erfolgreichere politische System der Bundesrepublik übernehmen wird, zeichnet sich aber ebenso deutlich ab. Es beginnt der Wahlkampf für die ersten (und letzten) freien Volkskammerwahlen am 18. März. Westdeutsche Politiker reisen als Paten der ihnen nahestehenden Partei wahlkämpfend durch die DDR. Wie stark wird die in PDS umbenannte SED werden? Wird die SPD stärkste Kraft? Wie schneidet die frühere Blockpartei CDU ab, die jetzt von Helmut Kohls West-CDU gestützt wird?

Die Parteien rücken in den Mittelpunkt des politischen Interesses. Diejenigen Aktiven des »Neue Forums«, die Politiker werden wollen, ziehen die Konsequenz und gehen in die Parteien hinein. Das »Neue Forum« verliert an Aufmerksamkeit und sinkt schließlich in die Bedeutungslosigkeit ab. Ihre historische Rolle, die friedliche Revolution überhaupt erst ermöglicht zu haben, hat diese ungewöhnliche Organisation Anfang 1990 erfüllt. Die Zeit der ungeführten Selbstorganisation, des kreativen Chaos ist rasch vorbei. Schrittweise hält eine neue Ordnung Einzug: diejenige der Bundesrepublik Deutschland.

Glücksfall Nr. 8: Keiner versteht Günter Schabowski

... und so bringt eine Falschmeldung die Mauer zu Fall

Kleine Pressekonferenz, große Wirkung: Am 9. November 1989 kurz vor 19 Uhr teilt Günter Schabowski, Mitglied im Zentralkomitee der SED, der internationalen Presse beiläufig mit, man habe soeben Reisefreiheit für DDR-Bürger beschlossen. Viel mehr weiß Schabowski nicht: Auf Nachfragen der Reporter liest er juristisches Satzgedrechsel von einem »Zettel« ab und interpretiert diese live vor der Kamera: »Das gilt – äh – unverzüglich«, und zwar auch für Berlin. Unverzüglich? Reisefreiheit? Berlin? Das sind die Worte, auf die alle gewartet haben. Die Nachrichtenagenturen überschlagen sich mit Eilmeldungen und überbieten sich mit Zuspitzungen: Die Berliner Mauer sei auf, verkünden schließlich die ARD-Tagesthemen. Jeder könne rüber. Eine glückliche Falschmeldung, die aber »unverzüglich« bewirkt, dass sie wahr wird. Beschlossen hat die SED allerdings etwas anderes.

Zum Glück hat Günter Schabowski viel zu tun an diesem 9. November 1989. Der gelernte Journalist ist tags zuvor zum »Sekretär des ZK der SED für Informationswesen« ernannt worden und durfte als erste Amtshandlung gleich den Rücktritt des Politbüros verkünden. Es sind turbulente Zeiten, und Schabowski will »Glasnost«, Öffentlichkeit, herstellen. Während an diesem Donnerstag das Zentralkomitee tagt, trifft er sich bereits mit Journalisten. Darum ist er »bei den Beratungen abwechselnd drin und draußen«.[198] Trotzdem will er die Ergebnisse ab 18 Uhr der internationalen Presse verkünden, und das auch noch live vor den Kameras des DDR-Fernsehens, direkt vor den 19-Uhr-Nachrichten. »Glasnost« eben.

Zum Glück findet Riccardo Ehrman keinen Parkplatz vor dem Berliner Pressezentrum in der Mohrenstraße. Darum kommt der DDR-Korrespondent der italienischen Nachrichtenagentur ANSA zu spät zu Schabowskis Pressekonferenz. Alle Plätze sind schon belegt. Ehrman, der fließend Deutsch spricht, hockt sich vor die Tribüne. Ein unbequemer Platz. Belohnt wird Ehrman zunächst nicht. Obwohl Schabowski – anders als frühere SED-Sprecher – frei redet, neigt er zu komplizierten Schachtelsätzen, durchsetzt von Propaganda-Floskeln und kommunistischem »double-speak«. Man muss immer sehr genau hinhören, was er sagt, und dechiffrieren, was er wirklich meint. Anstregend ist das. Und trotzdem langweilig. Nach fast einer Stunde hat Ehrman nicht mal eine einzige brauchbare Meldung beisammen.

Günter Schabowski hat sich einen groben Ablauf für die einstündige Pressekonferenz zurechtgelegt, mit der Hand geschrieben, auf fein liniertem Papier – inzwischen ein historisches Dokument. Fünf Themen will der ZK-Sprecher behandeln, dann Fragen zulassen. Erst danach, »kurz vor Schluß«, unter Beachtung der »ZEIT!«, wie Schabowski ausdrücklich anmerkt, will er noch ein »EXTRA« präsentieren, nämlich: »Verlesen Text Reiseregelung«. Später werden Historiker sich wundern, was Schabowski dazu bewogen haben könnte, seine einzige Sensation so betont beiläufig abzuhandeln. Zumal Egon Krenz behaupten wird, er habe seinem Sprecher die neue Reiseregelung explizit als »Weltnachricht« an die Hand gegeben; und Schabowski in seinen Memoiren bestätigt, Krenz habe sie ihm als »Knüller« empfohlen.[199] Beide Erinnerungen sind vermutlich geschönt, beeinflusst von der Lawine, die diese nunmehr historische Pressekonferenz lostreten wird. »Arm an sonstigen Erfolgsmeldungen und gewieft im Umgang mit den Medien, hätte es sich der langjährige Chefredakteur des *Neuen Deutschland* wohl kaum nehmen lassen, seine ›Weltnachricht‹ – so er sie tatsächlich als ›Knüller‹ empfunden hätte – akzentuiert und gut platziert zu präsentieren«, vermutet Hans-Hermann Hertle, der das Geschehen am 9. November minutiös nachgezeichnet hat.[200]

Riccardo Ehrman wird ungeduldig. Viel Blabla hat er gehört, aber noch nichts über den Streit um das neue Reisegesetz, der seit Tagen die Menschen beschäftigt. Am Montag haben die DDR-Zeitungen den Text eines Gesetzesentwurfs veröffentlicht, der allen DDR-Bürgern endlich Reisen in die Bundesrepublik erlaubt. Bis dahin ist das ein besonderes Privileg für internationale Spitzensportler, Spitzenkünstler, Spitzenmusiker und natürlich für Spitzenpolitiker. Normale Bürger dürfen höchstens zu Verwandtenbesuchen in den Westen. Wer keine West-Verwandtschaft hat und nicht zur Elite zählt, für den bleibt die Mauer legal unüberwindlich. Bezeichnenderweise sieht seit dem Mauerbau auch die DDR-Verfassung so etwas wie Reisefreiheit nur noch »innerhalb des Staatsgebietes« vor.[201] Einen Reisepass haben die meisten Bürger gar nicht, da sie ihn eh nicht brauchen. Das sichere Gefühl, eingesperrt zu sein, ist eine der Quellen für die anhaltende Flüchtlingswelle und für die revolutionären Unruhen.

Doch die Erwartung der Einheitssozialisten, für die angekündigte Grenzöffnung nun gefeiert zu werden, erfüllt sich nicht. Sie haben zu viele Einschränkungen in ihren Gesetzesentwurf hineingeschrieben: Die Bürger dürfen nur 30 Tage im Jahr reisen, sie dürfen keine D-Mark tauschen, und ihr Reiseantrag kann jederzeit abgelehnt werden. Das reicht nicht mehr. Bei den Montagsdemonstrationen am gleichen Tag fordern zigtausende in vielen Städten völlige Reisefreiheit. In Leipzig, wo mit 200 000 Teilnehmern ein neuer Rekord aufgestellt wird, rufen sie: »Die Mauer muss weg!« Der neue SED-Bezirkschef Roland Wötzel, der noch am 9. Oktober als einer der »Sechs von Leipzig« für seine Dialogbereitschaft gefeiert wurde, kommt nun nicht einmal mehr zu Wort: »Zu spät, zu spät«, rufen die Montagsdemonstranten. Zu dieser Entwicklung will der italienische Journalist eine Frage stellen, doch Schabowski ignoriert den Mann, der vor dem Podium kniet.

Natürlich muss Schabowski genau wissen, dass das eigentliche Thema für die Leute das Reiserecht ist. Jeden Tag strömen zehntausende von DDR-Flüchtlingen in der Tschechoslowakei über die offene Grenze in die Bundesrepublik, wo man gar nicht mehr weiß, wie die »Übersiedler« untergebracht werden können. Bremen hat bereits einen Aufnahmestopp verhängt, andere Städten müssten bald folgen, warnt am 9. November der Vizepräsident des Deutschen Städtetages, Hannovers Oberbürgermeister Herbert Schmalstieg (SPD): Die Reserven auf dem Wohn- und Arbeitsmarkt »sind erschöpft«, es komme bereits zu »Neid, Aggressionen und Antipathie« gegen die DDR-Flüchtlinge, da auch Einheimische eine Wohnung suchten und arbeitslos seien.[202] Auch Bonn drängt auf ein Ende der Ausreisewelle: Bundesinnenminister Wolfgang Schäuble (CDU) appelliert am 9. November an die DDR-Bürger, sich den Schritt zur Ausreise sehr sorgfältig zu überlegen. Zwar werde die Bundesrepublik weiterhin jeden Deutschen aufnehmen, aber die Übersiedler müssten damit rechnen, auch für eine längere Zeit in unzulänglichen Wohnverhältnissen leben zu müssen.[203]

Abhilfe kann nur eine legale, völlige Öffnung der deutsch-deutschen Grenze bringen. Das wäre, logischerweise, der Fall der Mauer. Ein Schritt, vor dem die SED-Führung zögert, hat doch der »antifaschistische Schutzwall« seit 13. August 1961 nicht nur die Existenz der DDR gesichert, sondern auch die Macht der Einheitssozialisten. Bis zuletzt wird die SED darum versuchen, diesen Schritt nicht zu gehen. Selbst nachdem er vollzogen ist, wird man so tun, als sei es gar nicht so: Nachdem in der Nacht vom 9. November alle Dämme brechen, wird die DDR in den folgenden Tagen alles daransetzen, wenigstens das symbolträchtige Brandenburger Tor wieder zu schließen, als ob das am Faktum der offenen Grenze irgendetwas ändere. Es ist ein aussichtsloser Versuch einer Quadratur des Kreises: Man muss die Grenze öffnen, will aber die Mauer behalten.

In dieser Absicht hat man auch das Reisegesetz verfasst: Es soll die Grenze öffnen, aber nur ein kleines bisschen, so dass die SED jederzeit auch wieder zumachen kann. Der umstrittene Gesetzesentwurf fällt nicht nur bei den misstrauischen Bürgern durch, sondern auch in der Volkskammer. Am Dienstag lehnt der Rechtsausschuss den Entwurf tatsächlich ab. In der DDR ein unerhörter Vorgang, da das im Block gewählte Parlament ja nur dazu dient, die Wünsche der SED abzunicken. Das starke »Neue Forum« macht am 7. November Druck mit der Forderung, jeder DDR-Bürger solle einen Reisepass und ein generelles, weltweites Ausreisevisum bekommen. Die Parteiführung, zu der jetzt auch Schabowski selbst gehört, fühlt sich in die Enge getrieben, genau das zu tun, was sie verzweifelt vermeiden will: die Mauer zu öffnen.

Möglicherweise ist es ein Akt der Verdrängung, dass Günter Schabowski auf der Pressekonferenz so hartnäckig vermeidet, über das unausweichliche Thema zu sprechen. Um 18:53 Uhr darf, endlich, Riccardo Ehrman seine Frage stellen. Das lange Warten, das unbequeme Hocken, die ermüdende Langeweile der Pressekonferenz lassen ihn sehr ungehalten klingen, fast aggressiv: »Glauben Sie nicht, dass es war ein großer Fehler, diesen Reisegesetzentwurf, das Sie jetzt haben vorgestellt vor wenigen Tagen?«

Was nun folgt, ist ein beispielloses Herumeiern. Im rhetorisch geschulten Brustton der Überzeugung verbindet Günter Schabowksi hohle Versatzstücke mit sensationellen Neuigkeiten, führt seine Sätze in geradezu komikhafter Loriot-Manier nicht zu Ende und widerspricht sich mehrfach selbst, das

Ganze garniert durch so viele »Ähs«, dass man Mühe hat, zu folgen. Inhaltlich zu verstehen ist das gestresste Geschwurbel auf Anhieb sowieso kaum, da Schabowski sich wortreich weigert, auf den Punkt zu kommen. Wie ein Schüler, der zu vertuschen versucht, dass er die Antwort auf die entscheidende Prüfungsfrage nicht weiß, rettet er sich schließlich in eine Art »Pfuschzettel«: Live vor Millionenpublikum zieht er aus seinen Unterlagen ein Papier heraus, das als »Schabowskis Zettel« für allerlei Verschwörungstheorien sorgen wird. Es sei ein Brief von Gorbatschow, mutmaßen manche später; andere schwören, jemand habe ihm während der PK den »Zettel« erst zugeschoben.[204]

Schabowskis Zettel

Nein, ein Fehler sei der neue Reisegesetzesentwurf nicht gewesen, antwortet Günter Schabowski zunächst auf Riccardo Ehrmans Frage. Um dann, nach langen staatstragenden Phrasen, hervorzuheben, es sei ja nur ein Entwurf, also »noch nicht in Kraft«. »Allerdings ist heute, soviel ich weiß, eine Entscheidung getroffen worden«, sagt er mehr fragend als feststellend. Eine Regelung, »die es jedem Bürger der DDR möglich macht, über Grenzübergangspunkte der DDR auszureisen«. Ehrman schiebt nach: »Ab wann tritt das in Kraft?« Damit ereignet sich, was Schabowski mit seinem engen Zeitplan unbedingt vermeiden wollte: eine Nachfrage, auf die er keine Antwort weiß. Er spielt auf Zeit (»Bitte?«), kratzt sich am Kopf, setzt weiterplaudernd seine Brille auf und kramt umständlich in seinen Unterlagen. Schließlich zieht er »Schabowskis Zettel« hervor.

Das mythenumrankte Papier ist, nüchtern betrachtet, eine in schönstem Juristendeutsch abgefasste Reiseverordnung, die das Zentralkomitee am Nachmittag abgesegnet hat. ZK-Mitglied Schabowski ist während der Beratungen nicht anwesend, weil er ja mit Journalisten spricht, und hat darum bei der Pressekonferenz nur ansatzweise Ahnung, was er da vorliest: »Tatsächlich las ich den Text erstmals, als die TV-Kameras schon liefen«,[205] gibt er später zu. »Aber das war ja kein Problem, weil ich ja deutsch lesen kann und wußte, was im Prinzip drinstand.«[206]

Das Papier hat er nicht von Gorbatschow, sondern von Egon Krenz erhalten. Zwischen 17:00 und 17:30 Uhr kommt Schabowski zu Krenz und fragt ihn, ob es noch etwas Wichtiges für die Pressekonferenz gebe. Krenz gibt ihm sein Exemplar der Reiseverordnung. Das sei eine Weltneuheit oder ein Knüller, soll er dazu gesagt haben. Mehr nicht. Schabowski fährt umgehend zum Pressezentrum, ohne die »Weltneuheit« zu lesen. Vermutlich ist ihm unwohl bei dem Gedanken, einen »Knüller« zu verkünden, zu dem er nichts weiter zu sagen weiß. Darum legt er das Thema bewusst ans Ende der Pressekonferenz. So kann niemand Fragen stellen, die Schabowski nicht beantworten kann.

Ganz einfach zu verstehen ist die neue Regelung auch nicht, weil sie mehrere Probleme gleichzeitig lösen soll und entsprechend kompliziert ausfällt. Vor allem aber verfolgt sie teils unvereinbare Ziele:

Ausreisewillige sollen die DDR direkt verlassen können und nicht mehr den Umweg über die CSSR nehmen müssen; alle DDR-Bürger sollen touristisch nach Westen reisen dürfen, nicht nur die Privilegierten; die Mauer soll stehen bleiben, also darf die Grenze nicht komplett geöffnet werden.

Der letzte Punkt ist mit den beiden anderen Zielen natürlich völlig unvereinbar. Für die Politiker und Ministerialbeamten der DDR ist die Mauer jedoch ein Tabu. Sie ziehen in den Beratungen über Reisegesetz und Reiseverordnung die einfachste und einzige Lösung gar nicht in Betracht, nämlich: die Mauer abzureißen. Mit juristischen Klimmzügen versucht man das Unmögliche: Ausreise und Auslandsreise freizügig zu regeln, ohne die Grenze zu öffnen. Am Abend des 9. November wird diesen Widerspruch niemand verstehen, selbst Schabowski nicht. Darum gerät er ins Stammeln. Bei den irritierten Journalisten setzt sich schließlich die Interpretation durch, die Mauer sei geöffnet worden – was dann letztendlich tatsächlich zum Mauerfall führt. Geplant war der aber nicht. Das bestätigt Egon Krenz, der auch im Nachhinein an der widersprüchlichen Zielsetzung festhält: »Es gibt also immer noch Leute, die uns für Idioten halten. Wir haben viele Fehler gemacht, aber diese Reiseverordnung haben wir in vollem Bewußtsein dessen beschlossen, daß sie freien Reiseverkehr gestattet; wir haben sie nicht beschlossen in der Annahme, daß damit die Grenzen schon fallen.«[207]

Nun ist die Grenze zwischen der Bundesrepublik und der DDR seit dem 13. August 1961 nicht einfach nur irgendeine Grenze. Einziger Sinn und Zweck der Mauer mit Todesstreifen, Selbstschussanlagen, Schießbefehl und 24-Stunden-Bewachung ist, die DDR hermetisch von der Bundesrepublik abzuriegeln. Anfangs gelingt das auch. Ausreisen und Besuchsreisen sind zunächst unmöglich, ganze Familien sind voneinander abgeschnitten. Lediglich Rentner entlässt die DDR aus der Staatsbürgerschaft.

Der schleichende Wandel beginnt Ende der 60er-Jahre mit einer neuen »Ostpolitik«, zunächst leise in der Großen Koalition unter Bundeskanzler Kurt-Georg Kiesinger (CDU), dann explizit unter Bundeskanzler Willy Brandt (SPD). Bonn nimmt offiziell Kontakt zur bisher ignorierten »Pankower« Regierung auf. Der Lohn für ein kleines Stück westdeutscher Anerkennung der DDR ist ein kleines Loch im Wall: Elf Jahre nach dem Mauerbau, ab 1972, dürfen DDR-Bürger in »dringenden Familienangelegenheiten«, nämlich Geburten, Eheschließungen und Sterbefällen, wieder zu ihren westdeutschen Angehörigen fahren und umgekehrt.

Die »Ostpolitik« soll durch zwischenmenschliche Kontakte ein weiteres Auseinanderleben der geteilten Nation verhindern.

Dass das gelungen ist, davon ist der letzte Ständige Vertreter der Bundesrepublik in Ostberlin, Franz Bertele, überzeugt: »Welchen Gang die Geschichte ohne das ständige Abmühen um den Zusammenhalt der Nation hätte nehmen können, habe ich im Mai 2002 bei einem Besuch im geteilten Korea erfahren«, berichtet er. »Mehrere meiner koreanischen Gesprächspartner sagten mir, sie wüssten nicht, was aus dem im Norden lebenden Teil ihrer Familie geworden sei. Sie haben die Verbindung zueinander verloren. Im geteilten Deutschland haben wir eine solche Entwicklung Gott sei Dank vermeiden können.«[208] Stück für Stück gibt Bonn im Laufe der Jahrzehnte Ostberlin mehr Anerkennung, auch mehr Geld, und erkauft sich dafür mehr Besuchsreisen.

Solange die innerdeutschen Reisen auf nahe Verwandte beschränkt sind, glaubt das SED-Regime, sich gelassen auf diese Politik einlassen zu können: Ist es doch eine reine Frage der Zeit, bis die letzten nahen Verwandten ausgereist oder gestorben sind. Auch die zunehmende West-Verschuldung beängstigt Honecker und seine Genossen wenig. Sie glauben fest an den historischen Sieg des Sozialismus, mit dem dann auch die Schulden im Westen hinfällig wären.

Doch Stück für Stück wird offenbar, wie absurd und widersprüchlich die Mauer ist: Wenn man zu Hochzeiten in den Westen darf, wieso nicht auch zu Goldhochzeiten? Also erlaubt Ostberlin auch Reisen zu Goldhochzeiten. Wenn alle anderen reisen dürfen, wieso nicht auch SED-Mitglieder? Also erlaubt Ostberlin auch Reisen von Parteigenossen. Der Kreis derer, die reisen dürfen, wird immer größer, ebenso die Anzahl der Anlässe. Warum nicht jeder fahren darf, wann er will, wird immer unverständlicher. So verstrickt die DDR sich in ein Netz aus Widersprüchen. Feierlich unterzeichnet der um internationale Anerkennung bemühte Honecker 1975 die Schlussakte der »Konferenz für Sicherheit und Zusammenarbeit in Europa« (KSZE) und billigt damit offiziell das Grundrecht auf

Freizügigkeit, das er seinen Bürgern in der Praxis täglich vorenthält.

Als Gegenleistung für bundesdeutsche Milliardenkredite, die Franz Josef Strauß 1983 und 1985 einfädelt, weitet Honecker das Reiserecht scheibchenweise weiter aus. Ab 1983 dürfen DDR-Bürger endlich vor der Rente legal ausreisen, allerdings nur auf Antrag, und einen Rechtsanspruch auf Genehmigung haben sie auch nicht. Ab 1985 dürfen SED-Mitglieder die Bundesrepublik besuchen. Die diktatorische Willkür dieser Politik wird schon daran deutlich, dass Honecker das durch »zentrale Entscheidung« an allen anderen Staatsorganen vorbeidekretiert und nicht einmal publik macht. Die Betroffenen erfahren von der neuen Regelung nur durch Mundpropaganda.

Die Zahl der Besuchsreisen verzehnfacht sich binnen zwei Jahren auf 1,3 Millionen im Jahr 1987.[209] Die Hoffnung des SED-Regimes, die reisenden DDR-Bürger würden schon erkennen, wie gut sie es daheim haben, erfüllt sich jedoch nicht. Mit der Zahl der Besuchsreisen steigt auch die Zahl der Anträge auf ständige Ausreise. 1984 lässt Honecker rund 40 000 Unzufriedene ziehen. Die erhoffte Ventilfunktion bleibt allerdings aus: Jetzt wittern viele DDR-Bürger ihre Chance, noch mehr wollen ihre Heimat verlassen. Honecker erhöht per »zentraler Entscheidung« die Zahl der monatlichen Genehmigungen von 1 000 auf fast 3 000. Daran, dass die Stasi alle Ausreisewilligen und ihre Familien schikaniert, ändert das nichts.

1989 nimmt der Druck auf die DDR-Führung innen- und außenpolitisch massiv zu. Ausreisewillige sind es, die in Leipzig die Montagsdemonstrationen starten. Und Ausreisewillige besetzen bundesdeutsche Botschaften in Warschau und Prag sowie die Ständige Vertretung der Bundesrepublik in Berlin. Den entscheidenden Stoß gegen die DDR-Reisepolitik führen die Ungarn: Sie bauen ab 2. Mai ihren Teil des »Eisernen Vorhangs« ab, lassen DDR-Bürger zunächst illegal ausreisen und öffnen am 10. September die Grenze endgültig.

Das nächste Schlupfloch, das Ostberlin stopfen muss, ist die CSSR. Die Ausreise der rund 6 000 DDR-Bürger, die in die bundesdeutsche Prager Botschaft geflüchtet waren, hat Anfang Oktober zu bürgerkriegsartigen Zuständen am Dresdner Hauptbahnhof geführt, wo weitere Ausreisewillige zusteigen wollen. Die Flüchtlinge sind noch nicht im Westen, da ist die Prager Botschaft schon wieder überfüllt – mit den nächsten DDR-Bürgern. Honecker lässt die Grenze zum Bruderland CSSR schließen.

Dass das keine dauerhafte Lösung ist, wissen auch die Genossen. Nach Honeckers Sturz am 18. Oktober verspricht Krenz gleich ein neues Reisegesetz. Am 1. November lässt er die Grenze zur CSSR wieder öffnen, tags darauf berät der DDR-Ministerrat jene Vorlage für ein Reisegesetz, die am 6. November veröffentlicht und auf erboste Ablehnung stoßen wird.

Doch bereits drei Tage zuvor, am 3. November, sieht sich Krenz wieder mit einem Flüchtlingsproblem konfrontiert. An diesem Tag empfängt er als neues Staatsoberhaupt das diplomatische Corps in Ostberlin. 20 Sekunden stehen jedem Diplomaten zum Händeschütteln zu. Der Ständige Vertreter der Bundesrepublik, Franz Bertele, nutzt die Zeit für eine Warnung: »In Prag sind in den letzten drei Stunden fast 2 000 Menschen über den Zaun in unsere Botschaft geklettert, und es werden jeden Augenblick mehr. Jeden Augenblick kann in der zum Bersten vollen Botschaft eine Katastrophe passieren.«[210] Viel weiter kommt Bertele nicht, da ihn die Protokolldiener abdrängen.

Krenz schüttelt protokollgerecht weiter Hände, spricht dann protokollgerecht mit dem sowjetischen Botschafter. Aber dann kommt er, nicht protokollgerecht, auf Bertele zu und will mehr wissen. Seinen für die Botschaften zuständigen Außenminister Oskar Fischer hat er gleich mitgebracht. Bonns Mann in Ostberlin berichtet, dass in Prag erneut tausende DDR-Bürger Zuflucht in der bundesdeutschen Botschaft gesucht haben. Außenminister Oskar Fischer wiegelt ab: Er habe vier zusätzliche

Beamte geschickt, um die Ausreisepapiere auszustellen. Bertele rechnet vor, dass es trotzdem zwei Wochen dauern werde, bis alle Flüchtlinge ihre Papiere hätten, das sei aber zu lang. Krenz verspricht, die Sache zu prüfen.

Bertele erinnert ihn außerdem daran, dass die seit August geschlossene Ständige Vertretung der Bundesrepublik in Ostberlin ja auch wieder geöffnet werde, und zwar am 13. November. Damit droht ein weiteres Flüchtlings-Problem. Denn die Ständige Vertretung der Bundesrepublik ist seit jeher beliebtes Ziel für DDR-Bürger: »Praktisch jeden Tag haben wir Zuflüchtige in der Vertretung, einige wenige bis rund 20 Personen zur gleichen Zeit.«[211] Am 8. August 1989 war die Zahl auf 131 angestiegen, was für das kleine Haus eindeutig zu viel war: Bertele musste die Vertretung schließen. Mithilfe der DDR-Anwälte Wolfgang Vogel und Gregor Gysi erreicht er, dass den Flüchtlingen ihre Ausreise zugesichert wird. Nun, nach der nötigen Renovierung des Hauses, steht die Öffnung der Vertretung bevor, es dürften damit auch wieder Botschaftsflüchtlinge kommen.

Dermaßen unter Druck gesetzt könnte Egon Krenz auf die Idee kommen, dass es an der Zeit sei, die Grenze zur Bundesrepublik einfach für alle zu öffnen. Das tut er aber nicht. Er kümmert sich zunächst um das neue Prager Problem. Eine Lösung wie die vom 4. Oktober scheidet für Krenz aus: Niemals mehr würde er ausreisende Bürger in einem Zug durch die DDR schicken. Dass die DDR-Botschaft offizielle Ausreisepapiere erstellt, dauert zu lange und scheidet ebenfalls aus. Also ringt Krenz sich dazu durch, die Botschaftsflüchtlinge direkt – ohne Umweg über die DDR und ohne DDR-Ausreisepapiere – in die Bundesrepublik fahren zu lassen. Das teilt er den Genossen in Prag mit, und die tschechoslowakische Regierung öffnet noch am selben Abend für DDR-Bürger die Grenze nach Bayern.

Die Konsequenzen beschreibt Bonns Ständiger Vertreter Bertele: »Da die DDR ihre Grenze zur CSSR nicht abriegeln konnte, konnte man von diesem Zeitpunkt an die Mauer auf dem Umweg über die Botschaft Prag umgehen; die Mauer hatte damit ihren Sinn verloren.«[212]

Das scheint auch den Einheitssozialisten klar zu sein. Am selben Abend verkündet Vize-Innenminister Dieter Winderlich in der *Aktuellen Kamera* des DDR-Fernsehens, Ausreise-Anträge aller Bürger würden ab sofort »unbürokratisch und schnell« bearbeitet und nur in seltenen Fällen abgelehnt.[213] Eigentlich ist schon damit die Mauer in Berlin überflüssig. Es merkt aber keiner.

Stattdessen nutzen die DDR-Bürger massenhaft das Schlupfloch Prag. Wie Außenminister Oskar Fischer am 7. November im Politbüro berichtet, sind am Wochenende mehr als 21 000 DDR-Bürger nach Westen ausgewandert, seither an jedem Tag mehrere tausend. Die Genossen in Prag befürchten, der Flüchtlingsstrom könnte Unruhe in die CSSR bringen. Falls die DDR nichts unternehme, drohen sie, ihrerseits die Grenze zu schließen.

Das Politbüro zögert immer noch vor dem entscheidenden Schritt: der Maueröffnung. Die Spitzengenossen beschließen stattdessen erneut eine Teil-Lösung, maßgeschneidert für das erneute Prag-Problem. Sie beauftragen das Außenministerium, jenen »Teil des Reisegesetzes, der sich mit der ständigen Ausreise befaßt, durch eine Durchführungsbestimmung sofort in Kraft« zu setzen.[214] Innenministerium und Staatssicherheit sollen dabei helfen. Faktisch sind es am Ende zwei leitende Beamte des Innenministeriums und zwei der Staatssicherheit, die den »Beschlußvorschlag zur Veränderung der Situation der ständigen Ausreise von DDR-Bürgern nach der BRD über die CSSR« erarbeiten. Am 9. November, morgens um 9 Uhr, treffen sie sich. Ihr Auftrag ist, noch am selben Tag die neue Regelung für Ausreisen parallel dem Politbüro und dem Ministerrat vorzulegen, damit sie am 10. November unverzüglich in Kraft treten kann.

Den Fortgang ihrer Arbeit hat Hans-Hermann Hertle bis ins Detail rekonstruiert: Die vier Beamten sind tatsächlich sachkundig. Sie sind sich sofort einig, dass ihr Auftrag an »Schizophrenie« grenzt: Man kann nicht jeden, der ausreisen will, sofort gehen lassen, während jemand, der Verwandte im Westen besuchen will, das nicht darf. Das würde nur dazu führen, dass jeder Tourist sich als Emigrant ausgibt, nur um die Grenze passieren zu können. Tatsächlich sind am 7. November schon mehr als hundert DDR-Bürger, die über Prag ausgereist sind, über Bayern wieder in die DDR eingereist; sie wollten nur eine Kaffeefahrt machen.[215]

Die vier gehen also über ihren ursprünglichen Auftrag hinaus und treffen nicht nur eine Regelung für Ausreisen, sondern auch für Besuchsreisen. Jeder, nicht nur die Privilegierten, soll ins Ausland reisen dürfen. Eine generelle Reisefreiheit – also die Grenzöffnung – bedeutet das aber nicht: Die DDR-Bürger müssen die Reise ins Ausland unverändert erst beantragen und an der Grenze ein Ausreisevisum und einen Reisepass vorlegen. Beides sollen sie aber in der Regel bekommen. »Privatreisen nach dem Ausland können ohne Vorliegen von Voraussetzungen (Reiseanlässe und Verwandtschaftsbeziehungen) beantragt werden. Die Genehmigungen werden kurzfristig erteilt. Versagungsgründe werden nur in besonderen Ausnahmefällen angewandt.«[216] In Kraft treten soll die Regelung am nächsten Tag, dem 10. November. Das steht im Text nicht drin. Denn in der DDR ist es üblich, dass alle Regelungen zeitgleich mit ihrer Veröffentlichung durch die DDR-Nachrichtenagentur ADN in Kraft treten. Darum planen die vier, ADN später auf die Frist hinzuweisen, sobald die Verordnung beschlossen ist. Dann ist noch Zeit, die Grenzübergangsstellen von der neuen Regelung in Kenntnis zu setzen.

Damit hoffen die vier Experten, alle Probleme gelöst zu haben. Einen Ansturm auf die Grenze erwarten sie nicht. Die Regelung sieht zwar vor, dass die Ausreisevisa »kurzfristig« erteilt werden. Aber die meisten DDR-Bürger haben noch keinen Reisepass. Den müssen sie erst mal beantragen, was vier bis sechs Wochen dauern wird. Zu Weihnachten können sie vielleicht »rüber« fahren.

Gegen 12 Uhr liegt der Text schon bei Egon Krenz, der an diesem Tag die Sitzung des Zentralkomitees leitet. In einer Raucherpause liest er ihn den anwesenden Politbüro-Mitgliedern vor. Sie stimmen zu. Danach geht das Papier seinen sozialistischen Gang in den »Umlaufbeschluss«: Es wird allen Ministern zugestellt, die bis 18 Uhr die Möglichkeit haben, einen Einspruch geltend zu machen. Die meisten der 44 DDR-Minister sind an diesem Nachmittag aber ohnehin im Zentralkomitee. Auch dort legt Krenz um 15:30 Uhr die neue Reiseregelung vor – offiziell als Vorschlag des Ministerrates. Dass sie »ihren« Vorschlag noch gar nicht kennen, stört die anwesenden Minister nicht im Geringsten. Es entscheidet traditionell ja ohnehin die Partei. Und weil keiner rechtsstaatliche Ordnung erwartet, denkt sich auch keiner etwas dabei, als Parteichef Krenz noch Änderungen am Verordnungstext der Regierung vornimmt. Er streicht auf Anregung des Kulturministers die Bezeichnung »zeitweilige Übergangsregelung«. Begründung: Man wolle bei den Leuten auf keinen Fall Zeitdruck erzeugen. Noch folgenschwerer ist, dass Krenz spontan auf die Idee kommt, das Ganze nicht ADN veröffentlichen zu lassen: »Ich würde sagen, daß der Regierungssprecher das gleich macht.«[217]

Auf den Regierungssprecher wartet Krenz aber nicht. Der ZK-Sprecher ist ihm genauso recht. Ein paar Stunden später drückt er seinen »Knüller« also Schabowski in die Hand. Zu dieser Zeit macht das Justizministerium im Zuge des Minister-Umlaufbeschlusses einige Einsprüche geltend: Es seien keine Bearbeitungsfristen für die Visa-Ausgabe genannt, ebenso fehle eine Definition der Umstände, die zur Ablehnung des Reiseantrags führen; es sei keine Beschwerdemöglichkeit gegen eine

Ablehnung definiert. Das Justizministerium lehnt den Entwurf darum ab. Aber da ist es schon zu spät: Schabowskis Pressekonferenz läuft bereits.

Die Medien öffnen die Mauer

Da auf seinem »Zettel« keine Sperrfrist steht, gibt es für Günter Schabowski nur eine Antwort auf die Frage, wann die neue Reiseregelung in Kraft tritt: »Das tritt nach meiner Kenntnis ... ist das sofort, unverzüglich.« Die ersten Journalisten verlassen hastig den Konferenzraum, um Eilmeldungen abzusetzen. Auf Schabowski hageln weitere Fragen ein, die ihn sichtlich überfordern. Ob das auch für Westberlin gelte? Immerhin gilt in Berlin das »Viermächte-Abkommen« der Weltkriegs-Alliierten: Die USA, die UdSSR, Großbritannien und Frankreich haben darin vereinbart, dass in Berlin die Lage nicht einseitig verändert wird. Schabowski liest von seinem Zettel ab: »... alle Grenzübergangsstellen zur BRD bzw. zu Berlin-West ...«, also gilt das auch für Berlin, interpretiert er flugs: »Doch, doch.«[218]

Egon Krenz wird am nächsten Morgen deswegen ein Fernschreiben an Gorbatschow verfassen müssen: Moskau möge doch bitte auch mit den anderen drei Alliierten Kontakt aufnehmen, damit alles friedlich bleibt.

Schließlich stellt jemand die entscheidende Frage: »Herr Schabowski, was wird mit der Berliner Mauer jetzt geschehen?« Zunächst übergeht Schabowski die Frage und weist darauf hin, dass es 19 Uhr und die Pressekonferenz zu Ende ist. Eine gute Gelegenheit, die Frage im Raum stehen zu lassen. Doch Schabowski, der sich Glasnost auf die Fahne geschrieben hat, kommt dann doch darauf zurück: »Was wird mit der Berliner Mauer?«

Auf den historischen Fernsehaufnahmen ist deutlich zu sehen, wie er nun erstarrt. Seine geweiteten Augen deuten Ansätze von Panik an. Wird ihm jetzt bewusst, was soeben geschehen ist? »Es sind dazu schon Auskünfte gegeben worden …«, improvisiert er munter darauflos. Es folgen Versatzstücke schönsten SED-Deutschs inklusive polemischer Attacken gegen den Westen: »… wenn sich die NATO zu Abrüstungsschritten entschließt …« und so weiter. Dann beendet Schabowski die Pressekonferenz und überlässt die verwirrten Journalisten sich selbst. Er gibt noch zwei kurze, konfuse Interviews und geht dann völlig übermüdet ins Bett.

Viele Journalisten bleiben im Pressezentrum und diskutieren, was der ZK-Sprecher gesagt und gemeint haben könnte. Währenddessen laufen die ersten Eil-Meldungen über den Ticker der internationalen Nachrichtenagenturen. Reuters um 19:03, dpa um 19:04 Uhr:

»Ostberlin (dpa) – Von sofort an können DDR-Bürger direkt über alle Grenzstellen zwischen der DDR und der Bundesrepublik ausreisen. Dies teilte SED-Politbüromitglied Günter Schabowski am Donnerstag auf einer Pressekonferenz in Ostberlin mit. Mit einer Entscheidung vom Donnerstag sei eine entsprechende Übergangsregelung bis zur Verabschiedung des neuen Reisegesetzes geschaffen worden.«

So weit, so korrekt. Was das aber im Klartext bedeutet – oder: bedeuten könnte –, interpretiert AP eine Minute später: »Die DDR öffnet nach Angaben von SED-Politbüromitglied Günter Schabowski ihre Grenzen.«

Das hat Schabowski weder gesagt noch gemeint. Beim genauen Hinhören hat er keinen Zweifel daran gelassen, dass die DDR-Bürger ihre Reise ins westliche Ausland immer noch beantragen müssen und der Staat den Antrag immer noch ablehnen kann. Offene Grenzen sind das nicht.

Um 19:17 Uhr schieben die ZDF-*heute*-Nachrichten als erster westlicher Fernsehsender eine Eilmeldung ins Programm: »Noch einmal zurück nach Ostberlin. SED-Politbüromitglied Schabowski hat vor wenigen Minuten mitgeteilt, dass VON SOFORT AN DDR-Bürger über alle Grenzübergangsstellen zwischen der DDR und der Bundesrepublik Deutschland ausreisen dürfen.« Zum Beleg sendet das ZDF Schabowski im O-Ton, wie er vom »Zettel« abliest: Der Ausreiseantrag werde rasch genehmigt, ein Visum rasch erstellt.

Wer zu spät kommt, der muss zuspitzen. Gemäß dieser Regel des aktuellen Journalismus beginnen Agenturen und Fernsehsender nun, sich in der Interpretation von Schabowski zu übertrumpfen. Aus der liberalen Reiseregelung, die sofortige Anträge auf Auslandsreisen zulässt, wird in der Berichterstattung allmählich eine sofortige Öffnung der Grenze. Als »sensationelle Mitteilung« vermeldet dpa um 19:41 Uhr: »DDR-Grenze zur Bundesrepublik und nach Westberlin ist offen!« Als die ARD-*Tagesschau* um 20:00 Uhr mit der Nachricht »DDR öffnet Grenze« aufmacht, hat im Westen keiner mehr Zweifel, dass das auch so ist.

Die DDR-Nachrichtenagentur ADN greift in die Nachrichtenspirale keineswegs korrigierend ein, obwohl die korrekte Pressemitteilung mit der Sperrfrist 10. November dort seit Nachmittag vorliegt. Nachdem ADN-Chef Günter Pötschke voller Entsetzen Schabowskis Live-Pressekonferenz im Fernsehen mitverfolgt hat, entscheidet er, die jetzt unsinnige Sperrfrist zu ignorieren, und schickt bereits um 19:04 die offizielle Pressemitteilung über den Ticker. Darin ist, natürlich, von Antrag und Visum die Rede. Dass beides erst ab 10. November beantragt werden kann – und in dieser Nacht an den Grenzübergängen also gar nichts zu erwarten ist! –, steht aber nicht drin. Der Text sollte ja erst am 10. November veröffentlicht werden, also brauchte darauf nicht eigens hingewiesen zu werden. Auf eine Ergänzung des offiziellen Textes verzichtet der ADN-Chef. Diese erneute Panne macht nun DDR-regierungsamtlich, dass die Reiseregelung »unverzüglich« gilt, sprich: schon in dieser Nacht.[219]

Genau so versteht es auch Berlins Regierender Bürgermeister Walter Momper (SPD). Er ist schon seit Ende Oktober vertraulich darüber informiert, was Ostberlin plant, und hat den Westberliner Senat beauftragt, Vorbereitungen zu treffen. Erwartet werden rund 300 000 DDR-Besucher, und zwar im Dezember. Das ist realistisch angesichts der von der DDR geplanten Rechtslage: Denn so lange würde es dauern, den DDR-Bürgern Reisepässe auszustellen. »Es ist ein Tag, den wir uns lange ersehnt haben, seit 28 Jahren. Die Grenze wird uns nicht mehr trennen«, kommentiert er kurz nach halb acht im Berliner TV-Regionalprogramm des SFB: »Praktisch ab morgen geht es los!« Dramatisch verabschiedet er sich dann aus der Live-Sendung, weil er nun arbeiten müsse: Alle Vorbereitungen für den Besucheransturm müssen ja vorgezogen werden.

Etwa zur gleichen Zeit tritt im Bonner Bundestag der stellvertretende Vorsitzende der Unionsfraktion, Karl-Heinz Spilker, ans Rednerpult. Das Parlament hat einen arbeitsreichen Sitzungstag hinter sich: Die große Rentenreform ist verabschiedet worden. Jetzt beraten die Abgeordneten noch über Details im Steuerrecht und leidige Parteispenden. Spilker verliest eine dpa-Meldung über die Öffnung der DDR-Grenze. Die Abgeordneten applaudieren. Nach einer emotionalen Rede von FDP-Fraktionschef Wolfgang Mischnick zum Mauerfall erheben sie sich und singen spontan die Nationalhymne. Nur die Abgeordneten der Grünen bleiben demonstrativ sitzen.

Meldungen, dass die Grenze gar nicht offen ist, gehen in der allgemeinen Aufregung völlig unter. Um 20:32 Uhr schreibt dpa: Um die Grenze zu übertreten, sei für DDR-Bürger »dem Vernehmen nach immer noch ein Pass nötig«. Das klingt wie ein unbestätigtes Gerücht, nicht wie eine Korrektur. Keiner nimmt Notiz davon. Erst recht nicht von der DDR-Nachrichtensendung »AK ZWO«, die um 22:28 unmissverständlich klarstellt: »Die Reisen müssen beantragt werden«, die zuständigen Abteilungen der Volkspolizei hätten »morgen um die gewohnte Zeit geöffnet«. Das will in dieser historischen Stunde niemand so genau wissen.

Für Westfernsehzuschauer kann es nicht den geringsten Zweifel geben, dass die Grenze in dieser Nacht geöffnet wird. Westliche Kamerateams versammeln sich »unverzüglich« an verschiedenen Westberliner Grenzübergangsstellen, um zu filmen und zu fotografieren, was geschieht. Dabei können sie sich zunächst nur gegenseitig beobachten, denn es passiert gar nichts: Die Grenze ist unverändert zu.

Die DDR-Passkontrolleure und -Grenzsoldaten lassen zunächst niemanden durch. Die Anweisungen für die neue Reiseregelung sind zwar schon ausformuliert, werden sie aber erst am nächsten Morgen erreichen, ganz planmäßig. Das lässt eine gefährliche Situation entstehen, denn auch viele Ostberliner haben Schabowski und die *Tagesschau* gesehen und versammeln sich nun an den Grenzübergängen, um »rüber« zu gehen.

Als die Passkontrolleure an der Bornholmer Straße am späten Abend einzelne DDR-Bürger tatsächlich ausreisen lassen, spricht sich das herum und wird als Beweis für die totale Grenzöffnung angesehen. Um 22:42 Uhr verkündet Hanns-Joachim Friedrichs in den ARD-*Tagesthemen*: »Die Tore in der Mauer stehen weit offen.« Er schaltet live zum Reporter Robin Lautenbach, der am Berliner Grenzübergang Invalidenstraße steht. Die Grenze ist, deutlich sichtbar, geschlossen. Davon lässt sich der Reporter aber nicht im Geringsten beirren. Westberliner Augenzeugen stehen bereit. Ein Taxifahrer berichtet, am Grenzübergang Bornholmer Straße könne jeder ausreisen, ohne Reisepass, nur mit Personalausweis. Auch viele andere Übergänge seien geöffnet, behauptet Robin Lautenbach kess, und die Mauer nur noch ein Baudenkmal.

Was aussieht, als habe der ARD-Korrespondent nur das Pech, am falschen Grenzübergang zu stehen – dem einzigen, der leider noch geschlossen ist –, erweist sich als weiterer Glücksfall für die deutsche Geschichte. In Wahrheit sind zu diesem Zeitpunkt nämlich alle Grenzübergänge noch geschlossen. Die aufwühlende *Tagesthemen*-Berichterstattung ist schlicht eine »Ente«. Doch sie wird zu einer sich selbst wahr machenden Falschmeldung: Nachdem die *Tagesthemen* berichtet haben, an der Bornholmer Straße sei die Mauer auf, gehen noch mehr DDR-Bürger dorthin. Der Druck auf die Passkontrolleure an der Bornholmer Straße wird so unerträglich groß, dass ihnen schließlich nichts anderes übrig bleibt, als nachzugeben. Sie »fluten«. Gegen 23:30 Uhr wird wahr, was um 22:42 als wahr vermeldet worden war: Die Tore der Mauer stehen weit offen.[220]

Glücksfall Nr. 9: Harald Jäger öffnet den Schlagbaum

... und so fließt am 9. November in Berlin Sekt statt Blut

Oberstleutnant Harald Jäger hat am Abend des 9. November das Kommando über die Passkontrolleure am Grenzübergang Bornholmer Straße, während der eigentliche Chef in einer Stasi-Sitzung steckt. Welch ein Glück, sagen auch die Kollegen, denn Jäger gilt nicht als »Betonkopf«. Das wird Blutvergießen verhindern, als sich immer mehr DDR-Bürger an der Grenze versammeln, um »unverzüglich« in den Westen zu reisen. Im Fernsehen haben sie gehört, die Mauer sei »auf«. Die Grenzer wissen davon nichts. Die Lage spitzt sich zu. Von der Stasi kommt die Anweisung, die »Lautesten« ausreisen zu lassen. Wieder mal eine DDR-typische »Ventil-Lösung«, die – wieder mal – nicht funktioniert: Nachdem einige raus dürfen, wollen alle raus. Oberstleutnant Jäger entscheidet schließlich auf eigene Faust, die Schlagbäume hochzumachen, für alle. Damit ist die Mauer gefallen. Und Oberstleutnant Jäger kurze Zeit später arbeitslos.

Der Abend des 9. November 1989 beginnt ausgesprochen langweilig. Nur wenige Leute passieren an der Bornholmer Straße die Grenze zwischen Ost- und Westberlin. Die 15 DDR-Passkontrolleure haben fast nichts zu tun. Es sind auch viel zu viele im Dienst, findet Oberstleutnant Harald Jäger, der als stellvertretender Leiter der Passkontrolleinheit in dieser Nacht das

Kommando hat. Noch immer gilt »erhöhte Einsatzbereitschaft«. Dabei denkt kein Mensch mehr daran, hier die Mauer zu durchbrechen, wo doch in der CSSR die Grenze weit offen ist. Einige Passkontrolleure lungern mit den Genossen von NVA und Zoll in der Kantine herum. Die Passkontrolleure haben zwar »Grenztruppen der DDR« auf dem Ärmel stehen, weshalb viele sie mit den NVA-Grenztruppen verwechseln. Sie bilden aber die Hauptabteilung VI des Ministeriums für Staatssicherheit. Sie überwachen den kompletten Reiseverkehr, filtern an der Grenze DDR-Flüchtlinge heraus, werben West-Touristen als Stasi-Spitzel an und sorgen dafür, dass die Mauer zu bleibt. Als Stasi-Mitarbeiter sind sie es, die hier das Sagen haben. Zum Abendessen kommt auch Harald Jäger in die Kantine. Der Fernseher läuft. Selbstverständlich ein DDR-Sender, und darum Schabowskis Pressekonferenz. Als der »unverzüglich« die neue Reiseregelung in Kraft setzt, bleibt Harald Jäger der Bissen fast im Hals stecken. »Was redet der denn da für einen geistigen Dünnschiss?«, entfährt es ihm, und er rennt in die Dienstbaracke zurück. Was er gehört hat, kommt ihm widersprüchlich vor. Aber er ahnt, dass es Bürger geben könnte, die das Wort »unverzüglich« wörtlich nehmen werden. Er ruft im Operativen Leitzentrum an, um mehr zu erfahren, und erreicht Oberst Rudi Ziegenhorn, den stellvertretenden Leiter seiner HA VI. Der hat jedoch auch keine Instruktionen und weiß nur, was er im Fernsehen gesehen hat.[221]

Tatsächlich weiß zu diesem Zeitpunkt niemand mehr, als im Fernsehen zu sehen ist. Auch nicht Generalmajor Heinz Fiedler, der als Leiter der Stasi-Hauptabteilung VI dafür sorgen muss, dass die Grenze dicht bleibt. Dafür scheut er keine Mittel und Wege. Wenn es um Fluchthilfe geht, fühlt der promovierte Jurist Fiedler sich sogar für Attentate zuständig: Den notorischen westdeutschen Fluchthelfer Wolfgang Welsch will er mehrfach ermorden lassen. Nach dem Untergang der DDR wird Dr. jur. Heinz Fiedler sich dem Strafprozess entziehen, durch Selbstmord in Untersuchungshaft. Der linientreue Überzeugungstäter Fiedler telefoniert gerade mit Generalmajor Gerhard Niebling, dem Leiter der Zentralen Koordinierungsgruppe des MfS, als Schabowski vor den Kameras improvisiert.[222] Fiedler stimmt mit Niebling die Weisungen ab, die er an diesem Abend per Fernschreiben an seine Passkontrolleure schicken will. Die Kontrolleure müssen wissen, was sie am nächsten Tag erwartet: an dem Tag, an dem die DDR-Bürger endlich ganz legal ihr Land verlassen dürfen – vorausgesetzt, sie haben eine Genehmigung. Besonders aufregend finden die Stasi-Generäle das nicht. Sie erwarten zwar einen Ansturm der Bürger, aber nicht an ihren Grenzübergängen, erinnert sich Niebling: »Jedes Volkspolizeikreisamt, jede Pass- und Meldestelle hätte jetzt solche Anträge genehmigen können, so daß sich der Druck auf mehrere hundert Stellen in der gesamten Republik verteilt hätte, und zusätzlich noch auf die Abteilungen Inneres der Räte.«[223] Das Innenministerium ist bereits dabei, entsprechende Kapazitäten an Personal und Räumen zu organisieren. Bis die DDR-Bürger mit ihrem Reisepaß und den Reisegenehmigungen in der Hand an der Grenze stehen, dürften Tage und Wochen vergehen. Nur etwa vier Millionen DDR-Bürger haben schon einen Reisepass, könnten also rasch eine Genehmigung bekommen und ebenso rasch zu den Grenzübergängen kommen. Die Weisungen für die Kontrolleure sind fast fertig, als Schabowski seinen »Zettel« verliest. »Heinz, wir können aufhören mit der Weisung, der hat das schon alles verkündet«, sagt Niebling zu Fiedler. Und, während der sein Fernsehgerät einschaltet: »Jetzt hat er auch noch gesagt, es geht gleich los! Du kannst deinen Jungs schon ankündigen, die ersten Leute kommen jetzt!«

Major Manfred Sens amtiert an diesem Abend als Chef der NVA-Soldaten des Grenzregiments-35 im Abschnitt Bornholmer Straße. Falls es zu einem Fluchtversuch kommen sollte – oder einem Überraschungsangriff der NATO –, haben seine vier Grenzposten hier die Staatsgrenze zu verteidigen. Im

Dienstzimmer hört er, was Schabowski »so komisch« mitteilt. Auch er ahnt, dass manche Bürger nun denken könnten, sie dürften »unverzüglich« ausreisen, und so ruft er beim Posten VII an, der am Schlagbaum der Bornholmer Straße steht. »Dann habe ich gesagt: Da werden gleich Leute kommen und versuchen, jetzt auszureisen. Da hat der gesagt: Na, die stehen schon da!«[224]

Kaum dass Schabowski von »unverzüglich« gesprochen hat, müssen die ersten Neugierigen sich schon auf den Weg zur Grenzübergangsstelle gemacht haben: Kurz nach 19 Uhr stehen fünf, dann 20, schließlich 50 Leute vor dem Grenzübergang und beobachten, was geschieht. Sie halten noch respektvoll Abstand von dem Warnschild »Achtung! Sie betreten das Grenzgebiet«, an dem niemand ohne Reisepass und ohne Visum vorbei darf. Harald Jäger informiert Oberst Ziegenhorn darüber, dass die ersten Bürger da sind. Der ordnet an, sie nach Hause zu schicken. Manche gehorchen. Aber immer mehr DDR-Bürger bleiben vor den Grenzanlagen stehen, die ersten Autos treffen ein.

Es ist kein Zufall, dass sich gerade an der Bornholmer Straße besonders viele Menschen versammeln: Hier beginnt das Wohnviertel Prenzlauer Berg, wo Künstler, Studenten und Arbeiter leben. Die von vielen Mahnwachen bekannte Gethsemane-Kirche liegt hier, ebenso die Zionskirche mit der Umweltbibliothek. SED-treue Bürger sind in diesem Viertel unterdurchschnittlich vertreten. Die Stasi hat für die Grenzübergangsstelle deshalb besondere Alarmpläne. Bis zum Grenzübergang haben die Leute es nicht weit, sie können »mal eben gucken« gehen. »Ein Großteil kannte man ja, das waren die Nachbarn, die da standen«, erinnert sich Major Sens. »Ich habe da gewohnt, meine Kinder sind da zur Schule gegangen.«

Auch Siegbert Schefke lebt in dem Viertel. Der Mann, der für Roland Jahn die Leipziger Montagsdemonstration vom 9. Oktober, verfallende Städte und verseuchte Seen gefilmt hat, sitzt an diesem Abend beim Stammtisch, als sein Kompagnon Aram Radomski mit Neuigkeiten dazustößt: »Aram hatte im Radio von dieser ominösen Pressekonferenz mit Schabowski gehört. Und der sagte: Da passiert heute was, lass uns mal gucken gehen.« Auf dem Weg zur Grenze kommen Schefke und Radomski schon Leute entgegen. Radomski berichtet: »Die kommen von der Mauer zurück und sagen: Ne, das ist ja alles doch wieder wie vorher, das was da im Fernsehen gesagt wurde, das würde jetzt gar nicht so stimmen.« Zwischen 20:00 und 20:30 Uhr treffen Schefke und Radomski am Grenzübergang ein. Etwa um die gleiche Zeit wie Georg Mascolo, Rainer März und Germar Biester, die für »Spiegel TV« unterwegs sind. Auch sie kommen aus einer Kneipe am Prenzlauer Berg: »An der Theke gab es kein anderes Thema als Schabowskis Erklärung. Allerdings waren auch die DDR-Bürger so ratlos wie die West-Korrespondenten, was die Aussage denn nun bedeutete. Aber das SED-Regime befand sich längst in der Defensive, und die Menschen waren bereit auszuprobieren, wie weit die neuen Freiheiten reichten. Als die ersten entschieden, es in dieser Nacht herauszufinden, und an die Grenze marschierten, schlossen wir uns an.«[225] Mascolo, der heute *Spiegel*-Chefredakteur ist, wird mit seinem Team die ganze Nacht an diesem Grenzübergang bleiben und mit der Kamera dabei sein, als die Schlagbäume geöffnet werden. Nur ein spanisches Fernsehteam, das zufällig ebenfalls an der Bornholmer Straße dreht, fängt auch noch dieses historische Ereignis ein.[226]

Für die Passkontrolleure wird die Lage ungemütlich. Selbst mit der Straßenbahn kommen nun weitere Leute, die sich zu der wachsenden Menge gesellen. Das Hinweisschild wird nicht mehr beachtet, die Menschen rücken zur Grenzanlage vor. Die ersten fordern Durchlass, rufen: »Wir wollen rüber! Wir wollen raus!« und »Wir kommen wieder!« Sie verweisen auf Schabowskis Fernsehauftritt, was Harald Jäger nachvollziehen kann: »Was die Partei sagt, war Gesetz. Das nahmen die DDR-Bürger beim Wort.

Die sagten: Pass auf, was die Partei gesagt hat – und Schabowski war die Partei auf der Pressekonferenz –, ist dann für euch also Gesetz und das Gesetz heißt dann also, ihr müsst uns reisen lassen.«[227] Seine Hinweise, Schabowski habe auch von Anträgen und Genehmigungen gesprochen, werden niedergebrüllt: »Sofort« und »unverzüglich« habe Schabowski gesagt.

Die sich zuspitzende Lage ist eindeutig Chefsache. Kurz nach 20 Uhr ruft Stellvertreter Jäger den Leiter der Passkontrolleinheit, Oberstleutnant Werner B., an. Der macht sich auf den Weg. Jäger geht davon aus, dass B. das Kommando übernehmen wird. Und dann wird ein anderer Wind wehen am Grenzübergang: »B. war eine richtige rote Socke. Das war ein Betonkopf«, erinnert sich Jäger. »Das wusste ich damals schon, und das sag ich heute auch mit einer festen Überzeugung: Also er hätte befehlsgemäß gehandelt, er hätte die Grenzübergangsstelle bis zum Schluss zugelassen.«[228] Für den weiteren Verlauf des Abends am Grenzübergang Bornholmer Straße und vielleicht sogar für den Ausgang der friedlichen Revolution überhaupt ist es ein Glück, dass B. im Verlauf des Abends doch nicht dazu kommen wird, das Kommando zu übernehmen.

Eine Volkspolizei-Streife trifft ein. Ein VoPo richtet sich per Megaphon an die Menge und betet noch einmal herunter, dass für die Ausreise auch nach der neuen Regelung Genehmigungen beantragt werden müssen, die es bei den Volkspolizei-Inspektionen gibt. Ein Teil der Menschen zieht daraufhin tatsächlich ab in Richtung Arnimplatz. Dort liegt das nächste Polizeirevier. Aram Radomski lässt sich von dem »Abschnittsbevollmächtigten« der Volkspolizei aber nicht aufhalten. Mit Siegbert Schefke dringt er zum Postenhäuschen der Passkontrolleure vor, in dem Harald Jäger inzwischen steht. »Ich habe dann ein paar Mal in Richtung Grenze gerufen, ob es heute möglich ist, mit einem gültigen Personalausweis der DDR die Grenze nach Westberlin zu passieren. Ich hab das immer nur auf diesen einen Satz reduziert.«[229]

Harald Jäger empfindet die Lage als bedrohlich. Die Gruppe, die zum Polizeirevier gegangen ist, kehrt unverrichteter Dinge zurück. Die Leute sind erbost, sie fühlen sich getäuscht. Sie starten einen lauten Sprechchor: »Wir wollen rüber.« Plötzlich klingelt das Telefon in Jägers Postenhäuschen. Die Zentrale informiert ihn, dass für die gesamte Hauptabteilung Alarm ausgelöst worden ist. General Fiedler hat außerdem für 21:00 Uhr eine außerordentliche Leiter-Tagung einberufen. Er will neue Weisungen erteilen, wie nun, nach Schabowskis »Holterdiepolter« (General Niebling), an den Grenzübergängen zu verfahren ist. Das bedeutet: Kaum, dass der Leiter der Passkontrolleinheit, Oberstleutnant B., wenig später an der Bornholmer Straße eintrifft, muss er auch schon weiter in die Schnellerstraße, wo die Sitzung stattfindet. Eine extrem glückliche Fügung: Denn nun bleibt Harald Jäger in den entscheidenden Stunden hier der amtierende Kommandant. »Ein Glück, dass du heute da bist!«, werden seine Leute später sagen. Auch Jäger selbst – kein übermäßig eitler Mensch – sagt heute: »Es war ein Glücksfall!«[230]

Jäger telefoniert im Laufe des Abends 20 bis 30 Mal mit seinen Vorgesetzten, um neue Weisungen zu erhalten. Doch von oben kommt nichts. Umso lauter und größer wird die Masse vor dem Grenzübergang. Gegen 21 Uhr reicht der Stau der Trabis und Wartburgs schon einen Kilometer weit, Nebenstraßen inklusive. Von ihren Baracken aus sehen die Passkontrolleure, Grenzsoldaten und Zollmitarbeiter nur noch Menschen. Sie fühlen, dass es nun »brenzlig« wird. Jäger rechnet durch: Er hat 14 Leute, es gibt fünf Grenzsoldaten, 16 oder 18 Zollkontrolleure. Alle haben Dienstpistolen, außerdem gibt es insgesamt acht Maschinenpistolen. Zwar gilt seit Anfang 1989, dass an der Grenze nicht mehr geschossen werden darf. Jetzt aber geht es um Selbstverteidigung. Harald Jäger braucht mehr Leute, damit die Masse im Falle eines Angriffs den Grenzübergang nicht einfach überrennt. Es gilt die Mitarbeiter zu schützen und die Fahndungskartei zu sichern.

In Überschreitung seiner Kompetenz erklärt Jäger kurz nach 21 Uhr den Alarmfall. Alle erreichbaren Passkontrolleure werden telefonisch herbeizitiert. Insgesamt 50 bis 60 Mann. Inzwischen skandiert die Menge: »Macht das Tor auf!« Endlich teilt ihm auch Oberst Ziegenhorn mit, wie zu verfahren ist: »Pass auf, Jäger, wir machen Folgendes: Also, alle DDR-Bürger, die provokativerweise in Erscheinung treten, die lässt du ausreisen.« Und nicht nur das: Die Kontrolleure sollen den Personalausweis der Ausreisenden gleichzeitig als ungültig kennzeichnen, mit einem Stempel mitten auf das Passfoto. Ohne es zu wissen, werden die Ausreisenden damit zu Auswanderern, sie dürfen nicht wieder zurück. »Erst dann, wenn sie zurückkommen, dann sollen sie die Tatsache erfahren, dass sie praktisch ausgebürgert waren.« Ein Vorgehen in alter DDR-Tradition: Wer meckert, fliegt raus. Obendrein ein hinterhältiges Vorgehen in Stasi-Tradition. In dem Buch »Der Mann, der die Mauer öffnete« rekapituliert Gerhard Haase-Hindenberg, was Jäger nun erlebt und denkt. Jäger ist unwohl dabei, doch er glaubt, dass das den Druck von der Grenze nehmen würde. »Aber innerhalb kurzer Zeit wurde ich dann belehrt, dass wir genau das Gegenteil von dem erreicht haben.«

Vor dem Grenzübergang verlangt Aram Radomski immer noch lautstark, einen »Verantwortlichen« zu sprechen, der ihm sagen kann, ob er nur mit Personalausweis über die Grenze kann. Ein eindeutiger Unruhestifter. Radomski erzählt: »Und dann kam dieser Jäger raus und guckte mich da irgendwie an und meinte so: Also, wer das wünscht, der kann das heute tun.« Aram Radomski und Siegbert Schefke gehören zu den Ersten, die über die Grenze gelassen werden. Seinen DDR-Personalausweis mit dem Ausreisestempel – quer über dem Passfoto – hat Schefke heute noch. Die klammheimliche Ausbürgerung erfolgt unspektakulär: Pass abstempeln, Eisentür auf, und weiter. Einige hundert Meter müssen die beiden über eine S-Bahn-Brücke gehen, die »Bösebrücke«. Zwei Drittel gehören der DDR, das letzte Drittel Westberlin. Es schließt sich ein Wohngebiet an. Sozialwohnungen in Plattenbauart.

Erst glauben Schefke und Radomski nicht, dass sie im Westen sind. Dann fährt ein Taxi vorbei. Ein Mercedes. So was gibt's in Ostberlin nun definitv nicht. Nachdem sie dem skeptischen Taxifahrer versichert haben, dass sie D-Mark besitzen, fährt der sie nach Kreuzberg. »Wissen Sie was, ich glaube, Sie müssen heute Abend noch mal hierherfahren. Sie machen heute das Geschäft Ihres Lebens«,[231] prophezeit Radomski dem Taxifahrer. Später wird es ein Taxifahrer sein, der dem ARD-Reporter Robin Lautenbach live in den *Tagesthemen* berichtet, an der Bornholmer Straße sei die Mauer auf, er habe viele Ostberliner dort ankommen sehen. Allerdings ist die Mauer da noch nicht auf. Es sind alles klammheimlich Ausgebürgerte wie Schefke und Radomski.

Mit dieser »Ventillösung« möchte die Stasi die Unzufriedenen rauswerfen, damit sie die anderen, die braven DDR-Bürger, nicht weiter aufwiegeln. Aber was schon in Fällen wie Biermann, Bahro oder Roland Jahn nicht geklappt hat, funktioniert auch am 9. November nicht: Dass einige raus dürfen, macht die Zurückbleibenden nicht ruhig und zufrieden, sondern es stachelt sie erst recht an. Jeder will jetzt als »Provokateur« gelten. »Gleich der Hydra, der mit jedem abgeschlagenen Kopf zwei weitere nachwuchsen, scheint deren Zahl nicht weniger, sondern mehr zu werden. Wahrscheinlich haben die Menschen da drüben längst mitbekommen, dass man nur laut genug schreien muss, um ausgewählt zu werden.«[232]

Kein Anschluss unter dieser Nummer

In der Ostberliner Schnellerstraße tagen ab 21 Uhr die Spitzengenossen der Stasi-Hauptabteilung VI unter General Fiedler: alle Leiter der Berliner Passkontrolleinheiten, alle Abteilungsleiter, Fiedler und seine Stellvertreter, insgesamt 30 hochrangige Offiziere. Sie erfahren, was Schabowski genau gesagt hat, und beraten, welche Konsequenzen das haben könnte. Die Stimmung ist keineswegs panisch, schildert ein Teilnehmer später dem Historiker Hans-Hermann Hertle: »Ich war eigentlich weder erregt noch erschrocken. Das hat mich eigentlich gar nicht doll bewegt, weil ich auf unsere Stärke vertraut habe. Ich meine, militärisch gesehen und von unseren Mitteln, die wir hatten, wäre es kein Problem gewesen, das zu sichern. Überhaupt kein Problem.«[233] Trotzdem ist die Runde unruhig, fast hektisch: Dauernd muss General Fiedler raus, um zu telefonieren. »Generalleutnant Neiber, der Stellvertreter des Ministers, rief mehrfach an. Auch Mielke hat sich dann mal gemeldet. Es kamen Fernschreiben mit widersprüchlichen Meldungen und Maßnahmen an.«

So wie Hertles Gewährsmann, so vertrauen auch die anderen Offiziere auf die erprobte Kampfkraft der allmächtigen Staatssicherheit. »Wie ich meine Berliner kenne, gehen die um 23 Uhr ins Bett«, soll General Fiedler nach der etwa anderthalbstündigen Sitzung gesagt haben. Sorgen macht sich auch der Minister nicht: Zu der Zeit, als die Sitzungsteilnehmer bei Fiedler auseinandergehen, gegen 22:30 Uhr, verlässt Erich Mielke, oberster Stasi-Chef, das Ministerium für Staatssicherheit. Er geht nach Hause. Entweder glaubt auch er, alles im Griff zu haben, oder er hat in Kenntnis der wahren Lage bereits aufgegeben. Der Minister, der zwei Tage zuvor seinen Rücktritt erklärt hat, aber noch amtiert, hinterlässt immerhin den Befehl, auf keinen Fall mit militärischer Gewalt vorzugehen, berichtet Generalmajor Niebling von der Zentralen Koordinierungsgruppe. »Das wäre technisch ohnehin nicht möglich gewesen, davon abgesehen. Das hätte eine wüste Schießerei gegeben, ein Gemetzel, und am Ende hätten sie uns alle aufhängen müssen – mit Recht.«[234]

Die Sorglosigkeit der Stasi-Generäle geht einher mit der Ahnungslosigkeit der Partei- und Staatsführung. Anfragen der

Passkontrolleure und Grenzsoldaten, was sie tun sollen, werden nicht beantwortet. »Wir waren völlig auf uns allein gestellt. Und meine ersten Gedanken waren: Wenn die dir vorher nichts sagen, dann sollen sie auch sehen, wie sie zurechtkommen, du machst jetzt gar nichts«,[235] beschreibt später NVA-Generalmajor Erich Wöllner seine Gefühle in dieser Zeit. Wöllner befehligt als Kommandeur des »Grenzkommandos Mitte« rund 12 000 Soldaten. Noch im Februar hat er vier seiner Leute mit dem »Leistungsabzeichen der Grenztruppen« und 150 Mark Prämie ausgezeichnet, weil sie zwei Republikfluchten verhindert haben: Den Flüchtling Christian Gaudian schießen sie an, er wird schwer verletzt festgenommen und am 17. Oktober von der Bundesrepublik »freigekauft«. Der Flüchtling Chris Gueffroy, ein 20-jähriger Kellner, stirbt noch am Grenzstreifen, von zehn Kugeln getroffen. Er wird der letzte Mauertote in Berlin sein. Generalmajor Wöllner wird 1997 zu fünf Jahren Haft wegen Totschlags in sechs Fällen verurteilt, die er aus Altersgründen aber nicht antreten muss.

Am Grenzübergang Bornholmer Straße melden sich die ersten Rückkehrer aus dem Westen. Sie werden nicht eingelassen, da sie mittels Stempel über dem Passfoto ja ausgebürgert sind. Ein junges Ehepaar mag der Passkontrolleur aber nicht zurückweisen, er holt den amtierenden Chef, Oberstleutnant Harald Jäger. Die Frau weint: »Meine Kinder liegen im Bett, die müssen morgen früh zur Schule. Ich wollte doch nur mal mit meinem Mann kurz rüber, weil es doch im Fersehen hieß, dass man das jetzt darf.«[236] Harald Jäger hat das Gefühl, von der Partei im Regen stehen gelassen zu werden. Es wird Chaos angerichtet, anschließend ist keiner zu erreichen. Und vor Ort muss man es ausbaden. Ganz Ähnliches geht Major Manfred Sens von den Grenztruppen durch den Kopf: »Warum hat man uns vorher nichts gesagt? Und will man uns jetzt abservieren? Dass die Masse sich austoben kann an uns, warum macht man so was? Wir haben uns verraten gefühlt. Man hatte den Eindruck, die denken sich: Na, lass die mal machen. Wenn's klappt, haben wir das organisiert, wenn's nicht klappt, waren die das.«[237]

Harald Jäger empfindet geradezu Hass auf die Spitzengenossen, erzählt er später Gerhard Haase-Hindenberg. Ein Hass, der sich über Jahre angestaut hat. Immer schon viele kleine Ungereimtheiten, Unehrlichkeiten. Dann, am 6. Oktober 1983, ein nachhaltiger Vertrauensbruch: Immer wieder hatte es geheißen, Selbstschussanlagen an der DDR-Grenze gebe es nicht, das sei Feindpropaganda. An diesem Tag aber steht im *Neuen Deutschland*, Honecker habe zugesagt, alle Selbstschussanlagen abzubauen. Jäger findet das ungeheuerlich.[238] Ebenso die Ausweisung von Straftätern in die Bundesrepublik – gegen harte Devisen. Oder die notorische Verletzung demokratischer Regeln in der SED und FDJ. Dann, Ende September, muss er erleben, dass die eigene Staatsführung den 6 000 Flüchtlingen in Prag die Ausreise in den Westen erlaubt, wo er selbst doch jahrzehntelang die Grenze sichert, nur um den »ungesetzlichen Grenzübertritt« nach § 213 DDR-Strafgesetzbuch zu verhindern und den Versuch zu bestrafen. »Nie hätte er für möglich gehalten, dass er einmal der eigenen Regierung würde vorwerfen müssen, diesen Straftatbestand zu begünstigen.«[239]

Sein Vertrauen in die Staats- und Parteiführung ist an diesem 9. November 1989 völlig gebrochen. Und er ist nicht mehr bereit, eine Politik mit Gewalt durchzusetzen, an die er nicht mehr glaubt. Dem jungen Ehepaar, das gerade erst heimtückisch ausgebürgert wurde, erlaubt er die Rückkehr zu den Kindern. Sie dürfen wieder einreisen, befiehlt er dem Kontrolleur. Alle anderen auch. »Das war die erste Befehlsverweigerung und der ausschlaggebende Punkt. Ich bin dann vor zum Kontrollpunkt zur Ausreise, wo die DDR-Bürger standen, und ich kann ihnen auf gut Deutsch sagen: Ich hatte die Schnauze gestrichen voll.«[240]

Nach Schätzung der Passkontrolleure sind es nun 25- bis

30 000 Menschen, die auf der Bornholmer Straße auf die Öffnung der Grenze warten, die in den ARD-*Tagesthemen* bereits als vollzogen vermeldet worden ist. Den Drahtgitterzaun vor der Grenzübergangsstelle haben die Menschen schon beiseitegeschoben. Jeden Moment ist mit einer Erstürmung der Baracken zu rechnen. Dann würde es genügen, wenn auch nur ein Passkontrolleur oder Grenzbeamter, der sich bedroht fühlt, seine Dienstwaffe zückt, und ein Gemetzel wäre fast unausweichlich.

Die Genossen vor Ort warten sichtlich auf eine Entscheidung von Harald Jäger, dem diensthabenden Leiter. Er ist nun bereit zur zweiten Befehlsverweigerung: Er ordnet an, alle hoheitlichen Utensilien und die Fahndungskartei in die Dienstbaracke zu bringen. »Und ich hab dann die Weisung erteilt: Schlagbäume auf, alles raus, also ohne Kontrolle.«[241] Persönlich geht er zum Schlagbaum, vor dem die Menge ruft: »Tor auf! Tor auf!«, und wiederholt seinen Befehl.

Das Fernsehteam von *Spiegel TV* filmt, wie die Passkontrolleure den Schlagbaum nach innen führen, die johlenden Massen daran vorbei in den Westen tänzeln. Auch die Grenzsoldaten machen ihren Schlagbaum auf. Einen weiteren, dessen Schloss in all den Jahren eingerostet ist, biegen die Bürger vor laufenden Kameras um. »Da hat man jahrelang druff gewartet und dann: Wie einfach das auf einmal geht«, schildert der spätere Politiker Rainer Eppelmann sein Erstaunen in diesem Augenblick.[242] Der Ostberliner Frank Müller ist zur richtigen Zeit am richtigen Ort: »Direkt in dem Augenblick, wo wir dort ankommen, geht das Tor auf. Wir waren selber ganz erschrocken, wie das passieren kann.« Der Menschenstrom zieht den jungen Mann mit über die Grenze. »Erst habe ich das alles gar nicht so richtig wahrgenommen. Eigentlich erst, als ich das erste Auto, einen VW-Bus, gesehen habe, wo Polizei drauf stand und nicht Volkspolizei, da war mir klar, hier stimmt irgendwas nicht, das ist wirklich der Westen.«[243]

Marianne Birthler, die spätere Bundesbeauftragte für die

Stasi-Unterlagen, hat eigentlich gar nicht vor, Ostberlin zu verlassen. »Aber es entstand so eine Art Sog«, erinnert sie sich. Und plötzlich waren sie und ihre Freunde »drüben«. Was dann geschieht, berichten viele ähnlich: »Als wir auf der Westseite waren, hielt ein Auto neben uns mit einem jungen Mann, der sagte: Wohin wollt ihr? Der hatte diese Nachricht auch im Radio wohl gehört und hat sich dann in sein Auto gesetzt und war seitdem unterwegs, irgendwelche Ossis zu Zielen fahren, die sie ihm genannt haben, als private Dienstleistung. Und dann bin ich zu Freunden gefahren und wir haben den Rest der Nacht auf Berlins Straßen verbracht.«[244]

Keine Gewalt, kein Hass, keine Rache. Die Berliner sind in Feierlaune, verteilen Küsschen, sie umarmen einander und sogar die Passkontrolleure. Später werden Heimkehrer ihnen Schokolade, Zigaretten und Sekt aus dem Westen mitbringen. Die Mauer fällt in Partystimmung: Es fließt Sekt statt Blut.

Und es fließen Tränen: vor Freude, vor Rührung, bisweilen gemischt mit Verzweiflung. Lutz Häder beispielsweise gehört zu denen, die nur aus Neugierde an die Grenze kommen, um zu schauen, »ob das wahr ist«. Der junge Mann hat gerade einen gescheiterten Fluchtversuch über Ungarn hinter sich, seine Eltern sitzen noch in Stasi-Haft, ihnen droht eine Verurteilung wegen Republikflucht und sogar Landesverrat. »Irgendwann stand ich vor dieser Schranke auf diesem Grenzübergang und bin eben über diese weiße Linie da marschiert, von der ich nie gedacht hätte, dass ich sie jemals aus der Nähe sehen werde. Und für mich persönlich war das natürlich dann auch 'ne sehr zwiespältige Situation, meine Eltern im Gefängnis, weil sie genau das wollten, und ich latsch jetzt einfach da drüber.«[245]

Berlin erliegt dem Freudentaumel. Die ganze Anspannung aus den Jahrzehnten des Kalten Krieges scheint in einer einzigen Nacht von den Menschen abzufallen. Die Volksfest-Stimmung, die fast alle verspüren, beginnt erstaunlicherweise schon vor der Grenzöffnung. Bereits die am geschlossenen Schlagbaum wartenden Menschen an der Bornholmer Straße wirken ausgesprochen gut gelaunt, sind geradezu in fröhlicher Erwartung. Der Historiker Hans-Hermann Hertle, der Akten und Zeitzeugenberichte zu diesem Tag wie kein Zweiter kennt, hält es für möglich, dass der Alkohol beim Fall der Mauer eine Rolle spielt. Viele Menschen, die den Stasi-Passkontrolleuren »Tor auf!« entgegenrufen und auch vor der Volkspolizei nicht die geringste Angst verspüren, haben vielleicht schon ihr Feierabendbier getrunken. Bemerkenswert viele Zeitzeugen berichten, sie hätten Schabowskis Pressekonferenz in einer der vielen Szene-Kneipen am Prenzlauer Berg verfolgt. Ungeplant, aber erfolgreich haben die Grenzöffner sich offenbar erst mal Mut angetrunken.

Die Verteidiger der Grenze an der Bornholmer Straße sind dagegen überhaupt nicht in Feierlaune. Vor Öffnung der Schlagbäume fürchten sie um Leib und Leben. »Dass da ein Zaun eingedrückt wird, Leute hinfallen, andere drüber hinwegtrampeln, das wollten wir nicht. Oder dass einer der Soldaten durchdreht und mit der Waffe irgendwas versucht, das musste unbedingt verhindert werden«, berichtet Manfred Sens von den Grenztruppen. Ein kleiner Anlass kann genügen, um die Stimmung der Menschenmasse zu kippen. Nach Öffnung der Schlagbäume ist den Verteidigern klar, dass ihr Staat DDR am Ende ist. Die Grenzöffnung ist die Kapitulation. Einen Passkontrolleur findet Harald Jäger weinend in der Dienstbaracke vor. Auch von anderen Stellen in Berlin wird später über weinende Staatsdiener berichtet werden.

In das Rapportbuch lässt Harald Jäger eintragen: »Kontrollen eingestellt. Nicht mehr in der Lage.« Dann ruft er erneut Oberst Ziegenhorn an und vermeldet die Grenzöffnung: »Die Grenzübergangsstelle war nicht mehr zu halten.« Ziegenhorn sagt nur kurz: »Ist gut, mein Junge.« Eine Viertelstunde später weist Stasi-General Ziegenhorn nach Rücksprache mit dem

Ministerium alle anderen Grenzübergangsstellen an, ebenfalls die Schlagbäume zu öffnen. Einen Befehl der Staatsführung zur Grenzöffnung hat es nicht gegeben, auch wenn Egon Krenz das im Nachhinein gern anders darstellt. Es sind die Passkontrolleure vor Ort, die handeln: vom Volk unter Druck gesetzt, von der Führung allein gelassen, und dennoch besonnen.

Zwei Minuten nach Mitternacht sind laut Volkspolizei-Lagebericht alle Grenzübergänge geöffnet. Die Menschen überrennen regelrecht die Kontrollstellen. Tausende, zigtausende, hunderttausende Ostberliner strömen nach Westberlin, tausende Westberliner in den Osten. Berlin wird in dieser Nacht zur Partymeile. Im Westen gibt es Freibier für die »Brüder und Schwestern« aus dem Osten. Wildfremde Menschen liegen sich in den Armen, Freunde und Verwandte sowieso. Als hätte jemand einen Schalter umgelegt, hat die Berliner Mauer plötzlich ihren Schrecken verloren.

Eine Zelle für den Regierenden von Westberlin

An der Invalidenstraße in der Nähe des heutigen Hauptbahnhofes gehen die Schlagbäume erst sehr spät hoch, nämlich kurz vor Mitternacht. Noch um 23 Uhr ist der stellvertretende Leiter der dortigen Passkontrolleure, S. W., mit seinem dunkelblauen Lada problemlos auf das Gelände der Kontrollstelle gefahren. »Es mögen vielleicht 60 oder 70 Personen im Hinterland, wie wir gesagt haben, also im Bereich Posten VII gestanden haben«,[246] erinnert er sich. Der Oberstleutnant kehrt gerade von der Sitzung bei General Fiedler zurück. Und der General scheint zumindest für den Bereich Invalidenstraße recht zu behalten, dass »meine Berliner« um 23 Uhr ins Bett gehen.

Für die Westberliner gilt das hier allerdings nicht: Auf der anderen Seite der Grenze hat sich eine große Menschenmenge angesammelt. Tausende beobachtet der Passkontrolleur: »Ich habe einen Monitor in meinem Zimmer gehabt mit einer schwenkbaren Kamera, so dass ich den ganzen Bereich abfahren konnte. Dort standen sie schon dicht gedrängt bis zu dieser Polizeidienststelle, die da im Vorfeld war. Und es waren zwei Angehörige der britischen Militärpolizei vor Ort.«

Mit unter den Wartenden auf westlicher Seite befinden sich auch SFB-Reporter Robin Lautenbach und sein Team. Sie berichten von hier um 22:42 Uhr live für die ARD-*Tagesthemen* über die Maueröffnung. Lautenbach ist enttäuscht: »Zur richtigen Zeit, aber leider am falschen Ort. An der Invalidenstraße war es in diesen Minuten so ruhig wie die 28 Jahre zuvor: kein Trabi, kein DDR-Bürger.«[247]

Die DDR-Passkontrolleure allerdings befinden sich schon im Alarmzustand. Alle erreichbaren Truppen sind vor Ort, rund 60 Mann. »Alle waren bewaffnet, und wir waren gut ausgestattet. Wir hatten vorab noch ein paar Spezialwaffen aus westlicher Produktion bekommen«, erzählt Oberstleutnant S. W. Er empfiehlt auch dem Kollegen der Grenztruppen, Verstärkung anzufordern.

Die Westberliner rücken immer mehr gegen die Mauer vor. Die Massen drücken von hinten, die vorderen weichen schließlich in die Zufahrt Richtung Grenze aus. »Ich hätte das Tor zumachen können, wir hatten ein Rolltor da, dann wäre die Kiste dicht gewesen«, sagt Oberstleutnant W. Er macht es aber nicht, weil er keinen Befehl dazu hat: »Die Schließung einer Grenzübergangsstelle war so hoch angebunden, das musste im Normalfall der Ministerrat machen.« Als im Mannschaftsbus die Verstärkung von 45 Grenzsoldaten eintrifft – »voll aufmunitioniert« –, drängen die Westberliner bereits Schritt für Schritt in die Grenzübergangsstelle ein. Eine klare Grenzverletzung. »Das wäre kein Problem gewesen: Wir hätten Dauerfeuer schießen können.« Aber die Leiter von Passkontrolleuren und Grenztruppen sind sich einig: »Auf Unbewaffnete schießen, das machen wir nicht.« Sie lassen die Verstärkung erst mal im Bus sitzen. Mit klaren Anweisungen von oben rechnen die Passkontrolleure nicht mehr. Seit einiger Zeit schon sind sie, wie viele Kollegen, »ein bisschen lustlos«, erzählt S. W. dem Historiker Hertle. »Wir sind dahinten immer die Letzten, die die Prügel kriegen.«

So schieben sich die Westberliner Massen allmählich bis zum Schlagbaum nach Ostberlin. Und auch von Ostberlin werden es immer mehr, die gegen die Grenze drücken: »Da stand eine Masse Leute und auch Autos vor der Grenzübergangsstelle, die hupten und machten tralala, und manche waren auch schon angetrunken.«[248] Der Oberstleutnant weist seine Leute am Posten VII an, keine Gewalt anzuwenden. Schließlich klettern die ersten Ostberliner über den Zaun. Die Passkontrolleure und Grenzsoldaten ziehen sich zurück. »Wir haben eigentlich nicht geöffnet«, sagt der diensthabende Leiter der Grenzübergangsstelle später. Die Menschen ignorieren die Grenze einfach.

Kurz vor Mitternacht kann Robin Lautenbach endlich den ersten Trabi aus dem Osten vor laufender Kamera in Empfang nehmen, live für die Sondersendung »DDR öffnet Grenzen«. Auch die Invalidenstraße ist jetzt geöffnet. Für Oberstleutnant W. »der schlimmste Augenblick«, weil ihm klar ist, dass das das Ende der DDR ist, die Kapitulation. »Was willst du dich hier noch abstrampeln?« Den sinnlosen Befehl seines Generals Fiedler, alle Ein- und Ausreisenden genau zu zählen, unterläuft er einfach: Er einigt sich mit dem Kommandanten der Grenztruppen auf Zahlen, die beide an ihre Vorgesetzten durchgeben.

Trotzdem wird es noch einmal spannend an der Invalidenstraße. In »DDR öffnet Grenzen« ruft Westberlins Regierender Bürgermeister Walter Momper (SPD) die DDR-Bürger dazu auf, nicht alle auf einmal zu kommen: »Bitte machen Sie's morgen, machen Sie's übermorgen. Wir haben im Moment Schwierigkeiten, das verkraften zu können.« Kurz darauf berichtet Robin Lautenbach wieder live vom Chaos an der Invalidenstraße, wo die DDR-Kräfte die Lage nicht mehr im Griff haben.

In Sorge, es könne zu einem Blutbad kommen, fährt Momper zur Invalidenstraße. Er kämpft sich zur Grenzstelle vor. Um sich an die Westberliner Massen zu wenden, steigt er dort auf einen Tisch. Es ist ein Tisch der Passkontrolleure, und er steht somit jenseits der Grenze, in Ostberlin. Während Momper per Megaphon zu seinen Bürgern spricht und zu Ruhe aufruft, meldet S. W. bei General Fiedler die Grenzverletzung. Fiedler ist fassungslos. S. W. fragt, ob er Momper festnehmen soll. »Wir hatten eine schöne Zelle, und es wäre kein Problem gewesen, den Regierenden darin standesgemäß unterzubringen.« Fiedler lehnt das ab. »Ich muss sagen, ich habe mich da eigentlich die ganze Zeit weder erregt noch aufgeregt«, berichtet der Chef der Passkontrolleure an der Invalidenstraße im Nachhinein. Er lässt Momper gewähren, ebenso wie die hunderte DDR-Bürger, die ungehindert nach Westberlin durchlaufen und später wieder zurück. »Die Leute waren ja nicht aggressiv«, erinnert er sich. »Weder unsere noch die Westberliner. Es war eine gelockerte, friedliche Stimmung.«

Mauerspechte am Brandenburger Tor

Die Mauer am Brandenburger Tor gerät erst allmählich in den Blickwinkel der feiernden Berliner. Das Symbol der Teilung ist extra abgeschirmt: Hier wacht eine eigene Sicherungskompanie des NVA-Grenzkommandos Mitte. Direkt vor dem Brandenburger Tor folgt die Mauer in einem Halbkreis dem alten Straßenverlauf. Der Betonwall ist hier niedriger als sonst, so dass man von Westen gut nach Osten auf das abgeriegelte Tor und die Prachtstraße »Unter den Linden« schauen kann. Dafür ist die Mauer aber breiter, und es fehlt die übliche runde Abdeckung, was sich im Verlauf des Abends als vorteilhaft erweisen soll: Nur hier auf der tischebenen Fläche können Menschen stehen, sogar mehrere nebeneinander.

Am 9. November sind die Amerikaner die Ersten, die vor dem Brandenburger Tor aktiv sind. Der Fernsehsender NBC hat schon am Vortag Kabel verlegt und Sendemasten aufgebaut. Star-Moderator Tom Brokaw von *Nightly News* ist mit prophetischem Gespür an die Spree gereist und spricht live von fast genau jener Stelle, an der Ronald Reagan zwei Jahre zuvor »open this gate« rief. Brokaw war zuvor auch auf Schabowskis Pressekonferenz und hatte anschließend ein – im Vorfeld schon vereinbartes – Exklusiv-Interview mit dem ZK-Sprecher geführt. Kurz nach 19 Uhr sendet er in die amerikanischen Wohnzimmer: »Tom Brokaw an der Berliner Mauer. Dies ist eine historische Nacht. Die ostdeutsche Regierung hat soeben erklärt, dass die ostdeutschen Bürger von morgen früh an die Mauer durchqueren können – ohne Einschränkungen.«[249]

Nach Brokaws Auftritt wird es wieder sehr ruhig bis etwa 21:00 Uhr. Der erste Westberliner wagt es, auf die Mauer am Brandenburger Tor zu klettern. Die DDR-Grenzsoldaten verscheuchen ihn. Eine Dreiviertelstunde später wiederholt sich der Vorfall. Wie Hertle recherchiert hat, bleibt es am Symbol der deutschen Teilung jedoch zunächst so ruhig, dass sogar Truppen abgezogen werden, um bei der Sicherung des Grenzübergangs Friedrich-/Zimmerstraße zu helfen.[250] Gegen 22:30 Uhr ist es die Westberliner Polizei, die eine Gruppe von Mauer-Erklimmern auf den Boden der Tatsachen zurückholt.

Doch die Tatsachen verändern sich rasch: Kurze Zeit später haben sich 400 bis 500 Berliner vor dem Brandenburger Tor versammelt, die ersten »Mauerspechte« haben ihre Tätigkeit aufgenommen: Mit Hämmern schlagen sie auf den Betonwall ein. Auf der anderen Seite der Mauer, am Pariser Platz, stehen laut Volkspolizei-Bericht zu dieser Zeit nur 50 bis 60 Ostberliner am Sperrzaun der Otto-Grotewohl-Straße (heute Wilhelmstraße).

Um Mitternacht endet die Zurückhaltung: Von Westberliner Seite klettern wieder Menschen auf die Mauer und lassen sich von DDR-Grenzern selbst mit improvisierten Wasserwerfern nicht vertreiben.[251] Eine Stunde später steigen hunderte Ostberliner über die Absperrung am Pariser Platz, gehen am Brandenburger Tor spazieren. Schließlich klettern sie auch von Osten auf die Mauer. Wiedervereinigung zur Geisterstunde. Viele Menschen weinen. Die meisten vor Glück, einige Grenzsoldaten vor Verzweiflung und Ohnmacht. Sie haben den Befehl, auf keinen Fall zu schießen, sondern zurückzuweichen, bis Verstärkung kommt. Und die Verstärkung wird heranzitiert. Denn die Eroberung dieses symbolträchtigen Ortes will die Volksarmee nicht kampflos hinnehmen.

Um 0:20 Uhr erhält General Wöllner vom Kommando der Grenztruppen den Befehl, für sein Grenzkommando Mitte die »erhöhte Gefechtsbereitschaft« auszurufen: Das betrifft theoretisch 12 000 Soldaten. Die Offiziere werden sofort per Alarmkette zur Dienststelle nach Karlshorst beordert. Es dauert, bis sie dort eintreffen. Denn viele Offiziere reisen mit öffentlichen Verkehrsmitteln an, für die inzwischen der Nachtfahrplan gilt. Von Karlshorst fahren sie mit Geländewagen weiter zum Brandenburger Tor. »Schon während der Fahrt vermittelte sich ihnen die Stimmung dieser Nacht: Menschen bewegten sich mit Sektflaschen auf die Grenze zu, und die Euphorie auf der Straße stieg, je näher sie ans Brandenburger Tor kamen«, schildert der Historiker Hertle die Ereignisse.

Ab drei Uhr räumen rund 450 bewaffnete Grenzoffiziere und -offiziersschüler sowie hundert Volkspolizisten den Pariser Platz. Währenddessen feiern auf westlicher Seite zwei- bis dreitausend Menschen weiter, mehrere hundert stehen auf der Mauer. Viele haben Hammer und Meißel dabei – die berühmten Mauerspechte bleiben die ganze Nacht aktiv: »Das hellklingende Geräusch, gelegentlich von kräftigen, dumpfen Vorhammerschlägen übertönt, ging den Grenzern durch Mark und Bein.«[252] Am nächsten Tag werden die Grenzsoldaten sich förmlich beim Generalsekretär des ZK der SED, Egon Krenz, beschweren, dass die Partei- und Staatsführung dies zugelassen hat: Das sei »schlichtweg Verrat und Hohn gegenüber den Leistungen der Schutz- und Sicherheitsorgane«,[253] man habe zur militärischen Führung kein Vertrauen mehr. Mit der Mauer verliert die DDR auch die Loyalität ihrer treuesten Verteidiger.

Glücksfall Nr. 10: Gorbatschow entgeht einem Putsch

... und entlässt die DDR in Einheit und NATO-Mitgliedschaft

Glasnost, Perestroika, »Sinatra-Doktrin« – binnen weniger Jahre krempelt Reformator Gorbatschow die Sowjetunion um und lässt die Ostblock-Staaten ihre eigenen Wege gehen. Dass er im November 1989 die Öffnung der Berliner Mauer einfach abnickt, im Februar 1990 sogar die ganze DDR aufgibt und im Sommer die NATO-Mitgliedschaft des vereinten Deutschlands akzeptiert, ist ein unerhörter Glücksfall für die Deutschen. Denn schon zu diesem Zeitpunkt kursieren Gerüchte über einen konservativen Putsch gegen den »Abenteurer« in Moskau, und auch der Radikalreformer Boris Jelzin schickt sich an, Gorbatschow zu entmachten. Ein Jahr später ist es so weit: Gorbatschow wird festgenommen, ein letztes Aufbäumen der alten Sowjetunion kurz vor ihrem Untergang. Doch für die Deutschen sind Einheit und Westbindung da schon unumkehrbar, auch wenn die Rote Armee noch bis 1994 in Ostdeutschland stationiert ist.

Kein strahlendes Lächeln, keine charmanten Scherze: Michail Gorbatschow überrascht die Reporter durch ungewohnt schlechte Laune, ja ausgesprochene Feindseligkeit. »Wenn Sie die Hoffnung hegen, dass die Sowjetunion so mit der Perestroika beschäftigt ist, dass Sie im Trüben fischen können, dann muss ich Ihnen sagen, dass das eine sehr oberflächliche Analyse ist«, raunzt er einen deutschen Korrespondenten an, der nach der Wiedervereinigung Deutschlands und der NATO fragt. »So hatte man den Kremlchef im Westen noch nie erlebt«, sendet Wolfgang Koydl an diesem 30. Mai 1990 über den dpa-Ticker; übellaunig, zornig, aggressiv. Dabei hat der für seine freundliche Aura bekannte Kremlchef gerade erst einen entspannten Besuch in der kanadischen Großstadt Ottawa hinter sich. Mit Sonnenschein und einem Bad in jubelnder Menge, so ganz nach Gorbatschows Geschmack.

Jetzt ist er auf dem Weg nach Washington, zum Staatsbesuch bei Präsident George Bush. Seit ihrem legendären Gipfeltreffen auf See bei Malta vertrauen die beiden mächtigsten Männer der Welt einander. Nun wollen sie die begonnene Abrüstung fortführen, und dass sie dabei Erfolg haben werden, ist wenig zweifelhaft. Kein Grund für schlechte Laune. Dafür sorgt eher das Thema deutsche Wiedervereinigung: Bush will, dass ganz Deutschland in der NATO bleibt, Gorbatschow kann das mit Rücksicht auf die Stimmung in Russland nicht zulassen. Doch Gorbatschow dämmert, dass er allein auf weiter Flur steht und seine Chancen, sich durchzusetzen, jeden Tag geringer werden. Alle Finessen hat Moskaus »Meistertaktiker« versucht: Er wollte den erbitterten Widerstand der britischen Premierministerin gegen die deutsche Einheit nutzen und den Vereinigungsprozess über eine Viermächte-Konferenz ausbremsen. Doch das misslang. Er schlug die militärische Neutralität Deutschlands vor. Doch selbst seine eigenen Verbündeten Polen, Ungarn und die anderen Ostblock-Staaten waren dagegen. Er hat gegenüber Frankreichs Präsident François Mitterrand von einem Militärputsch orakelt, sobald er nachgebe. Auch das hat keine Wirkung gezeitigt. So weiß er, was nun auf ihn zukommen wird: ein starker George Bush, der beharrlich auf der NATO-Mitgliedschaft des vereinten Deutschlands besteht. »Der Westen hat noch nicht viel nachgedacht, sondern will nur diktieren, und das passt uns nicht«, schimpft Gorbatschow vor den Reportern.

Auch über seinen Männerfreund Helmut Kohl hat Gorbatschow sich im Winter reichlich geärgert. Über Kohls Zehn-Punkte-Plan, der den Fahrplan in eine Konföderation mit der DDR umriss, war Gorbatschow im Dezember nicht vorab informiert. Er wertet das als Vertrauensbruch und hat das Kohl auch wissen lassen, indem er Außenminister Genscher ganz undiplomatisch zusammengeschimpft hat. Da ist er wohl in einer ähnlichen Stimmung wie jetzt in Kanada vor dem Flug nach Washington. Die Deutschen sollten besser ihre Euphorie ablegen, fährt der Kremlchef die deutschen Reporter an: Sie würden schon noch merken, welche Probleme sie sich mit der Wiedervereinigung einhandelten. Woran er dabei denkt – etwa daran, wie unvorstellbar heruntergewirtschaftet und verschuldet die DDR ist –, enthüllt Michail Gorbatschow auch in seinem Buch »Wie es war: Die deutsche Wiedervereinigung« nicht. Sicher ist: Der Zug in Richtung deutsche Einheit fährt, und Gorbatschow merkt, dass er immer weniger Einfluss auf Tempo und Weichenstellung hat.

Der tiefere Grund für Gorbatschows schlechte Laune könnten aber auch die Nachrichten aus der Heimat sein. Kurz nach seiner Abreise aus Moskau, auf dem Flug nach Kanada, erfährt Gorbatschow, dass der russische Volksdeputiertenkongress soeben Boris Jelzin zum Vorsitzenden des Obersten Sowjet Russlands gewählt hat. Das ist eine ernste Bedrohung. Denn sein einstiger Mitstreiter Boris Jelzin zählt seit zweieinhalb Jahren zu Gorbatschows erbittertsten Feinden: Damals, im November 1987, hat Generalsekretär Gorbatschow den reformorientierten Jelzin als Moskauer Parteichef ablösen lassen und kurz darauf aus dem Politbüro der Kommunistischen Partei geworfen. Jelzin forderte noch radikalere Reformen als Gorbatschow und wurde zur Gefahr für dessen Kurs des schrittweisen Umbaus (»Perestroika«). Bis zuletzt versucht Gorbatschow, Jelzins politisches Comeback zu verhindern: In den Tagen vor der Wahl hat er an die russischen Deputierten appelliert, Jelzin nicht zu wählen, und sogar einen eigenen, gemäßigten Kandidaten ins Rennen geschickt, damit die Russen nicht nur die Wahl zwischen Jelzin und einem stalinistischen Reformgegner haben. Erfolglos. Nun also hat sein Gegenspieler wieder ein Amt.

Traditionell interessiert sich zwar kein Mensch für den Vorsitzenden des Obersten Sowjet der Russischen Teilrepublik. Aber Gorbatschow weiß genau, welches Potenzial in dieser bisher eher unbedeutenden Funktion liegt. Formal ist die Sowjetunion als »Union der sozialistischen Sowjetrepubliken« nämlich ein Staatenbund aus 15 Republiken. Laut sowjetischer Verfassung dürfen die Mitgliedsstaaten nicht nur beitreten – viele Länder haben zu Stalins Zeiten »freiwillig« ihren Beitritt erklärt –, sondern gemäß Artikel 72 dürfen sie auch austreten. Seit mehr als einem Jahr schlägt Gorbatschow sich deswegen schon mit den drei baltischen Ostsee-Staaten herum: Bei den dortigen Wahlen zum Volksdeputiertenkongress haben 1989 in allen drei Ländern Separatisten die Mehrheiten errungen. In Litauen sind sogar die KPdSU-Mitglieder abtrünnig geworden und haben eine eigene Partei gegründet. So hat Gorbatschow sich Glasnost und Perestroika natürlich nicht vorgestellt. Im Januar scheitern seine Versuche, die abtrünnigen Litauer zurück in die KPdSU zu holen. Die Separatisten gewinnen die Parlamentswahl und erklären Litauen am 11. März 1990 für unabhängig. Einen Monat später verhängt Gorbatschow eine Wirtschaftsblockade, um die Litauer in die Knie zu zwingen.[254]

Diese Politik der Härte durch jenen Mann, der für den Ostblock die Breschnew-Doktrin durch die liberale »Sinatra-Doktrin« ersetzt hat und immer Offenheit (»Glasnost«) fordert, sorgt weltweit für Erstaunen – und für Proteste. Gorbatschow kann sicher sein, dass George Bush in Washington auch darüber reden will. Mit steinernem Gesicht reagiert der sowjetische Präsident beim Abflug nach Washington auf entsprechende Fragen: Das Litauen-Problem gehe den Westen nichts an, die Separatisten seien »politische Abenteurer«. Dann schiebt er – in Anspielung auf eine kurz zuvor erfolgte Militärintervention der USA in Panama – spitzzüngig hinterher: »Natürlich, die Amerikaner hätten das Problem in 24 Stunden gelöst.«[255]

Gorbatschows verzweifelter Versuch, die Sowjetunion vor dem Auseinanderbrechen zu bewahren, steht vor dem Scheitern. Auch in der Provinz Aserbeidschan gärt es. Am schlimmsten ist aber der drohende Austritt Russlands, der mit Abstand größten Republik der UdSSR, seine Hauptstadt Moskau ist gleichzeitig sowjetische Hauptstadt. »Ohne Rußland ist die Sowjetunion nicht denkbar«, hat Gorbatschow auch die russischen Delegierten gewarnt.[256] Genau das strebt Boris Jelzin aber an. Seine Partei »Demokratisches Russland« fordert, die Souveränität wiederherzustellen. Nach seiner Wahl verkündet Jelzin umgehend, er werde nun entsprechende Schritte einleiten und auch mit anderen Sowjetrepubliken Kontakt aufnehmen. Jelzin hat eindeutig Gorbatschow im Visier: Dem sowjetischen Präsidenten blieben künftig allenfalls Repräsentationsaufgaben, sagt Jelzin der Presse und frotzelt anschließend vor Fernsehkameras, er erwarte durchaus ein Glückwunschtelegramm aus Kanada. Das ist für Gorbatschow wirklich ein Grund zu schlechter Laune an diesem Tag.

Gorbatschow gibt ganz Deutschland frei

In Washington ist es heiß, die Sonne scheint. Die »Old Guard« aus Fort Myer bietet vor dem Washington Monument ein farbenfrohes Spektakel, als die Präsidenten Bush und Gorbatschow die Ehrenparade abnehmen. »Für mich immer ein bewegendes Erlebnis«, gesteht Georg Bush in seinen Memoiren. Sein Staatsgast hat sich von seinem Zornausbruch inzwischen erholt, jedenfalls überliefert Bush der Nachwelt: »Gorbatschow sah gut aus, wirkte zuversichtlich und kein bißchen müde«, allenfalls »ein wenig angespannt« sei er gewesen.[257] Im Weißen Haus bei ersten Gesprächen wirbt Gorbatschow für seine Perestroika: Man befinde sich in der Übergangsphase zur Marktwirtschaft und brauche noch zwei Jahre. Präsident Bush versteht: »Er spielte auf finanzielle Hilfe an.«

Bush ist klar, dass Gorbatschow mit irgendeinem Erfolg aus Washington nach Hause zurückkehren muss. Denn im Juli steht der Parteitag der KPdSU an, und innerhalb der Partei gibt es stärker werdende Widerstände seitens konservativer Reformgegner. Im Westen geht die Angst um, Gorbatschow könnte gestürzt werden, sei es durch Abwahl, durch einen Militärputsch oder einen Zusammenbruch der UdSSR.

Vor allem Bundeskanzler Kohl und Außenminister Genscher drängen darauf, Gorbatschow einen Erfolg zu verschaffen, um sein politisches Überleben zu sichern. Sie brauchen ihn, um die deutsche Einheit zu vollenden. Am Tag vor Gorbatschows Eintreffen in Washington ruft Kohl Bush an und mahnt eindringlich: »Wir können vernünftige wirtschaftliche Vereinbarungen mit ihm finden. Er braucht unbedingt Hilfe. Er soll auch wissen, daß wir nicht die Absicht haben, von seiner Schwäche zu profitieren.«[258]

Bush legt die Messlatte für Hilfsleistungen hoch: Aufhebung der Blockade gegen Litauen, Ausreisegesetzgebung für Sowjetbürger, wirtschaftliche Reformen und – die Zustimmung zur NATO-Mitgliedschaft eines künftigen vereinten Deutschlands. Bei diesem Punkt pokern beide Supermächte hoch: Bush erklärt die NATO-Bindung vorab für nicht verhandelbar, Gorbatschow schließt sie kategorisch aus. Viel Raum für Zwischentöne, für einen Kompromiss bleibt da nicht. Was aber geschieht mit der DDR, falls es zu keiner Einigung kommt? Seit der Volkskammerwahl im März regiert dort die CDU-nahe »Allianz für Deutschland«, die erklärtermaßen den Beitritt der DDR zur Bundesrepublik anstrebt. Und in der Bundesrepublik regiert Kanzler Helmut Kohl, der auch die Einheit will, aber ebenso die NATO-Mitgliedschaft. Schon im Dezember stehen in Westdeutschland Wahlen an. Liegt bis dahin kein Ergebnis vor, dürfte Kohl sein Amt verlieren, und der SPD-Kanzlerkandidat Oskar Lafontaine würde Kanzler.

Es ist eine Gemengelage von Interessen und Ereignissen, die Bush und Gorbatschow am 30. Mai im Blick haben. Am Vormittag sind ihre Gespräch »größtenteils philosophischer Natur«, notiert George Bush. Man redet über die historische Zeitenwende und überzieht dabei gnadenlos die Zeit. Ermahnungen von Bushs Berater Scowcroft wischt Gorbatschow mit einem Lächeln fort. Gedankenaustausch – das ist sein Element. Eine Sitzung mit den Stabsmitarbeitern zur Klärung von Detailfragen fällt aus.

Am Nachmittag geht es weniger philosophisch zu, wofür schon die Teilnahme der Außenminister und Stabsmitarbeiter sorgt. Es kommt eine Runde zusammen, von der eine Einigung beim Thema NATO-Mitgliedschaft Deutschlands ganz gewiss nicht zu erwarten ist. An Bushs Seite ist Außenminister Baker dabei, ebenso Sicherheitsberater Admiral Brent Scowcroft sowie der Deutschland-Experte Bob Blackwill. Alle Amerikaner ziehen an einem Strang: Sie wollen ganz Deutschland in die NATO holen.

Gorbatschows Mannschaft besteht aus Außenminister Eduard Schewardnadse, der vor lauter Taktiererei stets schwer zu durchschauen ist, aber später als »Freund der Deutschen« gelten wird; ferner Gorbatschows Militärberater Marschall Sergej Achromejew, der sich noch am Rande des Gipfeltreffens gegenüber Condoleezza Rice kategorisch gegen eine NATO-Mitgliedschaft Deutschlands ausspricht und sich anderthalb Jahre später dem Putsch gegen den »Verräter« Gorbatschow anschließen wird; sowie Valentin Falin, früherer sowjetischer Botschafter in Bonn, der zu den eifrigsten Gegnern nicht nur der deutschen NATO-Mitgliedschaft, sondern überhaupt der deutschen Wiedervereinigung zählt. Er überschwemmt Gorbatschow in den ganzen Monaten mit Denkschriften, in denen er vor einem Ausverkauf sowjetischer Interessen warnt.

Deutschland steht nun im Mittelpunkt der Beratungen. Gorbatschow warnt, ein vereintes Deutschland in der NATO gefährde das austarierte Gleichgewicht in Europa. Er regt an, Deutschland könne Mitglied beider Bündnisse sein. Schließlich versteigt er sich zu der Überlegung, auch die Sowjetunion könne Mitglied der NATO werden, dies sei ja eine offene Organisation. Bush hält das für eine spaßige Idee: »Ich bin mir nicht sicher, ob die früheren Kollegen von Marschall Achromejew gerne unter dem Oberbefehl von General Galvin stehen würden«, witzelt er.[259]

Für die Sowjets allerdings handelt es sich durchaus um keinen Witz, sondern um eine reale Möglichkeit nach dem Ende des Kalten Krieges. Sie sehen ihr Imperium inklusive Warschauer Pakt zusammenbrechen und suchen Anschluss an den Westen. Anfang Mai, bei der Zwei-plus-Vier-Außenministerkonferenz in Bonn, erklärt der sowjetische Außenminister Eduard Schewardnadse auf einer Pressekonferenz: »Bis jetzt hat die Sowjetunion noch keinen Antrag auf Mitgliedschaft in der NATO gestellt.« Er greift damit auf einen Vorstoß aus den 50er-Jahren zurück. Moskaus damaliger Außenminister Molotow offeriert 1954 in einer diplomatischen Note an die Westmächte, den NATO-Beitritt der Sowjetunion zu beraten, um aus der NATO ein kollektives, defensives Sicherheitsbündnis zu machen. Ein Vorschlag, den Moskau 1955 noch einmal wiederholt. Wie seine Amtsvorgänger damals geht auch Präsident Bush auf dieses skurrile Ansinnnen nicht ein.

Bush versucht es mit einem anderen Zugang. Er erinnert daran, dass in den 70er-Jahren im KSZE-Abkommen vereinbart wurde, jeder souveräne Staat könne frei entscheiden, welchem Militärbündnis er angehört. Ein Abkommen, das auch die Sowjetunion unterzeichnet hat. Ob dies denn gelte, fragt

Bush. Gorbatschow kann nicht umhin, dies zuzugeben, zumal er selbst es ja war, der die widerstreitende »Breschnew-Doktrin« ad acta gelegt hatte; er war »ein zu legalistisch und logisch denkender Mensch, um seine eigenen Argumentationslücken noch übersehen zu können«, vermutet US-Außenminister James Baker.[260] Den Dialog, der sich daran anknüpft, hat Gorbatschow in »Wie es wirklich war« wörtlich wiedergegeben.

»Bush: ›Wenn Deutschland nicht in der NATO bleiben will, ist es sein Recht, einen anderen Weg zu wählen.‹

Gorbatschow: ›Lassen Sie uns eine öffentliche Erklärung über die Ergebnisse unserer Verhandlungen abgeben: Der Präsident der USA ist damit einverstanden, daß das souveräne vereinte Deutschland selbst darüber entscheidet, welchen politisch-militärischen Status es wählt – die NATO-Mitgliedschaft, die Neutralität oder etwas anderes.‹

Bush: ›Die Wahl des Bündnisses ist das Recht jedes souveränen Staates. Wenn die Regierung der Bundesrepublik – ich urteile rein hypothetisch – nicht in der NATO bleiben will und sogar den Abzug unserer Truppen vorschlägt, werden wir diese Wahl akzeptieren.‹

Gorbatschow: ›So werden wir das formulieren: Die Vereinigten Staaten von Amerika und die Sowjetunion sind dafür, daß das vereinte Deutschland nach einer endgültigen Regelung, welche die Ergebnisse des Zweiten Weltkrieges berücksichtigt, selbst entscheidet, welchem Bündnis es angehören wird.‹

Bush: ›Ich würde eine etwas andere Fassung vorschlagen: Die USA sind eindeutig für die NATO-Mitgliedschaft des vereinten Deutschland, doch wenn es sich anders entscheidet, werden wir keine Einwände erheben, sondern seine Wahl akzeptieren.‹

Gorbatschow: ›Einverstanden. Ich akzeptiere Ihre Formulierung.‹«[261]

Innerhalb eines kurzen Wortwechsels hat Gorbatschow die sowjetische Verhandlungsposition vollständig preisgegeben.

Kein erbitterter Widerstand mehr gegen eine NATO-Mitgliedschaft der Deutschen, sondern bedingungsloses Gewährenlassen. Gorbatschows Mitarbeiter sind vor Entsetzen sprachlos. George Bush schreibt in seinen Erinnerungen: »Urplötzlich war es völlig still im Raum. Achromejew und Valentin Falin sahen sich an und krümmten sich in ihren Sesseln. Bob Blackwill schob mir einen Zettel zu, auf dem stand, ob ich es für möglich hielte, Gorbatschow dazu zu bringen, das zu wiederholen.«[262]

Bush fragt nach, und tatsächlich bestätigt Gorbatschow noch einmal, dass ein vereintes Deutschland selbst entscheiden solle, ob es einem Bündnis angehören möchte, und wenn ja, welchem. Bush erzählt weiter: »Mittlerweile war die Bestürzung im sowjetischen Stab mit Händen zu greifen. Achromejew funkelte wütend mit den Augen und gestikulierte zu Falin hin. Deutlich hörbar flüsterten sie einander erregte Wortfetzen zu, während Gorbatschow sprach. Es war eine unglaubliche Szene, keiner von uns hatte etwas Derartiges jemals zuvor erlebt – geradezu eine offene Rebellion gegen den sowjetischen Führer.«

Falin ergreift das Wort, während Schewardnadse erregt auf Gorbatschow einredet. Danach rudert Gorbatschow – »völlig frustriert«, wie sich Bush erinnert – zurück: Die Außenminister sollten sich doch der Sache annehmen. Den Schwarzen Peter will Schewardnadse aber nicht haben, er widerspricht Gorbatschow. Erneut für die Amerikaner eine unglaubliche Szene. Erst nach mehrmaligem Drängen seines Chefs willigt Schewardnadse ein.

Auch im Rückblick kann Bush sich nicht erklären, was am 30. Mai 1990 im Weißen Haus geschehen ist: »Ich bin mir nicht ganz im klaren darüber, warum Gorbatschow das getan hat. Vielleicht wußte er, daß unsere Haltung sich durchsetzen würde und dies die beste Methode war, das in seinem eigenen Stab durchzusetzen.«[263] Alles spricht dafür, dass Gorbatschow einen Alleingang gewagt hat. »Die Frage ist, ob der Generalsekretär noch für die amerikanische Führung spricht«, zweifelt Marschall Achromejew noch während des Gipfels in Washington; und ein halbes Jahr später, bei der Unterzeichnung des Zwei-plus-Vier-Vertrages, wird der Marschall bedauern: »Wir hätten das verhindern können. Vielleicht hätten wir es verhindern müssen.«[264]

Ergebnis des Washingtoner Gipfels ist, dass die Bundesrepublik auch nach dem Beitritt der DDR selbst entscheidet, ob sie weiterhin der NATO angehört oder nicht. Und Bonn entscheidet sich für die NATO-Mitgliedschaft. Im Rückblick behauptet Gorbatschow, er habe genau gewusst, was er an diesem 30. Mai 1990 getan habe: »Man kann davon ausgehen, daß von diesem Augenblick an die durch die Ergebnisse des Zweiten Weltkrieges entstandene deutsche Frage zu existieren aufhörte.«[265] Von Gorbatschows weitreichendem Zugeständnis kann die sowjetische Führung sich nach dem 30. Mai nicht mehr distanzieren – es sei denn durch einen Putsch.

Widerstand gegen Gorbatschow

Zwei Wochen vor dem Gipfeltreffen reist Helmut Kohl zu George Bush nach Washington. Ein deutscher Kanzler in ungewöhnlicher Mission: Er überbringt Kreditwünsche des sowjetischen Präsidenten. Vertraulich kündigt Kohl dem US-Präsidenten an, dass Gorbatschow beim bevorstehenden Gipfel diskret um Geld bitten werde: Geld für den Einkauf von Weizen, um die Versorgung der sowjetischen Bevölkerung sicherzustellen, die ansonsten Not leiden muss. An dem Gespräch mit dem für Moskau peinlichen Inhalt nehmen nur die engsten Berater Brent Scowcroft und Horst Teltschik teil. Teltschik ist es, an den bei einem Arbeitsbesuch in Moskau ebenso diskret die sowjetische Bitte herangetragen wurde.

Kohl informiert den amerikanischen Präsidenten, dass die Bundesrepublik bereits mit einem Kredit über fünf Milliarden D-Mark einspringe. Ein ungedeckter Kredit, denn die Sowjetunion steht vor der Zahlungsunfähigkeit. Doch Bush sieht sich außerstande, Zusagen in gleicher Höhe zu machen: Die Wirtschaftsblockade gegen Litauen, unzureichende Reformen – es sind die Argumente, die Bush später auch gegenüber Gorbatschow verwendet. Kohl drängt Bush, Gorbatschow zu helfen, bevor dieser gestürzt werde. »Ob Kohl glaube, daß ein Militärputsch bevorstehe? Ja, antwortete der Bundeskanzler, von einer zivilen Gruppe, die die Unterstützung des Militärs besitze.«[266]

Kohls Warnung im Weißen Haus steht in einer langen Reihe westlicher Putsch-Befürchtungen. George Bush selbst äußert im Januar vor der Presse die Hoffnung, dass Gorbatschow »nicht nur überlebt, sondern stark bleibt«.[267] Zwei Tage später zitiert das *Wall Street Journal* die britische Premierministerin Thatcher mit der Aussage, wenn die deutsche Einheit zu schnell käme, könne darüber Gorbatschow stürzen, was eine Katastrophe wäre.

Ganz offensichtlich setzen die internationalen Spitzenpolitiker die Furcht vor einem Putsch gegen Gorbatschow auch taktisch ein: für ihre jeweiligen Interessen. Thatcher und Mitterrand malen den Putsch an die Wand, um die deutsche Wiedervereinigung zu verzögern. Kohl nutzt die Putschgerüchte, um die USA zu einem Kredit an Moskau zu bewegen. Erstaunlich unbeeindruckt zeigt sich Bush. Auch er kalkuliert einen Sturz Gorbatschows ein, misst dem aber offenbar weniger dramatische Auswirkungen bei als seine europäischen Verbündeten. Kohl gegenüber sieht er sich außerstande, weitere Kreditbürgschaften für Moskau zu übernehmen. Der amerikanische Präsident sagt lediglich zu, den angeschlagenen Gorbatschow beim Gipfel auf Augenhöhe zu behandeln und ihm in Abrüstungsfragen entgegenzukommen. Mehr ist in Washington nicht zu erreichen.

Dabei haben die Putschgerüchte einen durchaus realen Hintergrund. Abgesehen von den stärker werdenden Radikalreformern um Boris Jelzin sind es zwei etablierte mächtige Gruppierungen, denen Gorbatschow im Wege ist: die Rote Armee und die orthodoxen Stalinisten, die oft auch »konservativ« genannt werden, da sie die herrschenden Machtstrukturen in der Sowjetunion erhalten wollen.

Für die Rote Armee wandelt sich Gorbatschow zum Verräter, als er schrittweise, aber unmissverständlich die DDR preisgibt. Ostdeutschland zählt für die Generalität zu den unverzichtbaren Errungenschaften des Großen Vaterländischen Krieges, also des Zweiten Weltkrieges. Kein Land hat in diesem Krieg mehr Tote zu verzeichnen als die UdSSR. Dass Osteuropa und vor allem Ostdeutschland zur sowjetischen Einflusssphäre zählen, betrachten diese Kreise als Akt der Wiedergutmachung. Die DDR aufzugeben ist für sie gleichbedeutend mit einem späten Sieg Hitlers. Eine völlig inakzeptable Vorstellung.

General Boris Snetkow muss zu dieser Gruppe von Rotarmisten gerechnet werden, wie sein Verhalten 1989 und 1990 zeigen wird. Sogar die Vorbereitung eines Putschs gegen Gorbatschow trauen Moskauer Spitzengenossen ihm später zu. Snetkow ist zu dieser Zeit Chef der »Westgruppe« der Roten Armee, also jener fast 400 000 Soldaten, die in der DDR stationiert sind. In der Nacht vom 9. auf den 10. November 1989 hält er damit eine Schlüsselposition inne: Er könnte – und dürfte – zum Schutz der Mauer seine Truppen aufmarschieren, sogar seine Panzer fahren lassen. Denn die Öffnung der innerdeutschen Grenze, vor allem aber die Tänze auf der Mauer tangieren international anerkannte sowjetische Interessen: Berlin untersteht unzweifelhaft immer noch dem Vier-Mächte-Recht, jede Änderung des Status quo an den Grenzen des »Sowjetischen Sektors« ist Sache Moskaus.

Moskau aber schläft. Es erweist sich als ein glücklicher Umstand, dass die Sowjetunion just in den Tagen des Mauerfalls den 72. Jahrestag ihrer »Großen Sozialistischen Oktoberrevolution« begießt. Mit dem traditionell wodkareichen Feiern haben viele schon am Wochenende davor angefangen, der 7. und 8. November sind offizielle Feiertage, auch für den 9. und 10. November attestiert Valentin Koptelzew, zu der Zeit Sektorleiter für die DDR in der Internationalen Abteilung des ZK der KPdSU, später ein »absolutes Blackout, auch für die Führung«.[268] Erst am Vormittag des 10. November dämmert den Sowjets so langsam, was am wichtigsten Vorposten ihres Imperiums geschehen ist, und sie fordern Rapport der deutschen Genossen an. Doch da sind die Schlagbäume schon offen. Die Moskauer Revolutionsfeiern haben eine Kette glücklicher Zufälle in Gang gesetzt, an deren Ende kein einziger Rotarmist die Kaserne verlässt, um die Berliner Mauer zu verteidigen.

Am 7. November, dem ersten Feiertag in Moskau, informiert DDR-Außenminister Oskar Fischer den sowjetischen Botschafter Kotschemassow über die neusten Pläne Ostberlins in Sachen Reisegesetz. Per Verordnung wolle man unverzüglich die DDR-Flüchtlinge in der CSSR legal auswandern lassen. Darauf bestehen ja die tschechoslowakischen Genossen, die sonst die Grenze zur DDR schließen; und auch die DDR-Bevölkerung muss besänftigt werden, nachdem der am 6. November veröffentliche Reisegesetz-Entwurf auf große Unzufriedenheit gestoßen ist.

Kotschemassow und seine Botschafts-Mitarbeiter verstehen Fischer so, dass an der Grenze zur CSSR ein Sondergrenzübergang für Auswanderer entstehen soll. Kotschemassow ruft noch am selben Tag Außenminister Schewardnadse an. Der will das »Projekt Loch-in-der-Grenze« erst noch von seiner Ministerialbürokratie prüfen lassen – und zwar bis zum 9. November, also exakt während der sowjetischen Feiertage. Was nun geschieht, beschreibt ZK-Sektorleiter Valentin Koptelzew folgendermaßen: »Da die Obrigkeit – Gorbatschow, Schewardnadse und auch unsere Bosse im ZK – schon irgendwo unerreichbar waren und feierten, ging das wie ein Fußball zwischen dem Apparat des ZK und dem Außenministerium auf der Ebene der Stellvertreter hin und her. Keiner wollte seinem Chef irgendeine Entscheidung vorlegen, um ihn nicht mit einer so unangenehmen Anfrage der DDR-Freunde zu stören.«[269]

Eine gute, weil kurze, Antwort auf die Anfrage der Ostberliner Genossen findet schließlich ZK-Sektorleiter Valentin Koptelzew: »Man sollte einfach sagen, das liegt im souveränen Bereich der DDR, über das Regime ihrer Grenze zu entscheiden.« Damit ist die Anfrage, die während der Feiertage als äußerst lästig empfunden wird, rasch vom Tisch. Koptelzew: »Und da haben sich alle Höheren mächtig gefreut!« Minister Schewardnadse selbst ist partout nicht zu erreichen, so dass sein Stellvertreter Aboimow den ungeduldigen deutschen Genossen schließlich am 9. November gegen Mittag diese Antwort übermitteln lässt.[270]

Was die Moskauer nicht wissen: Am Vormittag haben die vier DDR-Experten, die sich der Reiseverordnung angenommen haben, deren Inhalt nachhaltig verändert: Geöffnet wird nicht nur ein Auswanderer-Schlupfloch an der Grenze zur CSSR, sondern alle DDR-Bürger sollen an allen Grenzübergängen relativ unbürokratisch aus- und wieder einreisen dürfen. Und als Günter Schabowski das kurz vor 19 Uhr auch noch für »unverzüglich« gültig erklärt, sogar für die unter Vier-Mächte-Statut stehende Hauptstadt, da hätten in Moskau die Alarmglocken schlagen müssen.

Doch selbst die sowjetische Botschaft in Ostberlin, eines der real existierenden Machtzentren der DDR, ruft am Abend des 9. November erstaunlicherweise keinen Alarm aus. Der Botschafter selbst, Kotschemassow, schläft. Sein Stellvertreter, der Erste Gesandte Igor Maximytschew, bekommt zwar »erbittert und niedergeschlagen« von Schabowskis Pressekonferenz über die Grenzöffnung an der Bornholmer Straße bis zum Erklettern der Mauer am Brandenburger Tor alles live am Fernsehgerät und teils sogar hautnah mit, wie er später dem Historiker Hans-Hermann Hertle berichtet. Aber Maximytschew kann sich im Traum nicht vorstellen, dass die Mauer ohne Moskaus Segen geöffnet worden sein könnte. Er nimmt an, »daß die Ausweitung des ursprünglichen Projektes mit Gorbatschow oder Schewardnadse, was auf das Gleiche hinauslief, in letzter Minute abgesprochen worden war und unsere Chefs unter Zeitdruck einfach Ja gesagt hatten«.[271]

Maximytschew weckt weder den Botschafter, noch ruft er in Moskau an. Er setzt sich vor den Fernseher, schaut den Sondersendungen zu und lauscht den Schritten der Ostberliner, die an der sowjetischen Botschaft vorbei in Richtung Brandenburger Tor gehen.

Dort wird es brenzlig in dieser Nacht: Die DDR-Grenztruppen werden in Gefechtsbereitschaft versetzt. Ihnen gelingt es zwar, ohne Gewalt die Mauer am Brandenburger Tor vorübergehend zu räumen. Doch es steht währenddessen die Frage im Raum, wie die Rote Armee sich verhalten wird: Schreitet sie ebenfalls ein, um den sowjetischen Machtbereich zu verteidigen? Am 10. November beginnt der Oberbefehlshaber der Westgruppe, General Boris Snetkow, tatsächlich seine Truppen auf ein Eingreifen vorzubereiten und fragt in Moskau an, was er tun solle. Sowjetische Soldaten, womöglich sowjetische Panzer an der Berliner Mauer – das wäre in den Tagen nach dem 9. November ein fatales Signal gewesen. Die fröhliche Partystimmung der Ost- und Westberliner wäre mit großer Wahrscheinlichkeit gekippt: Panikreaktionen hätten rasch zur Eskalation der Lage geführt – mit völlig unabsehbaren Folgen.

Der sowjetische Verteidigungsminister Jasow, der ein Jahr später am Putschversuch gegen Gorbatschow beteiligt sein wird, trägt am 10. November im Politbüro die Anfrage des Generals vor. Außenminister Schewardnadse berichtet, ihm lägen Informationen vor, »die Militärs rührten sich«.[272] Daran hat Moskau am Tag nach dem Mauerfall aber kein Interesse. Gorbatschow hat gerade erst die West-Alliierten zu Besonnenheit aufgerufen. Ein Aufmarschieren der Roten Armee passt ihm absolut nicht ins Konzept. Die Stimmung im Politbüro in dieser Situation schildert Gorbatschow-Berater Tschernjajew als »sehr explosiv«. Orthodoxe Kräfte um Jasow drängen, Panzer rollen zu lassen und Schutzwälle zu errichten, um die DDR nicht zu verlieren.[273] Womit die Scharfmacher nicht rechnen: Bevor er die Westgruppe der Roten Armee alarmiert, wendet sich der beunruhigte Gorbatschow an seinen Männerfreund Helmut Kohl.

Kohl ist inzwischen in Berlin eingetroffen und steht auf der Tribüne des Schöneberger Rathauses. Mit Willy Brandt, Hans-Dietrich Genscher und dem Regierenden Bürgermeister Walter Momper will er erste Reden an die Berliner Bevölkerung richten, später wird das ungleiche Quartett auch eine denkwürdige Version des Deutschlandliedes intonieren. Zuvor aber, so schreibt Kohl in seinen Erinnerungen, erreicht ihn die sorgenvolle Nachricht aus Moskau, »wonach die Dinge in Berlin völlig aus dem Ruder liefen und eine empörte Menschenmenge dabei sei, Einrichtungen der Sowejetarmee zu stürmen. Erst später erfuhr ich, dass Gorbatschow gezielt falsch informiert worden war: Reformgegner im sowjetischen Geheimdienst KGB und im Ministerium für Staatssicherheit der DDR wollten eine militärische Intervention der in der DDR stationierten sowjetischen Truppen herbeiführen; daran bestand für mich kein Zweifel.«[274]

Kohls Antwort, in Berlin herrsche Familienfest-Stimmung, beruhigt Gorbatschow, und er ordnet an, nichts zu unternehmen. Zum Leidwesen der Gegner der deutschen Einheit. Botschafter Kotschemassow weist unverzüglich Armeegeneral Boris Snetkow an, »zu erstarren und in sich zu gehen«; Snetkow gehorcht und bestreitet im Übrigen »jegliche gegenteilige Absichten«.[275]

Dass der Oberkommandierende der Roten Armee in der DDR dem Befehl aus Moskau gehorcht, liegt in der Tradition des russischen Militärs. Eigenmächtiges Handen oder gar Putschversuche hat es bis dato weder im Zarenreich noch in der Sowjetunion gegeben. Das Primat der Politik gilt. Mit diesem Hinweis wiegeln viele Betrachter später die Gefährlichkeit der Situation ab. Aber Snetkow nimmt den Stillhalte-Befehl am 10. November nur »sehr ungehalten« entgegen.[276] Er hat zwar der Moskauer Führung Treue geschworen, aber er hat auch den Waffenbrüdern von der Nationalen Volksarmee versichert, ihnen zur Seite zu stehen, wenn die Existenz der DDR bedroht ist. Noch im Oktober 1989, anlässlich der Montagsdemonstrationen, hat Snetkow dem DDR-Verteidigungsminister Streletz ungefragt militärische Hilfe angeboten: »Genosse Streletz, ich unterstreiche noch einmal, wenn die Nationale Volksarmee Hilfe, Unterstützung benötigt, die Gruppe ist bereit, ihren Waffenbrüdern der NVA jegliche Hilfe zuteil werden zu lassen.«[277]

Der damalige DDR-Verteidigungsminister Fritz Streletz ist überzeugt, dass nicht nur General Snetkow gegen Gorbatschow war. »Nicht einen einzigen« General der Roten Armee habe er gekannt, der für Glasnost und Perestroika gewesen sei. Alle hätten sie Stalins Imperium erhalten wollen, und dazu zählt auch die DDR.

Wenige Monate später wird General Boris Snetkow verdächtigt, an Putsch-Überlegungen beteiligt zu sein: Nach Moskau dringen Informationen vor, Snetkow plane, Gorbatschow bei einem Besuch in Ostberlin gefangen zu nehmen. Gorbatschows Warnungen vor einem Militärputsch scheinen sich damit zu bestätigen. Gorbatschows Ministerpräsident Nikolai Ryschkow reist unverzüglich nach Ostberlin und stellt Snetkow zur Rede. Erneut dementiert der General jegliche Aktivitäten. Nach dem Beitritt der DDR wird er als Oberkommandierender der verbleibenden Roten Armee in der Bundesrepublik sofort abberufen.

Dass es 1989/1990 »nicht zu militärischen Revolten kam, ist ein bis heute erstaunliches Phänomen«, wundert sich der Historiker Alexander von Plato, der als Einziger in Moskau sämtliche Akten zur deutschen Vereinigung einsehen durfte.[278] In der Generalität der Roten Armee wächst in dieser Zeit der Zorn auf Gorbatschow, der die territorialen Errungenschaften des Zweiten Weltkrieges preisgibt. Und in den Kasernen bei den Mannschaften geht die Furcht um, die massenhaft demonstrierende Bevölkerung der DDR könnte sich gegen die Rotarmisten wenden: »Inzwischen weiß man, dass es große Ängste in sowjetischen Kasernen gab, in denen man sich manchmal mit selbstgemachten Polizeiwaffen schützen wollte, um bei möglichen Anschlägen auf kleiner Flamme reagieren zu können.«[279] Dass die deutsche Revolution 1989 auf einem Pulverfass stattfindet, steht außer Zweifel.

Als einer der eifrigsten Scharfmacher in Moskau entpuppt sich ausgerechnet Valentin Falin, ehemaliger Botschafter in Bonn (1971–1978) und schwer durchschaubarer Wortführer der orthodoxen »Germanisty« in der Internationalen Abteilung des Moskauer ZK. Die »Germanisty« sind, anders als die Benennung vermuten lässt, eben nicht deutschfreundlich gesonnen.

Zwei Wochen nach dem Mauerfall, am 24. November 1989, reist Falin als Leiter der Internationalen Abteilung in geheimer Mission nach Berlin. Er trifft dort DDR-Ministerpräsident Hans Modrow und SED-Chef Egon Krenz, »unter fast konspirativen Bedingungen«, wie Krenz sich wundert. Falin trägt eigenartige Ideen über deutsch-deutsche Kooperationen vor: ein gemeinsamer Berliner Flughafen könne gebaut werden oder ein »Trabant«-Nachfolger; sogar eine »Neuvereinigung« der beiden deutschen Staaten sei möglich, sofern Deutschland nicht Mitglied in der NATO sei.[280]

In Abwesenheit der beiden Deutschen spricht Falin jedoch anders. »Wie er in einer Besprechung aller Botschaftsangehörigen deutlich erklärte, ging es ihm darum, die Wiedervereinigung zu verhindern. So dachte er auch laut über die Möglichkeit nach, dem Westen einen sowjetischen Truppeneinsatz anzudrohen.«[281] Der »Germanist« trägt Botschafter Kotschemassow einen Plan vor, wie die nahe gelegene Mauer wieder geschlossen werden kann. Die »Westgruppe« der Roten Armee unter General Boris Snetkow und die Nationale Volksarmee der DDR sollen die Grenzschließung in bewährtem Muster absichern.[282] Nur so kann der von Stalin geschaffene Machtbereich Moskaus erhalten werden.

Gorbatschow, dem Falin ein entsprechendes Memorandum vorlegt, geht auf die Idee nicht ein. Falin wehrt sich noch in weiteren Denkschriften gegen die deutsche Einheit und warnt davor, »die Sowjetunion in die Grenzen von 1941 zurückzudrängen«.[283] Erfolglos. Schließlich versucht er, wenigstens die Westbindung Deutschlands noch zu verhindern, und fordert Gorbatschow auf, Kanzler Kohl vor die Wahl zu stellen zwischen einem vereinigten, aber neutralen Deutschland oder der dauernden Spaltung.

Als auch das anders kommt, wandelt sich Falin zu einem der schärfsten Kritiker Gorbatschows. Im Januar 1990 erwägte Falin sogar eine militärische Intervention, um die DDR in Moskaus Einflussbereich zu behalten, behauptet Außenminister Eduard Schewardnadse später. Falin bestreitet das zwar, zählt aber unzweifelhaft zu jenen, die Gorbatschow vor zu großer Nachgiebigkeit warnen.[284] Gorbatschow lädt am 26. Januar einige außenpolitische Berater in sein Arbeitszimmer, um die »deutsche Frage« zu erörtern, darunter Falin und Schewardnadse.[285] Gorbatschow dazu: »Die Diskussion dauerte etwa vier Stunden und verlief zeitweise heftig.«[286] Einigkeit besteht am Ende nur in einem: dass die deutsche Einheit allenfalls mit Gewalt aufzuhalten sei – eine Lösung, für die in dieser Runde aber niemand offen plädiert.

Welche Konsequenzen die deutsche Einheit für den sowjetischen Machtbereich haben wird, stellt Gorbatschow aber auch gleich klar: Er weist seinen Militärberater Marschall Sergej Achromejew am 26. Januar an, den Abzug der Roten Armee aus der DDR vorzubereiten.

Achromejew widerspricht nicht offen, doch wird er bis zuletzt gegen die NATO-Mitgliedschaft Deutschlands plädieren und beim Putsch 1991 den Gegnern Gorbatschows sofort seine Dienste anbieten. Nach dem Scheitern des Putsches begeht der Marschall Selbstmord. In seinem Abschiedsbrief bekennt er, dass er den Zerfall des Sowjetreiches nicht ertragen könne. Achromejew dürfte jener Marschall sein, von dem Gorbatschow in dieser Zeit gegenüber Mitterrand sagt: »Im Fall der deutschen Wiedervereinigung wird es eine Zwei-Zeilen-Meldung geben, wonach ein Marschall meine Position übernimmt.«[287]

In dieser entscheidenden Phase hängt die Gefahr eines Putsches wie ein Damoklesschwert über den Verhandlungen zur deutschen Einheit, erinnert sich Bushs damalige Beraterin Condoleezza Rice: »Die ganze Zeit ließ uns die Angst nicht los, dass wir eines Morgens aufwachten und Gorbatschow gestürzt wäre und die alten sowjetischen Machthaber entschieden hätten, das Ende des Kalten Krieges in Frage zu stellen. Das war eine ständige Sorge – ich ging abends damit zu Bett und wachte jeden Morgen damit auf.«[288]

Auch Kohls Berater Teltschik teilt diese Sorge: Im Januar 1990 legt er dem Kanzler eine interne Analyse vor mit dem Ergebnis, »daß Gorbatschow mit immer größeren Problemen konfrontiert sei. (…) Zwischen sechzig und einhundert Millionen Sowjetbürger lebten am Rande des Existenzminimums. Die Kriminalität nehme zu. Die Stimmung in der Armee und bei den Ordnungskräften verschlechtere sich.«[289]

Im Februar 1990 wendet sich Gorbatschows Stellvertreter, Jegor Ligatschow, im Zentralkomitee offen gegen die Politik seines Chefs und warnt, Westdeutschland könne Ostdeutschland »verschlucken«.[290] Es kommt erneut zu heftigen Wortgefechten.

Die USA bereiten sich folgerichtig schon auf die Zeit nach Gorbatschow vor. CIA-Direktor William Webster referiert am 1. März 1990 vor dem Streitkräfteausschuss des US-Repräsentantenhauses: »Unter diesen Umständen ist es möglich, daß reaktionäre Gegner von Präsident Gorbatschows Reformen zu seinem Sturz ausholen. Zweifellos müßten sie beträchtliche Gewalt anwenden, um ein orthodoxes Regime zu etablieren. Sie würde viele der gegenwärtigen Reformen abschaffen und eine strengere zentrale Kontrolle anstreben. (...) In Moskau und in anderen Städten würden die Reformwilligen auf die Straße gehen, und mit an Sicherheit grenzender Wahrscheinlichkeit würde es zu Gewaltakten kommen.«[291] Webster rechnet für den Fall eines Putsches mit bürgerkriegsartigen Zuständen.

Noch kann Michail Gorbatschow sich im Amt behaupten. Aber bei den traditionellen Maiparaden 1990 geschieht Unerhörtes: In der Moskauer Jubelparade tauchen Demonstranten auf, die lautstark Gorbatschows Rücktritt fordern und Beleidigungen rufen. Der Generalsekretär verlässt schließlich die Tribüne. Seine Autorität ist unübersehbar angegriffen, seine Machtstellung akut in Gefahr. Und noch ist die deutsche Einheit nicht unter Dach und Fach.

Gorbatschows politisches Überleben, der Ausgang der friedlichen Revolution in der DDR und die deutsche Einheit sind 1989/1990 nicht voneinander zu trennen. Buchstäblich bis zur letzten Minute hängt die Vereinigung der deutschen Staaten am seidenen Faden. Noch unmittelbar vor der Unterzeichnung des Vertrages zur deutschen Einheit kursieren in Moskau Putsch-Gerüchte.

Die Unterzeichnung findet am 12. und 13. September 1990 in Moskau statt. Drei Tage zuvor werden rund um die Hauptstadt überraschend Fallschirmjägereinheiten zusammengezogen. Eine Drohgebärde des Militärs? Oder sogar konkrete Vorbereitungen für die Übernahme der Macht im Kreml? Die Bevölkerung ist alarmiert. Verteidigungsminister Marschall Dimitri

Jasow, der zu diesem Zeitpunkt noch als Gorbatschow-Vertrauter gilt, sieht sich gezwungen, im Fernsehen eine Ansprache an die besorgten Moskauer zu halten. Er dementiert die Putsch-Gerüchte und liefert eine erstaunliche Begründung für die Militäraktion: Die Fallschirmjäger sollten in Ermangelung von Landarbeitern bei der anstehenden Kartoffelernte helfen, um das Verrotten des Gemüses auf den Feldern zu verhindern. Entweder ist dies eine dramatische Bankrotterklärung des ökonomischen Systems der UdSSR – oder eine mäßig glaubhafte Ausrede, um einen knapp gescheiterten Putsch zu vertuschen.

Worüber jedoch kein Zweifel besteht: Ein Jahr später, im August 1991, zählt Verteidigungsminister Jasow tatsächlich zu den Putschisten. Am Nachmittag des 18. August wird Michail Gorbatschow in seinem Urlaubsdomizil auf der Krim-Halbinsel festgenommen. Drahtzieher des Putsches sind – neben Jasow – vor allem KGB-Chef Wladimir Krjutschkow, Innenminister Boris Pugo und Ministerpräsident Walentin Pawlow. Es sind führende Leute aus Regierung, Partei, Armee und Geheimdienst, die mit ihrer verzweifelten Palastrevolution für den Erhalt der alten, mächtigen Sowjetunion Stalins kämpfen.

Sie schlagen damit in letzter Minute zu, denn am 20. August – also zwei Tage später – steht in Moskau ein Staatsakt an: Präsident Gorbatschow will mit den Präsidenten der einzelnen Sowjetrepubliken einen neuen Unionsvertrag unterzeichnen. Dieser soll den sowjetischen Teilrepubliken eine größere Unabhängigkeit gewähren. Es ist der Preis, den Gorbatschow zahlen muss, um einen Austritt etwa der baltischen Staaten aus der Sowjetunion zu verhindern.

Die orthodoxen Putschisten versuchen, von Stalins Imperium so viel zu retten wie möglich. Die vom Auseinanderbrechen bedrohte Sowjetunion selbst zu erhalten ist dabei das Mindeste. Die Vorherrschaft Moskaus über die Staaten des Warschauer Paktes wiederherzustellen ist 1991 bereits unmöglich. Die DDR gibt es schon nicht mehr, Deutschlands Einheit bei voller NATO-Mitgliedschaft ist glücklicherweise bereits vollzogen.

Der Putsch scheitert insofern, als die Putschisten ihre Ämter verlieren, teils sogar ihr Leben – wie Innenminister Pugo, der Selbstmord begeht. Erfolgreich ist der Putsch jedoch in der Hinsicht, dass Michail Gorbatschow seine Macht verliert: Als Gorbatschow nach Ende des Staatsstreichs nach Moskau zurückkehrt, trägt er zwar wieder den Präsidenten-Titel. Der neue starke Mann ist aber Boris Jelzin, der sich mutig den Putschisten entgegengestellt hat. Als Präsident der Russischen Republik macht Jelzin kurzen Prozess mit den orthodoxen Kräften und verbietet die KPdSU, deren Generalsekretär ja immer noch Gorbatschow ist. Und am 26. Dezember 1991 wird der Staatenbund UdSSR aufgelöst. Dem Fall der Mauer folgt damit unmittelbar der Fall des kommunistischen Imperiums.

Für die deutsche Einheit ist es ein Glück, dass der innenpolitisch angeschlagene Michail Gorbatschow seine Macht gerade noch so lange retten kann. Wie eng das Zeitfenster für die Einheit ist, schätzen Kohl und seine Berater tatsächlich schon im Frühjahr 1990 richtig ein. Am 7. Januar 1990 lässt Moskau seinen Bonner Botschafter Kwisinski anfragen, ob die zwischen Kohl und Gorbatschow vertraulich besprochenen Hilfsangebote noch gelten. Es geht um die Lieferung von Fetten, Pflanzenöl und Käse, vor allem aber Fleisch, für die notleidende sowjetische Bevölkerung. Kohl veranlasst seinen Landwirtschaftsminister umgehend zu prüfen, was möglich ist, und kann noch am selben Tag die Lieferung von 120 000 Tonnen Fleisch zusagen. Kanzlerberater Horst Teltschik erinnert sich an die damalige Lagebeurteilung in Bonn: »Wenn Gorbatschow stürze, könne man alles – einschließlich der Wiedervereinigung – vergessen. Also gehe es darum, ihn zu unterstützen.«[292]

Kohls Lebensmittel-Lieferungen ebenso wie Bushs Abrüstungszugeständnisse werden Gorbatschow noch einige Monate vor dem stets drohenden Sturz retten. Die Zeit ist knapp bemessen, aber am Ende wird es reichen für die deutsche Einheit. Ein Geschenk für das zu diesem Zeitpunkt sicher glücklichste Volk der Welt.

Epilog: Den Osten gibt es nicht mehr

»Wir Deutschen sind das glücklichste Volk der Welt«, sagte der Regierende Bürgermeister von Westberlin, Walter Momper (SPD), am Tag nach der Maueröffnung. Ein viel zitierter Satz. Ein wahrer Satz. Und ein doppeldeutiger: Glücklich waren die Menschen – es wurde getanzt und gefeiert, vor allem in Berlin, das den Grundstein für seinen Ruf als Partyhauptstadt legte. Aber genauso gilt: Glück hatten die Deutschen. Jede Menge Glück, denn dieser Ausgang der Geschichte der deutschen Teilung war nicht zu erwarten.

In derselben Rede sprach Walter Momper aber auch vom »Volk der DDR«. Ein Fauxpas. Willy Brandt, Helmut Kohl oder Hans-Dietrich Genscher, die neben Momper standen, wäre so etwas nie über die Lippen gegangen. Doch der 1945 geborene Momper kannte nichts anderes als zwei deutsche Staaten und war geneigt, die jeweilige Bevölkerung leichthin als »Volk« anzusehen.

Zwei Staaten, zwei Völker – ein einfacher Gedanke, der den damals jüngeren Deutschen selbstverständlich wurde. Insofern repräsentierte Mompers Fehltritt ein unter den Jüngeren weit verbreitetes Denken. Fast niemand glaubte mehr an die Einheit. Auch das Interesse daran schwand, zumindest im Westen: Frankreich, Italien oder Spanien waren jungen Bundesbürgern weniger Ausland als die verschlossene DDR.

Das lag nicht nur an den offenen Grenzen. Es lag auch an der viel beschworenen »Westbindung«. Hinter dem Sonntagsreden-Schlagwort verbarg sich gewachsene Realität, die am treffendsten mit einem lange umstrittenen Reizbegriff zu kennzeichnen ist: dem »Verfassungspatriotismus«.

Im innenpolitischen Kalten Krieg der Bundesrepublik galt der Verfassungspatriotismus in den 70er- und 80er-Jahren als die Ersatzreligion linker, vaterlandsloser Gesellen, die Deutschlands Einheit verrieten. Blühender Unsinn. Die ersten Verfassungspatrioten waren die Schöpfer des Grundgesetzes, die eben nicht die deutsche Nation zum letzten Bezugspunkt der Bundesrepublik bestimmten, sondern stattdessen: Menschenrechte, Demokratie, Rechts- und Sozialstaatlichkeit – genau das meint Verfassungspatriotismus. Ein grundsätzlicher Unterschied zum Nationalismus.[293]

Konrad Adenauer erwies sich als Verfassungspatriot, als er die Bonner Republik unbeirrbar in die »Wertegemeinschaft« Westeuropas und der USA einband und allen Stalin'schen Versuchungen eines wiedervereinigten, aber neutralen Deutschlands widerstand. »Kanzler der Alliierten« wurde der Verfassungspatriot von den Nationalisten genannt, die damals in der SPD ihre Heimat hatten.

Erst nach 1968 entdeckte Westdeutschlands politische Linke den Verfassungspatriotismus für sich. Die unter stetem Nazi-Verdacht stehende »Nation« konnte kein Wir-Gefühl mehr vermitteln, aber ein gemeinsames Werte-Bekenntnis konnte das. Jürgen Habermas lieferte die programmatische Theorie dazu: Ethnische Zugehörigkeit zählte nicht mehr für die Identitätsstiftung.[294] Bemerkenswert ist, wie das in der DDR aufgenommen wurde: »Damals, als ich das gelesen habe, fand ich das sehr überzeugend. Und dann hat es mir an einer Stelle einen schmerzlichen Stich gegeben«, erinnert sich beispielsweise der spätere Bundestagspräsident Wolfgang Thierse. »Wir sind draußen! Wir Ostdeutschen, die doch eigentlich zu dieser gemeinsamen Geschichte gehören, und diese gemeinsame ethnische Zugehörigkeit haben, wir gehören gar nicht dazu – zu diesem gemeinsamen Kollektiv.«[295]

Genau so war es. Die (west)europäische Vereinigung hatte seit Adenauer faktische Priorität in der bundesrepublikanischen Politik, allen Wiedervereinigungsschwüren zum Trotz. Helmut Kohl machte da keine Ausnahme. Er hatte zwar ehrliches Interesse an der deutschen Einheit – anders als die nachfolgende Politikergeneration –, doch oberste politische Priorität genoss dieses Ziel auch bei ihm nicht. Noch wichtiger war dem politischen »Enkel Adenauers« die Westbindung der Bundesrepublik. Das versicherte er im Herbst 1989 stets den westlichen Verbündeten, und dabei blieb er auch im Rückblick: »Den Preis der Neutralisierung hätte ich nicht gezahlt«, sagte er später glaubhaft im Interview. »Die Einheit wäre ganz eindeutig gescheitert.«[296]

Damit stand fest, wer allein die Bedingungen der Einheit bestimmte: die Bundesrepublik. Der westdeutsche Staat erhob den Anspruch, seine Erfolgsgeschichte bruchlos fortzusetzen, inklusive Westbindung, inklusive NATO-Mitgliedschaft. Die Ostdeutschen durften nach dem Untergang der DDR dabei fortan mitmachen. Aber es war politisch keine Vereinigung auf Augenhöhe, keine Fusion. Es war ein (freiwilliger) Beitritt, eine (freundliche) Übernahme.

Diese wurde in atemberaubendem Tempo vollzogen: Nach wenigen Wochen war die Mauer restlos beseitigt, in Berlin wie an der übrigen deutsch-deutschen Grenze. Die westdeutsche Wirtschaft eroberte noch vor der Währungsunion am 1. Juli 1990 die Märkte in der DDR. Zügig verliefen die Verhandlungen zum deutsch-deutschen Einigungsvertrag und ebenso zügig die »Zwei-plus-Vier«-Gespräche mit der Sowjetunion, den USA, Großbritannien und Frankreich, die 45 Jahre nach Ende des Zweiten Weltkriegs langwierige Friedensverhandlungen mit allen früheren Kriegsgegnern ersetzten. Schon am 23. August – nur neuneinhalb Monate nach dem Mauerfall! – beschloss die Volkskammer den bedingungslosen Beitritt der DDR zur Bundesrepublik. Am 3. Oktober 1990 gab es nur noch ein Deutschland: die Bundesrepublik.[297]

Die Hektik, mit der die Einheit politisch-juristisch vollzogen wurde, hatte Folgen. Es wurde ein Tempo vorgelegt, das später nicht mehr zu halten war: Blühende Landschaften brauchen mehr Zeit als Einigungsverträge.

Vor allem aber schlugen nun die psychologischen Kosten des Beitritts, der eben keine Fusion war, zu Buche: Die Ostdeutschen fühlten sich überrannt, im eigenen Land direkt nach erfolgreicher Revolution schon wieder bevormundet, und viele Ältere empfinden bis heute so. Die Westdeutschen hingegen wähnten, die Bundesrepublik werde durch den »Anschluss« nur größer, nicht aber anders, und erwarteten voller Ungeduld, dass die neuen Bundesländer endlich genauso waren wie die alten: ohne Schlaglöcher, ohne 20 Prozent Arbeitslose, ohne SED-PDS. Der schmerzliche Erkenntnisprozess, dass die »Berliner Republik« eben nicht mehr die alte »Bonner Republik« ist, dauert bei vielen Alt-Bundesbürgern noch an.

Gut 20 Jahre nach dem Mauerfall haben sich die Lebensverhältnisse in Ost und West spürbar angeglichen. Überall gibt es die gleichen Supermärkte, die gleichen Reihenhaussiedlungen und die gleichen regionalen Dudelfunk-Sender. Auch die Arbeitslosen und die Wahlergebnisse der PDS-Nachfolgepartei gleichen sich an, mit Ausnahme von Süddeutschland. Was bleibt, sind regionale Unterschiede, wie es sie in der »alten« Bundesrepublik auch stets gegeben hat. Nur dass man inzwischen gewohnt ist, permanent Ost-West-Vergleiche anzustellen. Dabei wären Nord-Süd-Vergleiche häufig aussagekräftiger.

»Jetzt wächst zusammen, was zusammengehört«, sagte Willy Brandt (SPD) am 10. November voraus. Der Altkanzler hatte Recht. Und zwar vor allem deshalb, weil er gar nicht von Deutschland sprach. Seine weiteren, nicht so oft zitierten Sätze lauten: »Jetzt erleben wir, und ich bin dem Herrgott dankbar dafür, dass ich dies miterleben darf: die Teile Europas wachsen zusammen.«[298]

Die deutsche Einheit ist eingebunden in die europäische Einigung, die nicht mehr bloß eine west-europäische ist. Auch die östlichen Nachbarn sind inzwischen, wie Deutschland, in der Europäischen Union und in der NATO. Der einstige Frontstaat Deutschland ist in die Mitte der westlichen Wertegemeinschaft gerückt. Die Mauer und dahinter den Osten gibt es nicht mehr.

Anmerkungen

1 Bahro hat sich nach seiner Ausbürgerung aus der DDR vier Wochen lang in »Rajneeshpuram« in Oregon/USA aufgehalten, wo er bei »körperorientierten workshops« seine Verkrampfungen aus Untersuchungshaft und Gefängnis abbauen konnte; in seinem Buch »Logik der Rettung« bezieht er sich ausdrücklich auf Baghwans »Intelligenz des Herzens«: »Ich fand größtenteils richtig, was ich darin las.« (Bahro, Inweltkrise, S. 25; http://rudolf-bahro.de/1991-Inweltkrise/s018.htm).

2 Mohler, Armin: Der Nasenring. Die Vergangenheitsbewältigung vor und nach dem Fall der Mauer. München 1996. Müller, Uwe: Supergau Deutsche Einheit. Berlin 2005. Ritter, Gerhard A.: Der Preis der Einheit. Die deutsche Wiedervereinigung und die Krise des Sozialstaats, München 2006. Klein, Olaf Georg: Ihr könnt uns einfach nicht verstehen. Warum Ost- und Westdeutsche aneinander vorbeireden, München 2004.

3 Wenzel, Siegfried: Von wegen Beitritt! Offene Worte zur deutschen Einheit. Berlin 2007. Ders.: Was kostet die Wiedervereinigung? Und wer muß sie bezahlen? Stand und Perspektiven. Berlin 2003. Ders.: Was war die DDR wert? Und wo ist dieser Wert geblieben? Versuch einer Abschlußbilanz. Berlin 2001.

4 Hartmann, Ralph: Die Liquidatoren: Der Reichskommissar und das wiedergewonnene Vaterland. Berlin 2008.

5 Herles, Wolfgang: Wir sind kein Volk. Eine Polemik. München 2004. Herles wendet sich gegen die Verdrängung der Probleme, die die Einheit mit sich gebracht hat, und übersieht dabei, dass es seit Jahren en vogue ist, den Blick auf ebendiese Probleme zu verengen. Ein einschlägiger Klassiker ist: Sinn, Gerlinde und Hans-Werner Sinn: Kaltstart. Volkswirtschaftliche Aspekte der deutschen Vereinigung. München 1993. Auch Helmut Schmidt rechnet in »Auf dem Weg

zur deutschen Einheit. Rückblick und Ausblick« (Reinbek 2005) mit ökonomischen und psychologischen Fehlern seines Nachfolgers im Amt ab.

6 Siehe die weit verbreiteten Schulbücher »Rückspiegel« (Schöningh Verlag) und »Geschichte und Geschehen I« (Klett Verlag); dazu: Eppelmann, Rainer u. R. Grünbaum: »Sind wir die Fans von Egon Krenz? Die Revolution von 1989/90 war keine ›Wende‹«, in: Deutschland-Archiv. Zeitschrift für das vereinigte Deutschland, Heft 5, 2004, S. 864–869. Ferner: Schröder, Carsten: Die Darstellung der friedlichen Revolution in der DDR im Schulbuch, eine Expertise, erarbeitet für die Stiftung zur Aufarbeitung der SED-Diktatur, Berlin 2004.

7 Roland Jahn 2008 im Interview mit dem Verfasser.

8 Interview auf www.jugendopposition.de

9 Roland Jahn 2008 im Interview mit dem Verfasser.

10 Interview auf www.jugendopposition.de

11 Roland Jahn 2008 im Interview mit dem Verfasser.

12 Interview auf www.jugendopposition.de

13 Mielke, Erich: Mit hoher Verantwortung für den Schutz des Sozialismus. In: Einheit, 30 (1975) 1, S. 43f.

14 Reprich, Siegfried: Der verhinderte Dialog, S. 149.

15 Interview auf www.jugendopposition.de

16 Roland Jahn 2008 im Interview mit dem Verfasser.

17 Interview auf www.jugendopposition.de

18 Roland Jahn 2008 im Interview mit dem Verfasser.

19 Interview auf www.jugendopposition.de

20 Roland Jahn 2008 im Interview mit dem Verfasser.

21 ebd.

22 ebd.

23 Interview auf www.jugendopposition.de

24 Ironie der Zensurgeschichte: Als das Buch 1963 in der Bundesrepublik erschien, war die katholische Kirche erzürnt: Bölls Hauptperson ist ein überzeugter Atheist.

25 Roland Jahn 2008 im Interview mit dem Verfasser.

26 ebd.

27 Aram Radomski 2008 im Gespräch mit dem Autor.

28 Roland Jahn 2008 im Interview mit dem Verfasser.

29 Georg Bush; Brent Scowcroft: Eine neue Welt. Amerikanische Außenpolitik in Zeiten des Umbruchs. Berlin, S. 21f.

30 Dregger in der Bundestagsdebatte am 27. April 1989, zitiert nach: *Die Zeit*, 22/1989 [http://www.zeit.de/1989/22/Briefe-wechseln-bis-

zuletzt]; ebenso: dpa 27.4.1989, 11:47 Uhr, »Dregger weist Schmähreden von Vogel zurück«

31 dpa 27.4.1989, 13:14 Uhr, »Genscher will Raketenverhandlungen aus nationaler Verantwortung«

32 Georg Bush und Brent Scowcroft: Eine neue Welt. Amerikanische Außenpolitik in Zeiten des Umbruchs. Berlin, S. 21f.

33 Siehe: Federation of American Scientists http://www.fas.org/irp/offdocs/nsr/

34 Michael R. Beschloss und Strobe Talbott: Auf höchster Ebene. Das Ende des Kalten Krieges und die Geheimdiplomatie der Supermächte 1989–1991. Düsseldorf 1994.

35 Georg Bush und Brent Scowcroft: Eine neue Welt. Amerikanische Außenpolitik in Zeiten des Umbruchs. Berlin, S. 21f.

36 Zelikow, Philip u. Condoleezza Rice: Sternstunde der Diplomatie. Die deutsche Einheit und das Ende der Spaltung Europas. Berlin 1997, S. 55f.

37 Condoleezza Rice 1999 im Gespräch mit Alexander von Plato, siehe: Plato, S. 29f.

38 »Bush ›Would Love‹ Reunited Germany«, *Washington Times*, 16. Mai 1989.

39 Plato, S. 22.

40 Plato, S. 24f.

41 Walters, Vernon A.: Die Vereinigung war voraussehbar. Hinter den Kulissen eines entscheidenden Jahres. Die Aufzeichnungen des amerikanischen Botschafters. Berlin 1994, S. 19.

42 Walters, Die Vereinigung war voraussehbar, S. 89.

43 Walters, Die Vereinigung war voraussehbar, S. 95, S. 115.

44 Bush, Eine neue Welt, S. 110ff.

45 ebd.

46 Siehe: Beschloss, Michael R.: »George Bush«, in: Robert A. Wilson (Hg.): Character Above All. Ten Presidents from FDR to George Bush. New York 1996.

47 Gorbatschow, Michail: Wie es war. Die deutsche Wiedervereinigung. Berlin 1999, S. 92–94. Inhaltlich übereinstimmend: Bush, George und Brent Scowcroft: Eine neue Welt. Amerikanische Außenpolitik in Zeiten des Umbruchs. Berlin 1999, S. 122–136.

48 Bush, George und Brent Scowcroft: Eine neue Welt. Amerikanische Außenpolitik in Zeiten des Umbruchs. Berlin 1999, S. 112.

49 Peter Robinson, How Ronald Reagan Changed My Life, 2003.

50 Günter Schabowski, DLF-Interview 12.7.2007.

51 Baker, James A.: Drei Jahre, die die Welt veränderten. Berlin, 1996. S. 74ff.

52 Genscher im Gespräch mit Alexander von Plato (Plato: Die Vereinigung Deutschlands – ein weltpolitisches Machtspiel. Berlin 2003, S. 39).

53 Kohl 1986 in einem »newsweek«-Interview: »Das ist ein moderner kommunistischer Führer, der war nie in Kalifornien, nie in Hollywood, aber der versteht etwas von PR. Der Goebbels verstand auch etwas von PR.«

54 Elbe, Frank und Richard Kiessler: Ein runder Tisch mit scharfen Ecken. Der diplomatische Weg zur deutschen Einheit. Baden-Baden 1997, S. 16.

55 Herbert Häber im Interview für das ZDF.

56 »Without going so far as to offer an opinion about reunification, I said that, couldn't Berlin then become a city in which maybe some things, for example, Olympics games, meetings, international meetings and so forth could take place, and also a change in the whole aerial position, aircraft position, so that Berlin could once again become a hub for international air traffic. And then maybe from all of those things, reunification could grow.« ZDF, 10.3.1988.

57 dpa, 20.8.1988.

58 Interview mit »Jyllands Posten«, ebenso in »Neues Deutschland«, 21.4.1988.

59 dpa, 27.9.1988.

60 Die Verschuldung der USA stieg unter Reagan von 935 Milliarden auf 2 700 Milliarden US-Dollar (http://www.treasurydirect.gov/).

61 Baker, S. 161ff.

62 Michael R. Beschloss u. Strobe Talbott: Auf höchster Ebene. Das Ende des Kalten Krieges und die Geheimdiplomatie der Supermächte 1989–1991. Düsseldorf 1994, S. 202ff.

63 Bush, S. 117ff.

64 Bush, S. 122–136.

65 Beschloss, S. 202ff.

66 Baker, S. 161ff.

67 Beschloss, S. 202ff.

68 Rice, Condoleezza und Philip Zelikow: Sternstunde der Diplomatie. Die deutsche Einheit und das Ende der Spaltung Europas. Berlin 1997, S. 202.

69 Siehe: Beschloss, Michael R.: »George Bush«, in: Robert A. Wilson (Hg.): Character Above All. Ten Presidents from FDR to George Bush. New York 1996.

70 Krenz, Egon: Herbst '89. Berlin 1999, S. 9ff.
71 Daschitschew, W. I.: Moskaus Griff nach der Weltmacht. Die bitteren Früchte hegemonialer Politik. Potsdam 2002, S. 508.
72 Krenz, S. 9ff.
73 ebd.
74 Baker, James A.: Drei Jahre, die die Welt veränderten. Berlin 1996, S. 155.
75 Rice, Condoleezza u. Philip Zelikow: Sternstunde der Diplomatie. Die deutsche Einheit und das Ende der Spaltung Europas, Berlin 1997, S. 42ff.
76 Falin, Valentin: Konflikte im Kreml. Zur Vorgeschichte der deutschen Einheit und Auflösung der Sowjetunion. München 1997, S. 141. Falin wird später zu einem der eifrigsten Kritiker Gorbatschows, u. a. weil Falin gegen die deutsche Einheit ist.
77 ebd.
78 Blätter für deutsche und internationale Politik, S. 89–390.
79 Heinz Keßler in einem Interview mit der ZDF-Redaktion Zeitgeschichte.
80 Krenz, S. 9ff.
81 Beschloss, Michael R. und Strobe, Talbott: Auf höchster Ebene. Das Ende des Kalten Krieges und die Geheimdiplomatie der Supermächte 1989–1991. Düsseldorf 1994, S. 114.
82 Kohl, Helmut: »Ich wollte Deutschlands Einheit«, /dargest. von Kai Diekmann und Ralf Georg Reuth. Berlin 1996, S. 58.
83 Krenz, S. 9ff.
84 Stenografische Niederschrift des informellen Treffens der Generalsekretäre nach der Tagung des Politisch-Beratenden-Ausschusses in Bukarest am 08.07.1989, in: SAPMO-BArch, ZPA-SED, IV 2/2.039/290, Bl. 117.
85 Bertele, Franz: Grundlagenvertrag und Ständige Vertretung in Berlin. Notizen zum Management der deutschen Teilung, Manuskript des Verfassers, S. 18f. Veröffentlicht in: Frowein, Jochen A. , K. Scharioth u. I. Winkelmann (Hrsg.): Verhandeln für den Frieden – Negotiating for Peace. (Beitrage Zum Ausländischen Öffentlichen Recht und Völkerrecht), Berlin 2003.
86 Süß, Walter: Staatssicherheit am Ende. Berlin 1999, S. 23.
87 dpa-Meldung 10.07.1989, 17:46 Uhr, »Honecker aus Krankenhaus entlassen«.
88 Krenz, S. 53–55.
89 dpa, 14.8.1989.
90 *Bild*-Zeitung vom 16.10.1989, Aufmacher Titelseite.

91 Siehe ausführlich: Hertle, Hans-Hermann: Vor dem Bankrott der DDR: Dokumente des Politbüros des ZK der SED aus dem Jahr 1988 zum Scheitern der »Wirtschafts- und Sozialpolitik« (Die Schürer/Mittag-Kontroverse). Mit einem Gespräch mit Gerhard Schürer, Berlin 1991. Ebenso: Janson, Carl-Heinz: Totengräber der DDR. Wie Günter Mittag den SED-Staat ruinierte, Düsseldorf 1991.

92 Brief Mittags an Honecker, 3. Mai 1988, SAPMO-BA, DY 34/13553.

93 Protokoll der Sitzung des Politbüros der SED vom 29. August 1989, Stiftung Archiv der Parteien und Massenorganisationen der DDR im Bundesarchiv (SAPMO-DDR), SED, ZK, 1V212039176.

94 Siehe Kapitel 4.

95 Aufzeichnung von Gerhard Schürer; Hertle, Der Fall der Mauer, S. 409–426.

96 Schabowski 1990 im Gespräch mit Walter Süß, dargestellt in: Süß, Walter: Staatssicherheit am Ende. Warum es den Mächtigen nicht gelang, 1989 eine Revolution zu verhindern. Berlin 1999, S. 338.

97 Krenz am 7.10.1994 im ZDF.

98 Hertle, Chronik, S. 85.

99 Siehe: Süß, S. 340.

100 Krenz in: Kuhn, Tag der Entscheidung, S. 154.

101 Mielke gemäß den persönlichen Aufzeichnungen Schürers, Bl. 204; zitiert nach: Süß, S. 342.

102 So schreibt die damals ungewöhnlich gut informierte *Bild*-Zeitung am 22.10.1989.

103 Krenz, S. 46.

104 Süß, S. 257.

105 Geplant waren 15 Sonderzüge, doch die Flüchtlinge drängeln sich in acht Zügen zusammen. Drei passieren am 4. Oktober den Hauptbahnhof Dresden, was die Unruhen auslöst; die anderen fünf werden daraufhin umgeleitet. Siehe: Süß, S. 259.

106 Eine minutiöse Darstellung der Ereignisse findet sich bei Walter Süß, Staatssicherheit am Ende, S. 252ff.

107 Wagner, Herbert: Die Novemberrevolution 1989 in Dresden. Ein Erlebnisbericht. In: Löw, Konrad (Hrsg.): Ursachen und Verlauf der deutschen Revolution 1989, Berlin 1991, S. 10.

108 BStU, ZA, MfS-ZAIG 3806, Bl. 4f., zit. n. Hertle, Chronik des Mauerfalls, S. 79.

109 Vgl.: Süß, S. 258.

110 Erst am 6. Oktober wird die NVA-Bewaffnung von Maschinenpistolen auf Gummiknüppel reduziert. Siehe: Süß, S. 257.

111 Fernschreiben von Erich Honecker, BStU, MfS, BdL/Dok 006921.

112 Bericht Böhms vom 9. Oktober 1989. BStU, ASt Dresden, BV Dresden, LBV 10167, Bl. 5.

113 Pappermann 2008.

114 Frank Richter 2008 im Gespräch mit dem Verfasser.

115 Pappermann 2008.

116 In ländlicheren Regionen und in Plauen hat es vorher schon solche Ansätze gegeben.

117 So Berghofers eigene Aktennotizen des Gesprächs, zitiert nach: Süß, Walter: Staatssicherheit am Ende, S. 273.

118 Bericht Böhms vom 9. Oktober 1989. BStU, ASt Dresden, BV Dresden, LBV 10167, Bl. 1–5.

119 Kreuzkirche, Christuskirche, Versöhnungskirche, Kathedrale.

120 Süß, S. 274.

121 Wagner, S. 12.

122 Kohl, Helmut: Ich wollte Deutschlands Einheit, dargest. von Kai Diekmann und Ralf Georg Reuth. Berlin, 1996 , S. 75–79, ebenso wie die nachfolgenden Zitate.

123 Über das Treffen berichtet später der niedersächsische Ministerpräsident Ernst Albrecht, der ebenfalls teilnimmt, aber ablehnt, einen Gegenkandidaten zu unterstützen. Siehe: dpa, 8. September 1989, 14:53.

124 Kohl, Erinnerungen, S. 898.

125 Auch im CDU-Grundsatzprogramm von 1978 fehlt der Begriff »Wiedervereinigung«. Vorsitzender der Programmkommission war Richard von Weizsäcker.

126 Kohl, Erinnerungen, S. 75.

127 Der »Alleinvertretungsanspruch« führt 1957 zum Abbruch der diplomatischen Beziehungen zu Jugoslawien, nachdem Tito die DDR anerkannt hat, sowie 1963 zur Abberufung des Botschafters aus Kuba, nachdem Castro die DDR anerkannt hat. Die Sowjetunion war Adenauer wichtig genug, diplomatische Beziehungen aufzunehmen, obwohl auch Moskau natürlich die DDR anerkannte.

128 *taz*, 13.7.1987.

129 dpa, 23. Juli 1989.

130 Antrittsrede des ersten DDR-Staatspräsidenten Wilhelm Pieck am 11. Oktober 1949: »Niemals wird die Spaltung Deutschlands […] von der Deutschen Demokratischen Republik anerkannt werden, und nicht eher werden wir ruhen, bis die widerrechtlich von Deutschland losgerissenen und dem Besatzungsstatut unterworfenen Teile Deutschlands

mit dem deutschen Kerngebiet, mit der Deutschen Demokratischen Republik in einem einheitlichen demokratischen Deutschland vereint sind.« (Zit. n. »Ost und West«, 11/1949, S. 9f.)
131 Kohl, Erinnerungen, S. 840.
132 ebd., S. 909.
133 Rice u. Zelikow, S. 116.
134 Kohl, Erinnerungen, S. 845.
135 ebd., S. 850.
136 ebd., S. 898.
137 ebd., S. 928f.
138 ebd., S. 899.
139 *SZ*, »Deutsche Frage weltweit auf der Tagesordnung«, 6.11.1989.
140 Mitterrand in einem Interview am 3. November 1989: Er habe keine Angst vor der deutschen Wiedervereinigung, die er innerhalb der kommenden 10 Jahre erwarte.
141 Kohl, Erinnerungen, S. 937.
142 Interview mit dem damaligen Ministerpräsidenten Miklos Nemeth in: *Die Welt*, 11. September 2004.
143 Kohl, Erinnerungen, S. 937.
144 ebd., S. 937ff.
145 Zitiert nach dem TV-Mitschnitt des Parteitags.
146 Kohl, Erinnerungen, S. 937ff.
147 ebd., S. 889.
148 ebd., S. 886.
149 ebd., S. 889.
150 ebd., S. 889.
151 ebd., S. 888.
152 ebd., S. 923; ebenso die nachfolgenden Zitate.
153 Jankowski, Martin: Der Tag, der Deutschland veränderte. 9. Oktober 1989. Leipzig 2007, S. 7.
154 Uwe Schwabe 2008 im Gespräch mit dem Verfasser.
155 »Entschluss des Leiters des VPKA Leipzig vom 8.10.1989«, zitiert nach: Jankowski, S. 85.
156 Bernd Lindner 2008 im Gespräch mit dem Verfasser.
157 Toralf Dörre 2008 im Gespräch mit dem Verfasser.
158 Richtig an dem Gerücht ist, dass die Offiziere scharfe Munition in ihren Dienstwaffen haben, während alle anderen Einsatzkräfte nur mit Schlagstöcken ausgerüstet sind. Die Einsatzleitung erklärt das später zu einer Vorsichtsmaßnahme: Man habe erklärtermaßen Gewaltausbrüche vermeiden wollen und darum die Mannschaften nicht bewaffnet.

159 Jankowski, S. 76.

160 Hackenberg laut Protokoll der Sitzung der SED-Bezirksleitung am 24.10.1989, StAL, SED IV F-2/1/014, zitiert nach: Hollitzer, Tobias: Der friedliche Verlauf des 9. Oktober 1989, in: Heydemann, Günther, Gunther Mai und Werner Müller (Hrsg.): Revolution und Transformation in der DDR 1989/90, Berlin 1999, S. 272.

161 Uwe Schwabe 2008 im Gespräch mit dem Verfasser.

162 ebd.

163 Jankowski, S. 46.

164 ebd., S. 51.

165 Uwe Schwabe 2008 im Gespräch mit dem Verfasser.

166 ebd.

167 Joachim Apitz 2008 im Gespräch mit dem Verfasser.

168 Uwe Schabe 2008 im Gespräch mit dem Verfasser.

169 Jankowski, S. 20.

170 Uwe Schwabe 2008 im Gespräch mit dem Verfasser.

171 Joachim Apitz 2008 im Gespräch mit dem Verfasser, ebenso wie die nachfolgenden Zitate.

172 Joachim Apitz 1998 in der Aktion »Augen der Geschichte: Der ZDF-Jahrhundertbus«, publiziert auf www.unsere-geschichte.zdf.de

173 Dass der Hochschul-Theologe Dr. Peter Zimmermann ein »IM« der Stasi ist, ist damals noch nicht bekannt.

174 Bernd Lindner 2008 im Gespräch mit dem Verfasser.

175 Krenz im ZDF-Interview, zitiert nach: Plato, Vereinigung Deutschlands, S. 67.

176 Die Stimmung in der »Runden Ecke« am 9. Oktober 1989 zeichnet Erich Loest in seinem Roman »Nikolaikirche« exzellent nach.

177 Joachim Apitz 2008 im Gespräch mit dem Verfasser; Apitz gründet später einen frei gewählten Betriebsrat in seinem Institut und wird dessen Vorsitzender.

178 Lindner, Bernd: Zum Herbst '89. Demokratische Bewegung in der DDR. Leipzig 1994, S. 93.

179 Schindelbeck, Dirk: »Jeder bringt noch einen mit … – Die Leipziger Montagsdemonstrationen und der Prozess der deutschen Wiedervereinigung – ein massenpsychologisches Lehrstück«, in: Forum Schulstiftung (Hrsg.): Montagsdemonstrationen, S. 25–49, S. 48.

180 Vanessa Fischer im Deutschlandradio Berlin: »›Wir sind ein Volk‹ – auf der Suche nach der Herkunft eines deutschen Rufes, 29.9.2005.

181 Uwe Schwabe 2008 im Gespräch mit dem Verfasser.

182 Ein Erfolg, an den einer der Väter des Spruches sieben Jahre später an-

zuknüpfen versucht: Hans-Hermann Tiedje wird dann persönlicher Berater von Helmut Kohl im Bundestagswahlkampf. Diesmal ohne Erfolg.

183 Krenz im Interview zum Fernsehfilm »Deutschlandspiel« (2000).

184 Maximytschew, Igor F.: Aus dem Tagebuch des stellvertretenden Botschafters der UdSSR in der DDR, S. 12.

185 Reinhard Schult 2008 im Gespräch mit dem Verfasser.

186 Gieseke, Jens: Die DDR-Staatssicherheit. Schild und Schwert der Partei. Bonn 2001, S. 7.

187 Zwahr, Hartmut: Ende einer Selbstzerstörung: Leipzig und die Revolution in der DDR, Göttingen 1993, S. 142.

188 dpa, 1.11.1989, 17:10 Uhr.

189 Gründungsaufruf SDP, Niederndodeleben, den 24.7.1989; die weiteren Forderungen nach Rechtsstaatlichkeit, föderalen Strukturen und »Sozialer Marktwirtschaft« entsprechen allerdings im Wesentlichen dem Staatsverständnis der Bundesrepublik.

190 Rolf Henrich 2008 im Gespräch mit dem Verfasser.

191 a. a. O.

192 Henrich, Rolf: Der vormundschaftliche Staat, S. 13.

193 ebd., S. 18.

194 ebd., S. 13.

195 Henrich 2008 im Gespräch mit dem Verfasser, ebenso wie die nachfolgenden Zitate, soweit nicht anders angegeben.

196 Henrich 2008 im Gespräch mit dem Verfasser.

197 »Die andere Potsdamer Zeitung«, 16.3.1990.

198 Schabowski zitiert nach: Hertle, Chronik des Mauerfalls, S. 134.

199 Krenz 1990, S. 182; Schabowski 1991, S. 306.

200 Hertle, Chronik des Mauerfalls, S. 135.

201 Die DDR-Verfassung von 1949 legt in Artikel 10 immerhin fest: »Jeder Bürger ist berechtigt, auszuwandern«; allerdings könnten Gesetze dieses Recht einschränken. Die Verfassungen von 1968 und 1974 verzichten auf jede Reisefreiheit: »Jeder Bürger der DDR hat im Rahmen der Gesetze das Recht auf Freizügigkeit innerhalb des Staatsgebietes der DDR.« (Artikel 32).

202 9.11.1989, 01:03, dpa – Basisdienst, Hamburg.

203 9.11.1989, 14:29, dpa – Basisdienst, Hamburg.

204 Aussagen von Zeitzeugen in der ZDF-Aktion »Augen der Geschichte«.

205 Schabowski in einem Interview in: *Der Morgen*, 7.12.1990, S. 21; später äußert er sich gegenteilig, was aber angesichts seiner Performance während der PK wenig glaubhaft ist.

206 Schabowski im Interview mit Hertle, WDR »Schabowskis Zettel«, 9.11.2004.

207 Krenz in: Kuhn, Eckehard: Gorbatschow und die deutsche Einheit, S. 62.

208 Bertele, Franz: Grundlagenvertrag und Ständige Vertretung in Berlin. Notizen zum Management der deutschen Teilung, in: Frowein, Jochen A., Klaus Scharioth, Ingo Winkelmann, Rüdiger Wolfrum (Hrsg.): Verhandeln für den Frieden – Negotiating for Peace. Berlin 2003.

209 Die Zahl steigt von 139 000 (1985) auf 573 000 (1986) und 1,3 Millionen (1987).

210 Bertele, Franz: 1989–1990. Vom Management der Teilung zur Wiedervereinigung Deutschlands. Vortrag in Seoul am 23. Mai 2002.

211 Bertele, Franz: Grundlagenvertrag und Ständige Vertretung in Berlin. Notizen zum Management der deutschen Teilung, in: Frowein, Jochen A., Klaus Scharioth, Ingo Winkelmann, Rüdiger Wolfrum (Hrsg.): Verhandeln für den Frieden – Negotiating for Peace. Berlin 2003.

212 Bertele, Grundlagenvertrag …

213 DDR Fernsehen 1, 4.11.89, 19:36, Hertle, Chronik des Mauerfalls, S. 111.

214 Politbürobeschluss vom 7. 11. 1989, zit. n.: Hertle, Chronik des Mauerfalls, S. 112.

215 Hertle, Chronik des Mauerfalls, S. 121.

216 ebd., S. 122.

217 ebd., S. 132.

218 Schabowskis Äußerungen auf der Pressekonferenz sind in TV-Mitschnitten dokumentiert.

219 Erst gut vier Stunden später, um 22:55 Uhr, gibt es die nächste ADN-Meldung zur Reiseregelung, in der ausdrücklich darauf hingewiesen wird, dass die Volkspolizei die nötigen Ausreisegenehmigungen erteilen muss. Zu diesem Zeitpunkt ist die Geschichte aber schon gelaufen.

220 Die genaue Uhrzeit der Grenzöffnung an der Bornholmer Straße war anfangs umstritten, Augenzeugen berichteten von einer früheren Grenzöffnung; auf dem Drehmaterial eines Kamerateams von *Spiegel-TV*, das die Szenen filmte, ist im Hintergrund jedoch die Uhr der S-Bahnhaltestelle Bornholmer Straße zu erkennen. Daraus ergibt sich die Zeit von ca. 23:30 Uhr.

221 Die Schilderungen beruhen zum Teil auf einem Interview des Verfassers mit Harald Jäger, zu einem großen Teil aber auch auf der sehr einfühlsamen Biografie »Der Mann, der die Mauer öffnete« von Gerhard Haase-Hindenberg.

222 Siehe: Interview mit Hertle, Der Tag an dem die Mauer fiel, S. 744–755.

223 Niebling im Gespräch mit Hertle: Hertle, Hans-Hermann: Der Tag, an dem die Mauer fiel (Interviews mit Zeitzeugen). In: Deutschland-Archiv, 3.2.1999, 5, S. 744–755

224 Manfred Sens 1998 im ZDF-Jahrhundertbus der Aktion »Augen der Geschichte«, siehe auch:: www.unsere-geschichte.zdf.de

225 Mascolo, Georg: »Wir fluten jetzt«, 5.11.2004 spiegel.de; http://www.spiegel.de/panorama/zeitgeschichte/0,1518,325933,00.html

226 Die Reporterin Rosa Maria Artal dreht dort für *Informe semanal*; an ihrer Seite der spanische Botschafter in der DDR, Alonso Alvarez de Toledo.

227 Harald Jäger 2008 im Gespräch mit dem Verfasser.

228 ebd.

229 Aram Radomski 2008 im Gespräch mit dem Verfasser.

230 Harald Jäger 2008 im Gespräch mit dem Verfasser.

231 Aram Radomski 2008 im Gespräch mit dem Verfasser.

232 Haase-Hindenberg, S. 188f.

233 Hertle, Gespräch mit S. W., damals stellvertretender Leiter der Passkontrolleinheit am Grenzübergang Invalidenstraße. In: Hertle, Der Tag, an dem die Mauer fiel, S. 749–755.

234 Hertle, Der Tag an dem die Mauer fiel, S. 744–755.

235 Wöllner in: Koop, Volker: Ausgegrenzt. Der Fall der DDR-Grenztruppen. Berlin 1993, S. 66. Zitiert nach: Hertle, Chronik des Mauerfalls, S. 182.

236 Haase-Hindenberg, S. 196.

237 Manfred Sens 1998 im ZDF-Jahrhundertbus der Aktion »Augen der Geschichte«, siehe auch:: www.unsere-geschichte.zdf.de

238 Haase-Hindenberg, S. 157f.

239 Haase-Hindenberg, S. 24.

240 Harald Jäger 2008 im Gespräch mit dem Verfasser.

241 ebd.

242 Siehe: www.unsere-geschichte.zdf.de

243 Interview 1998 in der Aktion »Augen der Geschichte« im ZDF-Jahrhundertbus; siehe auch: www.unsere-geschichte.zdf.de

244 ebd.

245 Siehe: www.unsere-geschichte.zdf.de

246 Oberstleutnant S. W. in: Hertle, Der Tag, den dem die Mauer fiel, S. 749–755.

247 Lautenbach im *Tagesspiegel*, »Am falschen Ort«, 9.11.2004.

248 S. W. im Gespräch mit Hertle, Der Tag, an dem die Mauer fiel.

249 Hertle, Chronik des Mauerfalls, S. 148.

250 ebd., S. 182.

251 Wie Hertle beschreibt, schließen die DDR-Grenzsoldaten einen Wasserschlauch an einen Hydranten an und bespritzen die Menschen auf der Mauer. Den herumliegenden Schlauch nutzen die Ostberliner kurz darauf als Kletterseil, um auf die Mauer zu kommen. Hertle, Chronik des Mauerfalls, S. 183f.

252 Hertle, Chronik des Mauerfalls, S. 187.

253 Protestresolution der Grundorganisation der SED des Grenzregiments 36 vom 10.11.1989, zit. nach: Hertle, Chronik des Mauerfalls, S. 189.

254 Ein Jahr später kommt es zu einem gewaltsamen Putschversuch in Litauens Hauptstadt Vilnius, bei dem 700 Menschen verletzt werden. In der restlichen Welt findet das wenig Beachtung, da die Aktion am 13. Januar stattfindet – an dem Tag startet Bush sen. den 1. Golfkrieg gegen Saddam Hussein. Heute sind Litauen, Lettland und Estland unabhängige Staaten und Mitglieder der Europäischen Union.

255 Siehe: dpa-Korrespondentenbericht von Wolfgang Koydl, 31. Mai 1990, 1:20 Uhr.

256 Siehe: dpa-Korrespondentenbericht von Franz Smets, 30. Mai 1990, 10:41.

257 Bush, George: Eine neue Welt, S. 267–287.

258 ebd.

259 ebd.

260 James Baker, Erinnerungen, S. 225–227.

261 Gorbatschow, So war es wirklich, S. 136–138.

262 Bush, Eine neue Welt, S. 267–287.

263 ebd.

264 Siehe auch: Knopp, Guido: History. Geheimnisse des 20. Jahrhunderts. München 2002, S. 327–339.

265 Gorbatschow, So war es wirklich, S. 136–138.

266 Rice u. Zelikow, S. 360.

267 *SZ*, 25.1.90

268 Hans-Hermann Hertle, Der Fall der Mauer. Die unbeabsichtigte Selbstauflösung des SED-Staates. Wiesbaden 1996.

269 Koptelzew, zitiert nach: Hertle, Der Fall der Mauer, s. o.

270 Es ist eigentlich erstaunlich, dass weder Gorbatschow noch Schewardnadse oder ihre engsten Berater in Memoiren, Buchveröffentlichungen oder Interviews die Geschehnisse des 9. und 10. November aus ihrer Sicht detaillierter schildern, während sie andere, weniger zentrale Ereignisse sehr lebendig und anekdotenhaft darzustellen wissen. Das nährt den Verdacht, dass die Moskauer Führungselite zum Zeitpunkt des

Mauerfalls tatsächlich geistig nicht anwesend gewesen sein könnte. In Verbindung mit Hertles begründeter Vermutung, dass die erzwungene Grenzöffnung in Ostberlin zu einem beträchtlichen Teil dem genossenen Alkohol zu verdanken ist, lohnte sich der Versuch einer Darstellung des Mauerfalls als direkte Folge von Alkoholkonsum.

271 Siehe: Hertle, Der Fall der Mauer, a. a. O.

272 Hertle, Der Fall der Mauer, S. 274.

273 Schewardnadse in *Literaturnaja Gazeta*, 10. 4. 1991; zitiert nach: Wagensohn, Tanja: Moskau und der Mauerfall. Ein Rückblick nach 10 Jahren, in: Politische Studien, Heft 367, hg. Hanns Seidel-Stiftung e. V., 1999.

274 Kohl, Erinnerungen, S. 969.

275 Hertle, Der Fall der Mauer, S. 274.

276 Kuhn, Gorbatschow und die deutsche Einheit, S. 44.

277 Fritz Streletz im Interview mit Hans-Christoph Blumenberg 1999, zitiert nach: Plato, Die Vereinigung Deutschlands – ein weltpolitisches Machtspiel, S. 68.

278 Plato, Die Vereinigung Deutschlands – ein weltpolitisches Machtspiel, S. 69.

279 ebd., S. 68.

280 Krenz, Herbst '89, S. 310ff.

281 Weidenfeld, Werner: Außenpolitik für die deutsche Einheit. Die Entscheidungsjahre 1989/90. In Zusammenarbeit mit Peter M. Wagner und Elke Bruck. Stuttgart 1998, S. 118. Vgl. ebenso: Kuhn, Ekkehard: Gorbatschow und die deutsche Einheit. Aussagen der wichtigsten russischen und deutschen Beteiligten, Bonn 1993, S. 79.

282 Über Falins geheime Berlin-Reise berichtet Wjatscheslaw Daschitschew in: Moskaus Griff nach der Weltmacht. Die bitteren Früchte hegemonialer Weltpolitik. Hamburg 2002; Daschitschew ist ein Gegenspieler Valins in der Internationalen Abteilung des Moskauer ZK gewesen und hat spätestens seit 1987 die Vereinigung der deutschen Staaten gefordert.

283 Falin, S. 314–316.

284 Siehe: Plato, S. 201; Falin bestreitet das heute, so wie er in Interviews sogar zum Besten gibt, er sei seit 1953 für die Vereinigung der deutschen Staaten gewesen; siehe: *Tagesspiegel*: »Und jetzt – die Einheit?«, 4.11.2004.

285 Teilnehmer sind außerdem noch Ryschkow, Jakowlew, Achromejew, Krjutschkow, Tschernjajew, Schachnasarow sowie der Mitarbeiter der internationalen Abteilung des ZK und Deutschlandexperte Fjodorow.

286 Gorbatschow, Wie es war, S. 95–97.

287 Teltschik, S. 109.
288 Condoleezza Rice in einem Interview mit Alexander von Plato 1999; Plato, Vereinigung Deutschlands, S. 200.
289 Teltschik, S. 109.
290 Siehe: Teltschik, S. 133.
291 Webster: Wandel in der Sowjetunion unumkehrbar«, Amerika Dienst Nr. 9/90, Rede des CIA-Direktors vor Kongressausschuss.
292 Teltschik, S. 100–102.
293 Folgerichtig wurde nicht die 1. Strophe des »Deutschlandliedes« zur Nationalhymne bestimmt, sondern die dritte, in der über die leere Nationalität hinaus inhaltliche Werte beschworen werden.
294 Habermas, Jürgen: Können komplexe Gesellschaften eine vernünftige Identität ausbilden? In: Ders. (Hg.): Zur Rekonstruktion des Historischen Materialismus, Frankfurt/M. 1976, S. 92–126.
295 Thierse, Wolfgang: »Gegenteil von SED-Diktatur«, in: Funken, Michael (Hrsg.): Über Habermas. Gespräche mit Zeitgenossen. Darmstadt 2008, S. 59.
296 Kuhn, Gorbatschow und die deutsche Einheit, S. 148.
297 Etwas länger dauerte lediglich der vollständige Abzug der Roten Armee aus der ehemaligen DDR, nämlich bis 1994.
298 Willy Brandt bei der Veranstaltung am 10.11.1989 mit Kohl, Genscher und Momper vor dem Schöneberger Rathaus; zitiert nach: Brandt, Willy: »... was zusammengehört.« Reden zu Deutschland. Bonn 1990, S. 37ff.

Literatur

Albrecht, Ulrich: Die Abwicklung der DDR. Die »Zwei-plus-vier-Verhandlungen«. Wiesbaden 1992.

Bahrmann, Hannes und Christoph Links: Chronik der Wende. Die Ereignisse in der DDR zwischen 7. Oktober 1989 und 18. März 1990. Berlin 1999.

Baker, James A.: Drei Jahre, die die Welt veränderten. Berlin 1996.

Bertele, Franz: Grundlagenvertrag und Ständige Vertretung in Berlin. Notizen zum Management der deutschen Teilung, in: Frowein, Jochen A., Klaus Scharioth, Ingo Winkelmann, Rüdiger Wolfrum (Hrsg.): Verhandeln für den Frieden – Negotiating for Peace. Berlin 2003.

Beschloss Michael R. und Strobe Talbott: Auf höchster Ebene. Das Ende des Kalten Krieges und die Geheimdiplomatie der Supermächte 1989–1991. Düsseldorf 1994.

Bollinger, Stefan (Hg.): Das letzte Jahr der DDR. Zwischen Revolution und Selbstaufgabe.Berlin 2004.

Brandt, Willy: »... was zusammengehört«. Reden zu Deutschland. Bonn 1990.

Bush, George und Brent Scowcroft: Eine neue Welt. Amerikanische Außenpolitik in Zeiten des Umbruchs. Berlin 1999.

Daschitschew, Wjatscheslaw: Moskaus Griff nach der Weltmacht. Die bitteren Früchte hegemonialer Weltpolitik. Hamburg 2002.

Duisberg, Claus J.: Das deutsche Jahr. Einblicke in die Wiedervereinigung 1989/1990. Berlin 2005.

Elbe, Frank und Richard Kiessler: Ein runder Tisch mit scharfen Ecken. Der diplomatische Weg zur deutschen Einheit. Baden-Baden 1997.

Ellmenreich, Renate: Matthias Domaschk. Die Geschichte eines politischen Verbrechens in der DDR und die Schwierigkeiten, dasselbe aufzuklären. Erfurt 1996.

Falin, Valentin: Konflikte im Kreml. Zur Vorgeschichte der deutschen Einheit und Auflösung der Sowjetunion. München 1997.

Fritsche, Susanne: Die Mauer ist gefallen. Eine kleine Geschichte der DDR. München 2004.

Garton Ash, Timothy: Im Namen Europas. Deutschland und der geteilte Kontinent. München 1993.

Genscher, Hans-Dietrich: Erinnerungen. Berlin 1995.

Genscher, Hans-Dietrich: Unterwegs zur Einheit. Reden und Dokumente aus bewegter Zeit. Berlin 1991.

Gieseke, Jens: Die DDR-Staatssicherheit. Schild und Schwert der Partei. Bonn 2001.

Gorbatschow, Michail: Erinnerungen. Berlin 1995.

Gorbatschow, Michail: Wie es war. Die deutsche Wiedervereinigung. Berlin 1999.

Haase-Hindenberg, Gerhard: Der Mann, der die Mauer öffnete. Warum Oberstleutnant Harald Jäger den Befehl verweigerte und damit Weltgeschichte schrieb. München 2007.

Habermas, Jürgen: Können komplexe Gesellschaften eine vernünftige Identität ausbilden? In: Ders. (Hg.): Zur Rekonstruktion des Historischen Materialismus, Frankfurt/M. 1976, S. 92–126.

Hein, Jakob: Antrag auf ständige Ausreise und andere Mythen der DDR. München 2007.

Henrich, Rolf: Der vormundschaftliche Staat. Vom Versagen des real existierenden Sozialismus. Reinbek 1989.

Hertle, Hans-Hermann: Chronik des Mauerfalls. Die dramatischen Ereignisse um den 9. November 1989. Berlin 1996.

Hertle, Hans-Hermann: Der Fall der Mauer. Die unbeabsichtigte Selbstauflösung des SED-Staates. Opladen 1996.

Hertle, Hans-Hermann u. Igor F. Maximytschew: Die Maueröffnung. Wiesbaden 1995.

Hertle, Hans-Hermann: Der Tag, an dem die Mauer fiel (Interviews mit Zeitzeugen). In: Deutschland-Archiv, 32.1999, 5, S. 744–755.

Hertle, Hans-Hermann: Vor dem Bankrott der DDR: Dokumente des Politbüros des ZK der SED aus dem Jahr 1988 zum Scheitern der »Wirtschafts- und Sozialpolitik« (Die Schürer/Mittag-Kontroverse). Mit einem Gespräch mit Gerhard Schürer, Berlin 1991.

Hollitzer, Tobias: Der friedliche Verlauf des 9. Oktober 1989, in: Heydemann, Günther, Gunther Mai und Werner Müller (Hrsg.): Revolution und Transformation in der DDR 1989/90, Berlin 1999.

Horn, Gyula: Freiheit, die ich meine. Erinnerungen des ungarischen Außenministers, der den Eisernen Vorhang öffnete. Hamburg 1991.

Jankowski, Martin: Der Tag, der Deutschland veränderte. 9. Oktober 1989 Leipzig 2007.

Janson, Carl-Heinz: Totengräber der DDR. Wie Günter Mittag den SED-Staat ruinierte. Düsseldorf 1991.

Knopp, Guido: Goodbye DDR. München 2005.

Knopp, Guido: History. Die Geschichten hinter der Geschichte. München 2002.

Kohl, Helmut: Erinnerungen 1982–1990. München 2005.

Kohl, Helmut: Ich wollte Deutschlands Einheit, dargest. von Kai Diekmann und Ralf Georg Reuth. Berlin 1996.

Kotschemassow, Wjatscheslaw: Meine letzte Mission. Fakten. Erinnerungen. Überlegungen. Berlin 1994.

Krenz, Egon: Wenn Mauern fallen. Die friedliche Revolution: Vorgeschichte – Ablauf – Auswirkungen. Wien 1990.

Krenz, Egon: Herbst `89. Berlin 1999.

Kuhn, Ekkehard: »Wir sind das Volk!« Die friedliche Revolution in Leipzig, 9. Oktober 1989. Berlin 1999.

Kuhn, Ekkehard: Gorbatschow und die deutsche Einheit. Aussagen der wichtigsten russischen und deutschen Beteiligten. Bonn 1993.

Lindner, Bernd: Zum Herbst '89. Demokratische Bewegung in der DDR. Leipzig 1994.

Löw, Konrad (Hrsg.): Ursachen und Verlauf der deutschen Revolution 1989. Berlin 1991.

Maximytschew Igor F.: »Die Situation ist seit 1953 nie so ernst gewesen!« Wie die sowjetische Botschaft Unter den Linden die Wende in der DDR miterlebte. Berliner Arbeitshefte und Berichte zur sozialwissenschaftlichen Forschung Nr. 93, Berlin 1994.

Mielke, Erich: Mit hoher Verantwortung für den Schutz des Sozialismus. In: Einheit, 30 (1975).

Modrow, Hans: Ich wollte ein neues Deutschland. Mit Hans-Dieter Schütt. Berlin 1998.

Nakath, Detlef und Gerd-Rüdiger Stephan: Countdown zur deutschen Einheit. Eine dokumentierte Geschichte der deutsch-deutschen Beziehungen 1987–1990. Berlin 1996.

Neubert, Erhart: Geschichte der Opposition in der DDR 1949–1989. Bonn 1997.

Plato, Alexander von: Die Vereinigung Deutschlands – ein weltpolitisches Machtspiel. Bush, Kohl, Gorbatschow und die geheimen Moskauer Protokolle. Berlin 2002.

Pötzl, Norbert F.: Honecker. Eine deutsche Biographie. Stuttgart 2002.

Reagan, Ronald: Erinnerungen. Ein amerikanisches Leben. Berlin 1990.
Reiprich, Siegfried: Der verhinderte Dialog. Meine politische Exmatrikulation. Eine Dokumentation (Robert-Havemann-Gesellschaft). Berlin 1996.
Rice, Condoleezza und Philip Zelikow: Sternstunde der Diplomatie. Die deutsche Einheit und das Ende der Spaltung Europas. Berlin 1997.
Schäuble, Wolfgang: Der Vertrag. Wie ich über die deutsche Einheit verhandelte. Stuttgart 1991.
Schindelbeck, Dirk: »Jeder bringt noch einen mit … – Die Leipziger Montagsdemonstrationen und der Prozess der deutschen Wiedervereinigung – ein massenpsychologisches Lehrstück«, in: Forum Schulstiftung (Hrsg.): Montagsdemonstrationen, S. 25–49.
Schmidt, Helmut: Handeln für Deutschland – Wege aus der Krise. Reinbek 1993.
Schröder, Richard: Die wichtigsten Irrtümer über die deutsche Einheit. Freiburg/Brsg. 2007.
Stuhler, Ed: Margot Honecker. Eine Biografie. Wien 2003.
Süß, Walter: Staatssicherheit am Ende. Warum es den Mächtigen nicht gelang, 1989 eine Revolution zu verhindern. Berlin 1999.
Teltschik, Horst: 329 Tage. München 1993.
Thierse, Wolfgang: »Gegenteil von SED-Diktatur«, in: Funken, Michael (Hrsg.): Über Habermas. Gespräche mit Zeitgenossen. Darmstadt 2008.
Wagensohn, Tanja: Moskau und der Mauerfall. Ein Rückblick nach 10 Jahren, in: Politische Studien, Heft 367, hg. Hanns Seidel-Stiftung e. V., 1999.
Walters, Vernon A.: Die Vereinigung war voraussehbar. Hinter den Kulissen eines entscheidenden Jahres. Die Aufzeichnungen des amerikanischen Botschafters, Berlin 1994.
Weidenfeld, Werner: Außenpolitik für die deutsche Einheit. Die Entscheidungsjahre 1989/90. Mit Peter M. Wagner und Elke Bruck. Stuttgart 1998.
Zwahr, Hartmut: Ende einer Selbstzerstörung: Leipzig und die Revolution in der DDR, Göttingen 1993.

Chronologie

Wichtige Daten der friedlichen Revolution und des Wegs zur deutschen Einheit sowie Eckdaten der in diesem Buch geschilderten Ereignisse:

8. Juni 1983: Der Jenaer Oppositionelle Roland Jahn wird zwangsweise ausgebürgert; in Westberlin beginnt er mit dem Aufbau eines Netzwerks, um Nachrichten über die DDR-Opposition in westliche Medien zu bringen.

29. Juni 1983: Franz Josef Strauß vermittelt einen Milliardenkredit an die DDR.

10. März 1985: Michail Gorbatschow wird Generalsekretär der KPdSU.

2. September 1986: Eröffnung der oppositionellen »Umweltbibliothek« in Ostberlin.

12. Juni 1987: US-Präsident Ronald Reagan fordert in einer Rede am Brandenburger Tor: »Mr. Gorbatschow, reißen Sie diese Mauer nieder!«

7.–11. September 1987: Staatsbesuch Erich Honeckers in Bonn mit fast allen protokollarischen Ehren.

6. Februar 1989: Der Ostberliner Chris Gueffroy wird beim Fluchtversuch an der Mauer erschossen.

15. Februar 1989: Der neue US-Präsident George Bush fordert von seinem Stab visionäre Ideen für eine neue Politik; am 20. März 1989 erhält er das Scowcroft-Memorandum mit dem Vorschlag, Deutschlands Wiedervereinigung bei Beibehaltung der NATO-Mitgliedschaft anzustreben.

April 1989: Rolf Henrichs DDR-Kritik »Der vormundschaftliche Staat« erscheint im westdeutschen Rowohlt Verlag.

2. Mai 1989: Ungarn beginnt mit dem Abbau des »Eisernen Vorhangs« an der Grenze zu Österreich.

7. Mai 1989: DDR-Kommunalwahlen; Oppositionelle weisen Fälschungen des Wahlergebnisses nach.

7. **Juli 1989**: Beim Treffen des »Warschauer Paktes« in Bukarest verkündet Gorbatschow das Ende der Breschnew-Doktrin; Erich Honecker erleidet eine Gallenkolik und reist vorzeitig ab; bis September ist er krank.

19. **August 1989**: Rund 600 DDR-Bürger nutzen das »Paneuropäische Frühstück« bei Sopron (Ungarn) zur Flucht in den Westen.

9./10. **September 1989**: Gründungsaufruf des »Neuen Forums«.

10. **September 1989**: Ungarn öffnet die Grenze nach Österreich für DDR-Bürger.

10. **September 1989**: Kohl dreht mit der Mitteilung von Ungarns Grenzöffnung die Stimmung auf dem CDU-Parteitag, seine geplante Abwahl findet nicht statt.

25. **September 1989**: Erich Honecker nimmt seine Amtsgeschäfte wieder auf; Montagsdemonstration in Leipzig mit 5 000 Teilnehmern.

30. **September 1989**: Fast 6 000 DDR-Bürger in der bundesdeutschen Botschaft in Prag erhalten die Genehmigung zur Ausreise in die Bundesrepublik.

4./5. **Oktober 1989**: Die Sonderzüge mit den Prager Botschaftsflüchtlingen fahren durch die DDR nach Bayern. In Dresden kommt es zu Straßenschlachten zwischen der Volkspolizei und Ausreisewilligen, die noch die Züge besteigen wollen.

7. **Oktober 1989**: Die DDR wird 40 Jahre alt. Am Rande der Feierlichkeiten sagt Gorbatschow sinngemäß: »Wer zu spät kommt, den bestraft das Leben.« Demonstranten in Ostberlin, Leipzig, Dresden und anderen Städten fordern Reformen; die Volkspolizei löst die Demonstrationen gewaltsam auf.

8. **Oktober 1989**: Bei einer erneuten Demonstration in Dresden beenden Kaplan Frank Richter und Oberleutnant Detlef Pappermann die Konfrontation, indem sie Gespräche zwischen Demonstranten und dem Oberbürgermeister vereinbaren; Gründung der »Gruppe der 20«.

9. **Oktober 1989**: Bei der bis dato größten Montagsdemonstration in Leipzig gehen 70 000 Menschen auf die Straße; angesichts der Massen muss die Volkspolizei auf die geplante Zerschlagung der Demonstration verzichten.

18. **Oktober 1989**: Erich Honecker wird zum Rücktritt gezwungen. Egon Krenz wird sein Nachfolger als SED-Generalsekretär.

4. **November 1989**: Eine halbe Million Menschen demonstrieren in Ostberlin für Reformen. Größte nicht staatlich organisierte Demonstration in der Geschichte der DDR. Stefan Heym: »Es ist, als habe einer die Fenster aufgestoßen.«

7. November 1989: Der Ministerrat der DDR tritt zurück.

8. November 1989: Das Politbüro der SED tritt zurück.

9. November 1989: Der Sekretär des ZK der SED für Informationswesen, Günter Schabowski, teilt kurz vor 19 Uhr der internationalen Presse mit, »unverzüglich« gelte eine neue Regelung, »die es jedem Bürger der DDR möglich macht, über Grenzübergangspunkte der DDR auszureisen«, auch in die Bundesrepublik und nach Westberlin. Massenhaft strömen DDR-Bürger zu den Ostberliner Grenzübergangen. Gegen 23:30 Uhr lässt Oberstleutnant Harald Jäger als amtierender Leiter der Passkontrolleinheiten am Grenzübergang Bornholmer Straße die Schlagbäume öffnen. Innerhalb von 30 Minuten werden auch die anderen Berliner Grenzübergänge geöffnet. In ganz Berlin wird der Fall der Mauer gefeiert.

13. November 1989: Der Dresdner SED-Chef Hans Modrow wird Ministerpräsident der DDR.

1. Dezember 1989: Der Führungsanspruch der SED wird aus der DDR-Verfassung gestrichen.

2./3. Dezember 1989: Gipfeltreffen von Bush und Gorbatschow im Mittelmeer bei Malta: Sie beenden den »Kalten Krieg«.

16./17. Dezember 1989: Die SED benennt sich um in SED-PDS (Partei des demokratischen Sozialismus).

15. Januar 1990: Demonstranten besetzen die Stasi-Zentrale in Berlin.

4. Februar 1990: Die SED-PDS heißt nur noch PDS.

18. März 1990: Freie, geheime und allgemeine Volkskammerwahlen in der DDR. Die CDU-nahe »Allianz für Deutschland« gewinnt die Wahl.

30. Mai 1990: US-Präsident Bush erreicht das Zugeständnis Gorbatschows, dass ein vereintes Deutschland selbst entscheidet, ob es der NATO angehören will.

1. Juli 1990: Währungs-, Wirtschafts- und Sozialunion zwischen der Bundesrepublik Deutschland und der DDR: Die D-Mark ersetzt die Ost-Mark.

23. August 1990: Die Volkskammer beschließt den Beitritt der DDR zur Bundesrepublik Deutschland.

3. Oktober 1990: Beitritt der DDR zur Bundesrepublik Deutschland.

19. August 1991: Putsch gegen Gorbatschow.

Abbildungsnachweis

Seite I oben: Foto: Roland Jahn/Manfred Hildebrandt; Quelle: Robert-Havemann-Gesellschaft
Seite I unten: Foto: Aram Radomski; Quelle: Robert-Havemann-Gesellschaft
Seite II oben: © dpa - Bildfunk
Seite II unten: © ullstein bild
Seite III oben: © Steffen Unger
Seite III unten: © David Adam
Seite IV oben: © Johannes Beleites
Seite IV unten: © Photothek
Seite V oben: © Rolf Zöllner; Quelle: Matthias-Domaschk-Archiv
Seite V unten: © dpa - Bildfunk
Seite VI oben: Quelle: Hans-Hermann Hertle: Chronik des Mauerfalls. Die dramatischen Ereignisse um den 9. November 1989, Ch. Links Verlag, 10. Auflage 2006.
Seite VI unten: © ullstein bild – dpa
Seite VII oben: © Spiegel TV
Seite VII unten: © privat
Seite VIII oben: © AP
Seite VIII unten: Quelle: Konrad-Adenauer-Stiftung e.V., Archiv für Christlich-Demokratische Politik, Plakatsammlung

Dank

Bei der Darstellung der Ereignisse stütze ich mich auf die verschiedenen minutiösen Chroniken, die zu Revolution, Mauerfall und den Verhandlungen über die deutsche Einheit vorliegen. Hervorzuheben sind dabei die Arbeiten von Dr. Hans-Hermann Hertle (Zentrum für Zeithistorische Forschung Potsdam), der das Ende der DDR anhand der Aktenlage und mithilfe von Zeitzeugen-Interviews detailliert rekonstruiert hat. Darüber hinaus konnte ich mich dankenswerterweise auf ein üppiges Angebot von Darstellungen einzelner Aspekte der Revolution in der DDR stützen, wie etwa Walter Süß' »Staatssicherheit am Ende« oder Gerhard Haase-Hindenbergs »Der Mann, der die Mauer öffnete«.

Hilfreich waren auch einige Internet-Publikationen, die Augenzeugenberichte und Quellenmaterial öffentlich zugänglich gemacht haben, unter anderem: »2plus4.com«, »chronik-der-wende.de«, »dhm.de/lemo«, »ddr89.de«, »jugendopposition.de«, »nva-forum.de« sowie »unsere-geschichte.de«.

Ergänzend habe ich verschiedene Memoiren verarbeitet, namentlich die von Helmut Kohl, George Bush, Michail Gorbatschow und Egon Krenz, aber auch diejenigen beteiligter Spitzenbeamter, die weniger im Rampenlicht stehen. Diesen Texten habe ich vor allem Schilderungen von Details entnommen, um die Darstellung lebendig zu gestalten. Die gleiche Funktion haben zeitgenössische Berichte in Agenturen, Zeitungen, Zeitschriften, Radio und Fernsehen erfüllt, die das notwendige

»Eintauchen« in den Erwartungshorizont der damaligen Zeit über die eigenen Erinnerungen hinaus erleichtert haben.

Abgerundet habe ich die Literatur-Recherchen durch eigene Interviews mit den Zeitzeugen Joachim Apitz, Dr. Franz Bertele, Toralf Dörre, Frank Ebert, Renate Ellmenreich, Werner Heinz, Tobias Hollitzer, Harald Jäger, Dr. Rolf Henrich, Roland Jahn, Prof. Dr. Bernd Lindner, Detlef Pappermann, Aram Radomski, Frank Richter, Siegfried Schefke, Reinhard Schult und Uwe Schwabe. Ihnen danke ich für die Zeit und die Geduld, die sie aufgebracht haben.

Zusätzliche Interviews verdanke ich den Aktionen »Augen der Geschichte« und »Unsere Geschichte«, die auf Initiative der ZDF-Redaktion Zeitgeschichte unter Leitung von Prof. Dr. Guido Knopp zustande gekommen sind.

Danken möchte ich ferner Barbara Fleischer von der Behörde der »Bundesbeauftragten für die Unterlagen des Staatssicherheitsdienstes der ehemaligen Deutschen Demokratischen Republik« (BStU), Dr. Olaf Weißbach vom Robert-Havemann-Archiv und dem Archiv des Sächsischen Landtags für die freundliche Recherche nach Originaldokumenten und die Bereitstellung von Duplikaten bzw. Fotodokumenten.

Herausgeber Prof. Dr. Guido Knopp und Lektorin Ulrike Gallwitz vom Pendo Verlag haben mit konzeptionellen Ratschlägen und konstruktiven Kritiken maßgeblich zum Gelingen des Buches beigetragen, ebenso Thomas Montasser von der Medienagentur Montasser & Montasser. Weitere Hinweise verdanke ich den ZDF-Kollegen Bärbel Schmidt-Sakic und Mario Sporn. Für fleißige Recherchen, unermüdliche Korrekturen und aufmunternde Worte danke ich ganz besonders herzlich dem Historiker Frank Dietze M.A. und meiner Kollegin Annette Harlfinger.

Mainz Michael Funken